郭晓英◎著

大学—中小学英语教师专业学习共同体研究：
「国家特需人才培养」视角

南京大学出版社

本成果得到教育部人文社会科学规划基金项目"国家特需人才培养"视角下大学与中小学英语教师专业学习共同体构建研究（19YJA740014）的资助。

前　言

　　本研究成果得到教育部人文社会科学研究规划基金项目("国家特需人才培养"视角下大学与中小学英语教师专业学习共同体构建研究,项目批准号:19YJA740014)的资助。

　　"服务国家特殊需求人才培养项目"——学士学位授予单位开展培养硕士专业学位研究生试点工作,处于经济欠发达地区的7所学士学位授予单位先后成为培养教育硕士专业学位研究生的试点院校。这不仅提升了7所院校的办学层次,在一定程度上缓解了教育硕士培养院校集中于中心城市与省会城市的矛盾,也有利于形成教育硕士培养模式多元化的格局。教育硕士教育肩负着为基础教育培养高层次的教学和管理人才,为基础教育改革和发展服务的重任,其培养质量高低、教育效果的好坏将直接影响到基础教育的未来发展。教育硕士的培养为大学与中小学的教师提供了很好的合作契机。大学与中小学教师学习共同体是促进教师专业发展的最有效的途径之一。该研究以"国家特需人才培养"为视角,以教育硕士的培养为抓手,构建大学与中小学英语教师专业学习共同体,提升教师专业发展的实效性。

　　该项目之所以强调"特殊需求",必与普通的专业学位研究生培养目标和方向不同,是基于国家的急迫需求为培养导向。它是新时期我国对学位授权动态调控机制的一种全新探索,也是研究生教育模式的一次突破性尝试,不仅体现在培养单位的"特殊选拔"上,还体现在培养单位的"有限授权"和"动态管理机制"方面。另外,在项目的人才培养时间上,试点高校的硕士专业学位授权也是以五年为一周期,实行动态管理。项目期满后,由国务院学位委员会组织专门验收人员对项目的进展情况进行评估与验收,再决定是否继续授权。可见,该项目的"特殊之处"不仅体现在其人才培养的目标、定位、方式等与传统意义上的硕士、博士培养不同,还体现在培养单位的特殊选拔与有限授权及动态管理方面。

教育硕士的培养虽然分为不同的学科方向,但所授学位均为教育硕士,因此本书中的大学-中小学英语教师专业学习共同体的构建研究,主要从教育硕士的培养方面入手,而在教育硕士的论文学位的撰写、教育实践等方面则体现出英语学科方向的特色。

本书分为上下两部分。上篇为:国家特需项目——英语教育硕士培养。共分五章:第一章:国家特需项目——教育硕士培养的相关背景及培养现状;第二章:欠发达地区高校"服务国家特殊需求人才培养项目"实施现状研究;第三章:英语教育硕士培养的现实困境与对策;第四章:基于协同创新的英语教育硕士专业学位研究生培养模式研究;第五章:国家特需项目——英语教育硕士培养的实践研究。

下篇为:大学-中小学英语教师专业学习共同体的构建。共分五章。第六章:大学-中小学英语教师合作共同体的特质;第七章:大学-中小学英语教师专业学习共同体的建构;第八章:大学与中小学英语教师合作促进教师专业化发展;第九章:大学与中小学英语教师合作——理论与实践的结合;第十章:大学与中小学英语教师合作的价值与展望。

感谢国家教育部社会科学司和天水师范学院给予项目的资助。在本书写作过程中,参考、引用了大量国内外有关的研究资料,在此向有关的著作者表示谢意。

由于笔者水平有限,加之时间紧迫,对于书中的不妥之处,恳请专家、读者不吝赐教,以便进一步开展后续研究。

郭晓英

2022 年 5 月于天水

目 录

上篇 国家特需项目——英语教育硕士培养

第一章 国家特需项目——教育硕士培养的相关背景及培养现状 ………… 003
一、政策背景——国家政策重视教育硕士培养 ………… 003
二、学术背景——学界对教育硕士培养模式理性探索改革 ………… 005
三、"服务国家特殊需求人才培养项目"教育硕士专业学位研究生试点工作的进展与趋势 ………… 007

第二章 欠发达地区高校"服务国家特殊需求人才培养项目"实施现状研究 ………… 015
一、核心概念界定 ………… 015
二、"特需项目"的理论意蕴 ………… 019
三、天水师范学院服务国家特需项目验收评估总结报告 ………… 026

第三章 英语教育硕士培养的现实困境与对策 ………… 043
一、大学-中小学合作培养英语教育硕士的途径 ………… 043

二、大学-中小学合作培养教育硕士的主要困境 …………… 046
三、改进大学与中小学合作培养教育硕士的建议 …………… 049

第四章 基于协同创新的英语教育硕士专业学位研究生培养模式研究 ………………………………………………………… 055
一、英语教育硕士培养中存在的问题 ……………………… 055
二、建立基于协同创新的英语教育硕士专业学位研究生的培养模式 ……………………………………………………… 058

第五章 国家特需项目——英语教育硕士培养的实践研究 …… 063
一、基于英语学科方向教育硕士学位论文选题的视角 …… 063
二、基于英语教育硕士网络学习共同体构建现状的研究 …… 070
三、基于问题的英语教师成长案例探析 …………………… 075
四、以英语"国培项目"县——宁县四所中小学为例 …… 083
五、基于英语教育硕士教学实践的视角 …………………… 091

下篇 大学-中小学英语教师专业学习共同体的构建

第六章 大学-中小学英语教师合作共同体的特质 …………… 101
一、教育信念与价值共同体的互动 ………………………… 101
二、选择意志与利益共同体的行动 ………………………… 103
三、组织建构与想象共同体的力量 ………………………… 105
四、区域联结与脱域共同体的功能 ………………………… 107

第七章　大学-中小学英语教师专业学习共同体的建构 …… 111

一、大学-中小学英语教师专业学习共同体建构的现实需求 …… 111

二、大学-中小学英语教师专业学习共同体的理论阐释 …… 115

三、大学-中小学英语教师专业学习共同体相关研究 …… 125

四、国内大学-中小学英语教师专业学习共同体建构的现状审视 …… 132

五、大学-中小学英语教师专业学习共同体建构的发展图景 …… 143

六、大学-中小学英语教师专业学习共同体建构的机制保障 …… 162

第八章　大学与中小学英语教师合作促进教师专业化发展 …… 177

一、英语教师专业化发展基础分析 …… 177

二、大学与中小学合作促进英语教师专业化发展生成机制 …… 182

三、大学与中小学合作促进英语教师专业化发展需解决的问题 …… 194

四、大学与中小学合作促进英语教师专业化发展的方式 …… 205

五、大学与中小学合作促进英语教师专业化发展的模式构建 …… 208

  六、信息化环境下大学与中小学合作促进英语教师专业化发展 ……………………………………………………… 223

第九章　大学与中小学英语教师合作——理论与实践的结合 …… 239

  一、大学与中小学英语教师合作研究的必要性及当代意义 ………………………………………………………… 239

  二、大学与中小学英语教师合作的对策 …………………… 243

第十章　大学与中小学英语教师合作的价值与展望 ……………… 257

  一、大学与中小学英语教师合作的展望 …………………… 257

  二、大学与中小学英语教师合作的价值 …………………… 263

参考文献 ……………………………………………………………… 267

上 篇

国家特需项目
——英语教育硕士培养

第一章

国家特需项目——教育硕士培养的相关背景及培养现状

一、政策背景——国家政策重视教育硕士培养

20世纪90年代初期,我国开始探索专业学位的设立。教育硕士专业学位是继工商管理硕士、建筑学硕士、法律硕士之后,设立的第四个专业学位。学位设立之初主要是面向在职攻读人员,以招收在职人员为主。国务院学位委员会第十四次会议于1996年4月审议通过的《关于设置和试办教育硕士专业学位的报告》(以下简称《报告》),首次提出要创办教育硕士专业学位。《报告》指出:教育硕士专业学位是具有特定教育职业背景的专业性学位,主要培养面向基础教育及其管理工作需要的高层次人才。它与现行的教育学硕士在学位层次上处于相同水平,但要求不同,各有侧重。教育硕士专业学位招收对象为具有本科学历,且拥有三年以上基层教育工作经历的基础教育的专任教师和管理人员。1997年,教育硕士专业学位首次招生。

2009年,教育部决定将专业学位的招生范围扩大至以招收应届本科毕业生为主。至此,生源以应届本科生为主的全日制教育硕士与生源以基础教育教师和管理人员为主的非全日制教育硕士,双轨并行,共同招生。

2010年教育部决定开展研究生专业学位教育综合改革试点工作,目的在于探索符合研究生专业学位教育规律的培养模式、质量标准及保障体系和办学管理体制,加快提高研究生专业学位教育水平和人才培养质量,试点内容集中于研究生专业学位培养模式创新方面,实质性的创新重点在于设置课程体系、建设师资队伍、提升教学内容、改善教育方式、加强课题研究、提升专业技能、建设实验室与实习实践基地、完善考核评价标准和方式等方面。

2013年,教育部、国家发展改革委、财政部三部门联合发文,指出要建立以提升职业能力为导向的专业学位研究生培养模式,建立培养单位与行业企业相结合的专业化教师团队和联合培养基地,加强实践基地建设,强化专业学位研究生的实践能力和创业能力培养,大力推动专业学位与职业资格的有机衔接。

2015年,教育部下达的《全国研究生招生计划的通知》明确指出:重点倾斜支持专业学位研究生教育发展,使得应用型、复合型高层次人才的培养规模持续扩大。2015年国务院学位委员会印发《教育硕士专业学位设置方案(2015年修订)》的通知,将教育硕士的培养目标由单一的基础教育扩展至中等职业技术教育师资及管理队伍建设,并对设置方案进行修订,1996年发布的原设置方案同时废止。

2016年,教育部办公厅发布《关于统筹全日制和非全日制研究生管理工作的通知》,提出要准确界定全日制和非全日制研究生,全日制研究生是全脱产在校学习的研究生,非全日制研究生是在从事其他工作或者社会实践的同时,采取多种形式和灵活时间安排进行非脱产学习的研究生。至此,教育硕士不再根据学生是否具有从事教育相关工作经验划分全日制与非全日制,而是从培养方式上具体划分,同时会有相应的、注明学习方式的毕业证书。

通过以上梳理,可以清晰地看到我国教育硕士专业学位的发展脉络。从20世纪90年代的专业硕士学位只招收基础教育在职教师和教育管理人员,到 2009 年发展成设立全日制专业硕士学位招收应届本科毕业生,进而在 2015 年将在职教育硕士的招生范围扩大至中职教育教师和教育管理人员,最后在 2016 年发展成全日制与非全日制并轨招生,放弃以生源划分的形式,仅以培养方式界定全日制与非全日制,即无论全日制与非全日制,生源均有可能来自基础教育、中职教育、应届本科或者其他任意领域,职业也并不一定仅仅是教师、教育管理人员、应届毕业生,教育硕士招生条件限制大大减少。国家政策非常关注教育硕士的发展,并针对专业学位的培养模式一直在探索和改革,鼓励有条件的高校进行专业硕士培养试点,力图增加专业学位研究生的创新能力和应用能力。

二、学术背景——学界对教育硕士培养模式理性探索改革

在教育硕士的培养实践中,尤其是 2009 年开始招收全日制教育硕士之后,高校管理者发现了许多培养中的问题,开始从实践层面探索教育硕士培养模式的改革之策。教育硕士培养的问题主要体现于以下几点:一是在放开教师职业和教育教学经验的限制之后,应届毕业生、不同学科背景的考生、其他职业转行考生等全无教育教学的经验,专业基础尤为薄弱。二是 2009 年刚刚起步的全日制专业学位研究生培养环节、培养效果均与学术型硕士趋于同质化,没有凸显专业学位研究生的应有特性。三是教育硕士培养受高校这一培养主体的影响较大,所培养学生理论能力虽有所提高,但理论与实践存在相脱离的状况。

学界针对教育硕士培养的探索涉及方方面面,在课程设置、培养环节、实习实践等方面均有涉猎,对培养模式的探索主要集中于以下几种:

"U-S"培养模式，即高校（University）与中小学校（School）合作形成培养共同体，这也是当前绝大部分高校所采取的教育硕士培养模式，得到了许多学者的认同。"U-S"模式开启了教育硕士由高校与行业合作共同培养之路，符合教育部针对专业型学位必须注重实践的要求，同时所培养的教育硕士也能更加贴近中小学的需求。但"U-S"培养模式也有自身的问题：一是教育硕士到中小学去实习实践，影响了学校正常的教学秩序；二是合作学校接收教育硕士对学校发展没有实质性的收益，因而将教育硕士作为实习教师投入教学，没有站在人才培养的角度考虑；三是高校与中小学各自为政，培养环节各自设置，并未形成统一系统；四是大部分基础教育一线教师仅擅长教学，并不具备教研能力，难以胜任提高教育硕士教研能力的指导工作。因此，中小学进行合作的积极性不高，教育硕士的培养质量达不到预期目的，"U-S"联合培养共同体逐渐流于形式。

为了避免这种情形的出现，东北师范大学首创将政府纳入培养共同体之中，探索建立高校（University）、政府（Government）和中小学校（School）合作的"U-G-S"培养模式，意欲借助政府的行政权力统筹高校与中小学校的关系，保持三者的长期合作。但在教育硕士的培养中，政府除去常规的教育经费拨款之外，在实际运行中，往往出现"虎头蛇尾"的现象，仅在建立之初为高校和中小学牵线搭桥，之后其功能逐渐淡化，趋于隐形，培养模式又回到了"U-S"培养模式的轨迹。

可以看出，无论是"U-S"培养模式还是"U-G-S"培养模式都无法将与教育硕士培养相关的多方主体各自的教育资源有效整合，不可避免地出现教育资源的浪费和重复配置，最终导致运用的低效，同时也无法有效提高教育硕士的教研能力。教育硕士本身特性亦无法凸显于各培养环节，培养效果亟待提升。

三、"服务国家特殊需求人才培养项目"教育硕士专业学位研究生试点工作的进展与趋势

2011年,根据国务院学位委员会第二十八次会议审议通过的《关于开展"服务国家特殊需求人才培养项目"试点工作的意见》精神,教育部决定开展学士学位授予单位培养硕士专业学位研究生试点工作,并于同年10月下达了"服务国家特殊需求人才培养项目"——学士学位授予单位开展培养硕士专业学位研究生试点工作单位的名单。洛阳师范学院、黔南民族师范学院、合肥师范学院、鞍山师范学院、黄冈师范学院、宁夏师范学院和天水师范学院7所学士学位授予单位先后成为培养教育硕士专业学位研究生的试点院校。

自试点工作开展以来,根据国务院学位委员会办公室的部署,全国教育专业学位研究生教育指导委员会(简称全国教指委)积极主动地开展工作,精心指导试点工作,并于2012年暑期组成7个专家工作组先后赴上述院校开展政策解读、管理咨询和培训等实地指导工作。从2013年起,全国教指委每年都组织7所院校召开试点工作交流研讨会,并邀请相关专家和院校代表进行现场指导。从2014年起,全国教指委专为7所院校设立专项科研基金,鼓励开展教育硕士专业学位研究生教育的实践研究,以进一步推动试点工作朝着规范化和科学化方向顺利进行,不断提高教育硕士专业学位研究生的培养质量。

在国务院学位委员会办公室的领导下,在各地方学位委员会办公室的大力支持下,7所院校高度重视试点工作,充分学习和借鉴兄弟院校的经验,举全校之力办好教育硕士研究生教育,根据区情校情,积极探索建立健全教育硕士培养质量保障机制,取得了显著的进步,初步积累了成功的经验。7所院校的实践表明,"'服务国家特殊

需求人才培养项目'——学士学位授予单位开展培养硕士专业学位研究生试点工作"意义重大,在短时间内取得了非常显著的成效,不仅提升了上述院校的办学层次,在一定程度上缓解了教育硕士培养院校集中于中心城市与省会城市的矛盾,也有利于形成教育硕士培养模式多元化的格局。

(一)注重教育质量保障体系建设

开展教育硕士培养试点工作仅有短短几年时间,但7所院校都建立了适合自身特点的教育硕士专业学位研究生教育保障体系。天水师范学院努力构建教育硕士培养质量保障体系,规范管理,建立详细的管理工作流程。其特色在于:

1. 在管理环节上,从培养方案的制订与执行、课程教学大纲与培养方案进程表的编制、教师授课计划、课程表的编排与执行、教学研究到教学检查等方面均做了具体规定。

2. 在研究生学位论文工作方面,力求把好五关:论文选题关、论文过程关、论文评审关、论文答辩关、论文展示关。

3. 在教育硕士质量保障方面,在招生管理、教学管理、学生管理、导师管理、档案管理、联合培养管理、论文管理、就业管理等方面全方位建立教育硕士质量保障体系,积极探索适合西部经济欠发达地区基础教育高层次师资培养的模式。

黄冈师范学院采用分解任务强化管理的方式,通过"十管"方法强化责任与质量意识。"十管"包括学位点管理、导师管理、学生管理、平台管理、项目管理、教育教学与实践管理、课程管理、基地管理、活动管理、学位论文管理。注重管建结合、管教结合和管用结合。

黔南民族师范学院建立完善的奖助制度,激励学生学习。

1. 建立学生科研成果的奖励机制;

2. 通过设立"三好学生""优秀学生干部""优秀教育硕士实习生"

"优秀教育硕士毕业生""优秀教育硕士学位论文"等奖项,激发研究生的学习热情;

3. 建立了研究生助教、助研和助管机制。

合肥师范学院实施"研究生教育质量创新工程项目",首次资助70万元,通过设置研究生精品课程、案例资源、教研项目、创新基金等项目,着力推进研究生学科专业建设、课程建设、教材建设、实践基地建设、教学团队建设。该校对学位论文采取预答辩和全盲审程序,并将论文答辩与教学能力的实绩结合起来,要求答辩前递交反映学生课堂教学水平的视频光盘。

(二) 高度重视教师队伍建设

鞍山师范学院坚持以"服务需求、突出特色、创新模式、严格标准"为办学指导思想,集思广益,举全校之力扎实做好专业学位研究生培养工作。学校根据自身特点,以"学前教育专业"作为试点,以教师队伍建设作为抓手进行改革。其特色在于:

1. 优化教师结构,构建满足教育硕士培养需求的"双导师"指导模式。其教师队伍主要由三方面的人员组成:一是本校教师和研究人员;二是学前教育实践领域的教研人员和管理人员;三是省内外知名专家学者。为强化实践导师的作用,学校要求实践导师全程参与包括人才培养方案制定、复试录取、实践指导、论文开题、论文答辩等工作在内的研究生培养全过程,保证了专业学位研究生的培养质量。

2. 针对校内外导师各自的专业优势和不足,采取了积极有效的分类培训措施。对校内导师主要加强实践技能和专业知识的培训;对校外导师则主要加强对专业学位研究生培养特点和规律的认识,加强研究生教育相关政策和规定的讲解。同时,要求校内导师每年必须深入幼儿园及其他学前教育机构学习、调研、兼职不少于一个月,使其有机会了解幼儿园的现状和需求,不断丰富校内导师的专业实践背景和实践能力。

洛阳师范学院完善导师选聘制度，实行四年聘期制，打破导师终身制。同等条件下优先遴选在基础教育教学领域有一定研究、获得过教育教学成果奖的教师为研究生导师；校外导师主要选聘省市中学名师、知名教育管理者，对研究生实施一对一指导，切实落实"双导师"制，发挥校外导师的作用。

黔南民族师范学院探索"领衔导师统筹、主导师负责、双导师协作"的分工合作模式，建立学科导师组，明确领衔导师。领衔导师由学科骨干导师担任组长，学科导师组成员由本学科遴选的院内外导师构成。领衔导师除了教学和指导研究生外，还要负责统筹安排本学科研究生课程、见习、实践活动指导、开题报告、中期检查和论文答辩等工作。与此同时，探索建立教育硕士导师和任课教师的中期考核和期满考核评价标准，完善导师管理评价机制。不仅要考查其学术研究能力，还要考查其教学能力和帮助研究生解决教育教学实际问题的应用能力。

（三）培养工作突出专业学位特点

合肥师范学院强调教学工作的整体设计，其特色在于：

1. 优化培养方案，构建"提升三种素质""掌握三类知识""提高三种能力"的三类人才培养规格；实施"三位一体"培养模式，形成"问题研究、全程实践、合作培养"三位一体培养模式。逐渐形成"能力为重"的培养目标体系、科学有效的培养方案、基于标准的课程体系、"合作培养"的运行机制、"问题研究"的教学模式、"全程实践"的教学体系、能力考核的评价标准、培养和就业一体的质量保障体系。

2. 探讨案例教学的多种模式。例如，以"语文名师研究"为代表的各学科教学方向专业课主要采取"六步"案例教学法，具体流程为：明题—裸备—比读—研讨—讲授—迁移，收到良好教学效果；以"教育管理案例分析"为代表的教育管理方向专业课主要采取"四段一总"的案例教学法,具体流程为:问题呈现—案例导读—合作研讨—问题解决,最后教师对本案例进行述评概括或总结反思,充分体现课程教学的实践性、情境性和职业性的特点。

洛阳师范学院构建以理论知识为基础,以教育教学实践能力为核心,以地方服务基础教育为导向的"三位一体"培养模式。实施全程五环节嵌入式实践教学培养模式,在学位基础课程学习阶段嵌入校外教育见习活动(贯穿第一、第二学期,每周安排两个下午时间)。主要以教育见习、观摩、调研为主,见习内容为感知中学各科课堂教学、中学班主任工作、学生管理工作;观摩优秀教师课堂教学过程、教师教学行为;观察中学生学习态度和学习行为;撰写教育教学案例分析报告、教育见习报告、尝试设计课堂教学方案等。

黔南民族师范学院充分考虑自身区域特点和优势,其特色在于建立了"1+1"的课程框架,突出民族和地方文化特色。其中第一个"1"是指全国教指委指导性培养方案中的课程要求,第二个"1"是指融入民族和地方文化特色的课程。

(四)强化教育硕士实践能力培养

鞍山师范学院精心谋划实践教学,提升学生综合素质,包括教育实习、教育见习、微格教学、教育调查、课例分析、班级管理实务等。通过技能大赛激发学生热情——从幼儿园实际工作需求出发设置比赛项目,举办海报设计大赛,讲故事比赛,儿童弹、唱、舞团体赛,说课比赛,模拟课堂大赛,教案设计大赛和课件设计大赛等。

宁夏师范学院重点关注教育硕士研究生实践能力的培养,其特色在于:

1. 课程教学严格依照各课程的课程标准组织实施。主要落实课前准备、课中实施、课后辅导评价三个环节的管理;学生评教与教学信息员的管理；公开教学与示范教学的引领与管理；重点突出教学组织管理的评价与监管，强调理论与实践相结合、课堂讲授与小组研讨相结合、专题研究与民主探讨相结合、课程模块中课程间的融合与交流相结合。

2. 专业见习分类进行，包括集中见习、自主见习、教案撰写、管理见习、调查研究见习、优秀案例观摩、课程见习等。

3. 教育技能训练按照模块开展，包括"教学设计技能""课堂教学技能""教学评价与反思技能""微格教学技能""备课技能""说课技能""评课技能"等模块。技能训练与发展主要采用"微格教学训练""自主设计训练""项目驱动探索"等途径实现。

黄冈师范学院建立"三维立体"人才结构，即基于"学生本体、能力本位、情感本能"的人才培养要求，围绕"知识、能力、精神"三个维度，培养"宽、广、厚"的教育硕士。在具体措施上，坚持标准，注重过程。

1. 课程活动突出"六导"：理论先导（学术报告）、专家辅导（全国教指委专家辅导报告）、导师指导（学术沙龙）、论坛引导（高端论坛）、竞赛诱导（教学竞赛）、研究向导（课题立项）。

2. 强调"学—思—行"一体：强调教育硕士研究生的理论与实践结合、知识与能力并重、责任与精神融合。学是手段、思是方法、行是目的。学、思、行既不可偏废，也不能分割，它们在实现教育硕士培养目标的过程中具有同等重要的地位和作用。

3. "研—导—管"一体：以课堂讨论、案例教学、教育调研、课题立项、撰写论文等问题研究方式促进学生研究意识和研究水平的提升；以校内外导师及导师组的日常指导为纽带，引导学生逐步树立和强化问题意识、专业意识并学会观察、分析和解决中小学教育教学的实际问题，提升学生的职业与应用能力；以学生日常教育教学管理、行为管理、活动管理为契机，强化学生正确的价值观念、行为规范与职业精神。细化培养目标,创新培养模式,培养农村中小学"下得去、留得住、干得好"并能为"优质均衡义务教育"担当重任的"种子教师",为其将来成为优秀教师和教育家奠定坚实基础。

洛阳师范学院以科研为驱动,提升研究生教研能力。该校主要以河南省教育科学研究所、省教育厅基础教育教学研究项目以及学校教育教学研究基金项目为依托,设立研究生教育教学研究基金项目,激励研究生申报基础教育教学研究项目,与导师共同开展教育教学研究工作,提升研究生教育教学研究能力,为做出高水平毕业论文奠定良好基础。鼓励教育硕士研究生参与各种全国大赛(如数学建模大赛),提升专业水平。

尽管取得了令人欣慰的成绩,但由于7所院校大多处于经济欠发达地区或地级城市,办学条件和资源受到很大限制,不利于从根本上开展"'服务国家特殊需求人才培养项目'——学士学位授予单位开展培养硕士专业学位研究生试点工作"。为此建议:

1. 有关教育行政部门设立专项经费,用以支持学士学位授予单位开展硕士专业学位研究生培养试点工作,进一步推动试点工作的开展和人才培养质量的提高。

2. 地方教育行政部门采取切实措施,进一步加大对试点单位的支持,根据院校培养能力逐渐增加招生指标,进一步满足经济欠发达地区对高水平教师的需求。

3. 适时授权专业学位研究生教育指导委员会开展验收工作,对工作成效显著的院校给予必要的奖励。

4. 在充分总结经验的基础上,适时开展新一轮"'服务国家特殊需求人才培养项目'——学士学位授予单位开展培养硕士专业学位研究生试点工作",逐步解决教育硕士培养院校布局不合理的问题,为经济欠发达地区和少数民族地区提供更多优质教师资源。

从院校试点工作的角度看:

1. 应当继续坚持规范办学,严格按照国务院学位委员会和教育部的有关文件精神,根据全国教育专业学位研究生教育指导委员会制定的培养方案,规范地开展教育硕士专业学位研究生的招生、培养和管理等各项工作。

2. 积极稳妥地推进试点工作的开展,不盲目追求规模、扩大招生的专业和专业领域,至少在试点期间,首先寻求在师资条件较为充分的专业和专业领域精心探索,形成较为成熟的教育硕士专业学位研究生培养的办法,待条件成熟时,再逐渐扩大招生专业和专业领域。

3. 不断加强教师队伍建设,在保障规模合理的专任教师队伍的同时,严格校内指导教师和兼职导师的遴选标准,进一步提高任课教师和指导教师的业务素质,采取各种有效的措施积极发挥兼职教师和导师的作用。

4. 强化对实践教学环节的指导,建设数量充足、稳定有效的实践基地,制定明确的实践教学目标和要求,加强对实践教学的考核,不断提高实践教学的效果,为培养高素质的教育硕士专业学位研究生奠定重要基础。

5. 加强教育硕士专业学位研究生培养和管理工作的研究,根据事业发展的需要,结合区情校情,开展自主探索,努力形成办学特色。

第二章

欠发达地区高校"服务国家特殊需求人才培养项目"实施现状研究

"服务国家特殊需求人才培养项目"是国家为了促使高等教育更好地服务经济社会发展需要,特安排少数办学水平较高、特色鲜明的高等学校,在一定时期内招收培养专业学位研究生的人才培养项目。项目开展以来,试点高校在专业学位研究生教育方面发挥了积极作用。

一、核心概念界定

(一)特需项目

"特需项目"的全称为"服务国家特殊需求人才培养项目",是指针对有关行业领域特殊需求的高层次专门人才,现有硕士、博士学位授予单位难以满足培养需求,国家按照"择需、择优、择急、择重"的标准,安排少数办学水平较高、特色鲜明、能够服务国家战略发展需要,且在人才培养方面具有不可替代性的高等学校,在一定时期内招收培养研究生并授予相应学位的人才培养项目。

该项目之所以强调"特殊需求",必与普通的专业学位研究生培养目标和方向不同,是以国家已经论证好的急迫需求为培养导向的。

它是新时期我国对学位授权动态调控机制的一种全新探索，也是研究生教育模式的一次突破性尝试，不仅体现在培养单位的"特殊选拔"上，还体现在培养单位的"有限授权"和"动态管理机制"方面。另外，在项目的人才培养时间上，按文件规定，试点高校的硕士专业学位授权也是以五年为一周期，实行动态管理。项目期满后，由国务院学位委员会组织专门验收人员对项目的进展情况进行评估与验收，再决定是否继续授权。可见，该项目的"特殊之处"不仅体现在其人才培养的目标、定位、方式等与传统意义上的硕士、博士培养不同，还体现在培养单位的特殊选拔与有限授权及动态管理方面。

（二）专业学位

《学位与研究生教育大辞典》将专业学位（Professional degree）定义为"一种与行业专业技术职务的聘任形成有机联系的特殊类型的学位。该学位以特定的行业为背景，并以这个行业的岗位对人才知识结构和能力结构的基本要求为培养目标和水平尺度，从而有别于传统意义上的学士、硕士和博士学位"。《西方教育辞典》则将之定义为"在专业学科（Professional disciplines）中获得的学位（degree），如法律、医学、会计和教育等"。中国学位与研究生教育信息网上相关的阐述也十分清晰，即"专业学位是针对社会某些特定职业领域的需要，培养具有较强专业能力及职业素养，并能够创造性地从事实际工作的高层次应用型专门人才而设置的一种学位类型"。别敦荣等（2009）认为"专业学位可视作专业教育的文凭证书，是面向特定社会职业人才需求，主动为培养社会高端专业人士而设立的一种学位类型，具有学术性与职业性相统一、特定的职业指向性与教育的实践依赖性等特征"。

因此，相对于学术学位而言，专业学位是一种比较侧重应用与实践能力培养的学位类型，它旨在针对某些特殊、特定职业、行业背景，培养适应社会职业和岗位及实际工作需要的应用型高层次专门人才。

为了能更加准确、客观地理解专业学位的内涵,有必要对学术学位与专业学位二者的关系进行比较与分析。首先,学术学位与专业学位都是建立在一定学科基础之上,为了适应和满足经济社会发展对不同人才需求而设立的同一层次的学位类型。其次,二者在人才培养方面都具有特定的针对性,并存在一定交叉,但又各有侧重,不可替代。主要区别在于人才培养的目标、培养的方式及人才质量的标准方面。具体可理解为:一、专业学位是以培养某一领域高级专门应用型人才为目标的,侧重其实践、应用、技能等职业能力的训练;而学术学位则主要是以培养掌握深厚理论功底、扎实专业知识及突出科研能力的学理性人才为主。二、涉及专业学位人才培养有关的教学内容、课程设置、实践实习等环节带有较为明显的专业性、实践性与应用性等特征。在导师指导与管理方面,普遍采取校内与校外导师联合培养的方式;学术学位则较多采取课堂讲授的方式达到系统性知识的传递与学习,且基本以校内导师或导师组指导为主。三、在质量评价方面,较之于学术学位而言,专业学位课程考核与学位论文方面的难度与学理性要求会稍弱于学术型学位,但在专业实践能力与专业应用及操作能力方面则更为严格。

(三)人才培养

古时候,人们对于"人才"的认识大多局限于"仕途大夫"这类政治层面,当时的学习大多为了"学而优则仕""修身、齐家、治国、平天下"等关切国家前途命运的伟大抱负。但随着历史更替,文化的积淀与传承,人们对于人才的理解也逐渐发生转变。21世纪的现今,我们所看到的人才遍及各行各业,类型多种多样,不再像过去一样拘泥于某个领域、某一行业。正如2010年发布的《国家中长期人才发展规划纲要(2010—2020年)》中指出的,人才即"具有一定的专业知识或专门技能,进行创造性劳动并对社会做出贡献的人,是人力资源中能力和素质较高的劳动者"。本书所指的人才,是针对"特需项目"中所提到的"服务国家特殊需求行业领域的专业学位硕士研究生"。具体可以从时代性、社会性、稀缺性及专业性这四部分进行解读,即随着社会经济的快速发展,国家为了主动适应现代化建设需要及填补某些特殊行业领域专门人才的空白,有规划地安排部分特色高校进行专门的研究生人才培养工作,以满足国家急需行业领域对高层次应用型专门人才的需求。

谈及人才培养问题,必然离不开对人才培养模式的介绍与分析。人才培养模式一般是指在一定的教育思想和理念指导下,以人才培养活动为主体,为实现培养目标所设计的某种标准构造样式和运行方式,主要包括培养目标、培养过程、培养制度及培养评价这四个方面。首先,培养目标作为整个培养活动的出发点,在专业硕士研究生培养过程中起导向作用,因此高校对专业硕士人才设定的培养目标应该符合人才培养的规律性,且能够相应地突出专业所具备的知识及能力特性。其次,培养过程中所涉及的培养方案、课程体系、专业设置及培养途径等环节,是教学单位为了实现特定的培养目标而进行的系列教学活动。因此应从培养目标出发,有计划地推动专业硕士人才培养工作。再次,作为整个培养工作顺利进行的基本前提和重要保障,培养制度的重要性不言而喻,因此它的制定必须具备合理性,并且从各校的实际情况出发,制定适用于本校日常教学管理的培养制度,切勿盲目挪用其他高校的培养制度。最后,培养评价是针对培养目标、培养过程、培养效果等方面进行的一种有效反馈,在研究生教育中通常以考试及论文两种方式对人才培养质量进行评判。而作为专业硕士人才培养质量的考评,还应注重对其实践及专业能力方面的检测,方能凸显专业硕士之专业的说服力。

二、"特需项目"的理论意蕴

(一)"特需项目"的实施背景

"特需项目"不是孤立的政策性项目,它的立项实施有其深刻的时代背景和社会动因,落实好这一项目对于进一步提升人才培养质量,推进高等教育内涵式、服务式发展,建设创新型国家有不可估量的现实意义和战略意义。

1. 服务国家经济社会需求

服务社会是我国高等教育四大职能之一。在当代社会,大学的人才培养、科学研究、社会服务、文化传承与创新等方面正在不断地完善,已经与社会密不可分,尤其与区域经济和社会的发展已经融为一体,互为补充,逐渐在良性的互动中实现双赢。高校输出的知识、技术、人才、信息深度参与到发展大潮中,成为支撑国家社会持续健康发展的强大驱动力。目前,我国已进入工业化中期的后半阶段,第一产业和第二产业持续转型升级,正在由工业大国向工业强国转变。此外,人民素质的普遍提升、学习型服务型社会逐渐成熟,对教育领域和服务型职业提出了更高的要求。因而当前国家"特殊需求"所需的人才大致可分为四种类型:一是国防和工业发展中的重大项目研究者和开发者;二是农业和工业建设中职业素养高、职业技能熟练的应用型人才;三是广大教育工作者;四是关乎国计民生的服务型工作者。人才培养质量是高校的生命线,高校责无旁贷地肩负着满足"特殊需求"人才培养的重要责任与使命。

2. 推进高等教育内涵式发展

进入 21 世纪,我国高等教育发展步入快车道,目前已经迈入高等教育大众化阶段。正如潘懋元（2000）所说，"20世纪是世界高等教育数量猛增的世纪，21世纪是高等教育质量逐步提高的世纪"。以追求数量、粗放发展、急功近利等为特征的外延式发展，凸显出优质教育资源短缺、人才培养同质化等问题，提高高等教育质量刻不容缓。2012年初，教育部印发《教育部关于全面提高高等教育质量的若干意见》，第一条即强调"坚持内涵式发展。牢固确立人才培养的中心地位，树立科学的高等教育发展观，坚持稳定规模、优化结构、强化特色、注重创新，走以质量提升为核心的内涵式发展道路"。内涵式发展与外延式发展相对应，强调以质图强，优化人才培养结构以适应国家及区域经济社会发展需要，促进高校办出特色，鼓励高校大胆探索创新。这一发展理念与全日制专业学位研究生发展潮流的深度融合，是"特需项目"立项实施的重要背景和动因。

3. 优化高层次人才培育结构

我国专业学位研究生教育始于20世纪90年代。2009年，教育部印发《教育部关于做好全日制硕士专业学位研究生培养工作的若干意见》，决定扩大以招收应届本科毕业生为主的全日制硕士专业学位范围。可以说，我国专业学位研究生教育进入了制度创新、总体推进、加快发展、全面提高的新的发展阶段。据研究生招生网站和教育部的数据，2011—2015年，我国报考专业硕士研究生的人数分别为30.5、43.7、59、68、72.6万人，分别占总人数的20.2%、26.4%、33.5%、39.5%、44%，我国专业硕士研究生的录取计划分别为14.9、18.9、22.0、24.0、25.5万人，均呈逐年递增趋势。实践表明，伴随着国民经济持续发展，产业转型升级提速，高新技术不断涌现，专业化程度和职业能力要求不断加深，社会对研究生需求的重心会不可避免地从重科研和理论知识的学术学位研究生转向专业学位研究生，具备用人单位所需要真技能的专业学位研究生在新常态下正显示出旺盛的活力和生命力,因此推进高层次应用型人才的培养刻不容缓(张晓伟,2012)。

4. 有效利用地方院校办学资源

"特殊需求"出了题,有没有能给出最优解的解题者呢?由高水平研究型重点大学解题固然可以,但是比较优势的缺失和学术培养的惯性可能使得"特殊需求"人才培养成为研究型人才培养的附庸,导致事倍功半。事实上,我国也拥有一批在应用型高层次人才培养方面积累了很多经验且具有良好的办学条件的学士学位授予单位。这种高校大部分是省属应用型地方院校,其中不乏扩招后升格的本科院校,自办学起就有鲜明的行业特色院校性质,在地方有一定的影响力,长期不懈为区域和行业发展服务。它们是高等教育大众化的受益者,与行业部门、协会、企业互动紧密,拥有本区域和行业培养高层次应用型人才的良好平台。长期的生存压力使得它们对应用型本科教育和高质量职业教育有深刻的理解,对培养高层次应用型人才有更加饱满的热情和憧憬。虽然缺乏研究生培养经验,但是没有思维束缚反而能够使它们放开手脚,创新模式,更好地服务"特需项目"的开展。

5. 发挥社会力量积极作用

《国家中长期教育改革和发展规划纲要(2010—2020年)》中明确提出,将产学研合作视为创新人才培养机制、提高科学研究水平与增强社会服务能力的重要举措,并特别强调,要创立高等学校与科研院所、行业企业联合育人的新机制,促进产学研各方深度合作和资源共享。高层次应用型人才培养作为一项系统工程,必然离不开高校、科研院所与行业企业的联合培养。"特需项目"的实施能充分调动和利用社会各界参与高校人才培养的资源,从而更有利于推进专业学位研究生的培养。例如,N学院建有一个国家大学科技园,现入园企业就有 80 余家,其中与水利工程领域相关的孵化企业 18 家,动力工程领域的校外实践教学基地也已建成 12 家,包括 3 个水利水电设计院、3 个水利水电施工建设单位、4 个水电厂运行管理公司等。高校与这些企业联合建设实训基地,不仅可为研究生实践能力的培养提供强有力的支持,还能为企业未来的发展与壮大储备所需人才。

综上所述,随着高校与国家经济社会联系愈加紧密,服务社会、服务经济成为高校发展的重要职能。内涵式发展理念和专业学位研究生发展大潮深度融合,成为"特需项目"立项实施的理论基础。国家"特殊需求"所需的高层次人才一直处于供不应求的状态,为"特需项目"的实施提供了必要性。我国拥有一大批办学水平较高、特色鲜明、能够有效培养国家"特殊需求"所需的高层次人才的高等学校,为"特需项目"的实施提供了可行性。并且在人才培养过程中,社会各行业企业、公司的积极参与也显示出社会力量在高校人才培养过程中起到越来越重要的作用。以上因素相互作用融合,共同推动了"特需项目"的立项实施。

(二)"特需项目"的理论支撑

1. 高等教育的内外部关系规律

寻求和探索统一规律是人类进入文明社会以来的永恒追求,它不仅具有重大的哲学意义,还具有特殊的实践意义,因为它能够帮助我们以"最经济的方式"处理许多不同的问题(哈肯,1987:1)。其中教育规律问题是教育基本理论中的一个核心问题。著名高等教育学家潘懋元先生对教育规律的阐述趋于成熟,他认为教育的基本规律主要有两条:一条是有关教育与人发展的关系规律,称为教育内部关系规律;另一条则是教育与社会、政治、经济文化等发展的关系规律,称为教育外部关系规律(潘懋元,2000)。

"特需项目"作为一个有明显政策导向性的人才培养试点项目,更要牢牢依照高等教育的内部与外部这两条关系规律办事。首先,项目的开展、试点高校申请人才培养的类型、数量及专业种类等都得根据社会、市场对人才需求的预测与判断来进行。从需求本身出发,对人才进行计划性培养,这一点说明高等教育的发展愈来愈符合社会的走向、紧贴社会用人需要。截至目前,申请"特需项目"专业学位研究生人才培养的专业类型有21类,其中当属工程领域专业硕士申请培养的数量最多,占比约为41%。以水利工程专业硕士为例,我国水利行业正迎来巨大的发展机遇,对高层次水利人才有了前所未有的巨大需求;与此同时,随着经济与社会的高速发展,水环境和水资源问题不断显现,水利行业也正由传统水利向现代水利、资源水利、生态水利转型发展,需要人才具有更宽广的专业面和更精的专业技能,因此对水利人才提出了更高的要求。

另外,从高等教育的内部规律来看,试点高校针对专业硕士自身培养特点所设计与制定的培养方案、培养目标、课程内容、专业实践等部分,都是经过妥善考虑与详细规划的,不仅要能够体现该专业学生专业素养,还要能适应他们阶段性的学习特点,对学生未来的就业方向和适宜领域也有清晰说明。所以,如果高校在人才培养过程中违背教育的内部及外部规律进行,那便培养不出人才,或者说培养的人才质量低,不能满足社会的需要,难以为经济、政治、文化的发展提供有效服务(潘懋元,1997:1)。

2. 项目管理理论

项目管理是指在项目工作中应用知识、技能、工具和技术完成项目,以便满足或超过项目干系者的需要和期望(施瓦尔贝,2001)。项目管理主要由五个要素构成,分别是质量、成本、范围、进度和资源。

把这五个要素的内涵与外延进行扩展，并以此为衡量标准能够判断项目运行是否合理、是否按照起初预设安排来进行。

因此，将项目管理理论引入"特需项目"的整个实施过程，并合理地利用它来指导项目实践，进行有效组织、规范、协调与控制，能够促使最终结果的实现。

首先，"特需项目"作为高校实施的一个人才培养项目，本身就有其固定的项目运行资金以支持正常的工作。项目的成本管理要求项目管理者合理地估算运行成本，在能够确保项目各个环节运行正常的情况下，最大限度地节约开支、减少内耗。

其次，项目的质量管理要求，项目的各个环节应该有其特定的检验标准，以便项目管理者分配执行任务及检验执行成效，从而判断项目的运行在整体上是否能够"达标"。项目管理不是一个静态的、僵硬的过程，而是一个持续的、动态的过程，这就说明在项目的进展过程中不可能所有事情都是按原计划安排顺利发展的，所以当出现与预期不相符或出乎意料的情况时，项目的实施各方应该以最佳的状态和冷静的思维去处理问题，把困难的难度与风险系数降到最低，当再遇到诸如此类的问题时，就能比较迅速地、有经验地应对与处理。

再次，项目管理的对象是项目与其资源本身，在有限的资源里，项目管理者应该辅以各种方法，最高效率地将资源进行优化配置，以达到成本的最低消耗与资源的最优利用。

最后，项目管理是一项复杂的工作，一般由多个部分组成，涉及的范围比较广泛，涉及的人员也不少，因此在操作过程中，一定要遵循严格的项目实施方案进行。"特需项目"的开展除了培养对象学生、培养主体校方外，还涉及提供实习、实践机会的企业、公司，因此，当学生走出校门，走进企业进行实习锻炼时，学生、高校、企业这三方能否彼此有效地进行配合就显得格外重要。

作为项目,就一定有相应的寿命周期。"特需项目"是一个专业学位研究生人才培养的试点项目,试点高校的专业学位授予权以五年为期,实行动态管理,在期满后,如果通过了相关部门的评估验收,就再继续进行此项目。因此,在项目的运行期间,项目执行者应该尽最大努力在限期内完成预定目标,达到项目预期的效果。

3. 人的全面发展理论

人的全面发展理论最早是由马克思与恩格斯在《共产党宣言》中提出的,被认为是马克思主义理论体系中的重要组成部分(李琳,2008:6)。马克思将"每个人自由而全面的发展"看作未来社会的基本特征之一,他认为"任何人的职责、使命和任务就是全面地发展自己的一切能力,其中还包括思维能力"(马克思、恩格斯,2002)。恩格斯也指出:人的全面发展就是要"使社会全体成员的才能得到全面发展"(马克思、恩格斯,1972)。人的全面发展理论奠定了学生要进行全面教育的理论基石。传统的研究生教育一直强调学术型人才的正统地位,注重培养深厚学理基础的研究型人才,而忽视了职业型、专业型、技能型高层次应用型人才的培养对社会经济发展的重要推动作用。因此,虽然专业学位研究生教育在我国发展了二十几个年头,但社会认同度一直不大高,并且依然存在一些认识误区与定位的争议。"特需项目"作为积极发展专业学位研究生教育的一个全新尝试,不仅能够起到引导高校紧密结合经济社会发展的作用,而且还能为进一步优化专业学位授予单位布局结构和人才培养结构提供强有力的帮助。所以,"特需项目"试点高校在人才培养过程中,应努力结合专业硕士人才培养的特点,通过设计专业的人才培养方案与完备的课程体系,培养不仅有扎实的分析能力与研究能力,又拥有灵活应变能力与创造性解决实际问题能力的复合型高层次应用型专门人才。

三、天水师范学院服务国家特需项目验收评估总结报告

欠发达地区的本科院校成为培养教育硕士专业学位研究生的试点院校。这一举措不仅提升了7所院校的办学层次，也形成了教育硕士多元化的培养格局。教育硕士的培养方式为大学与中小学的教师提供了很好的合作契机。为了提高教育硕士的教育效果，建构大学与中小学教师专业学习共同体，协同培养教育硕士，既能提高教育硕士的学位论文质量，又能促进大中小学教师的专业发展，实现合作双赢。

天水师范学院于2011年获批"服务国家特殊需求人才培养项目——培养全日制教育硕士专业学位研究生试点工作建设单位"，2012年通过国务院学位办的评估验收，2013年正式开展全日制教育硕士的招生、培养和学位授予工作，2014年通过甘肃省学位办组织的中期考核，2018年获批硕士学位授予单位，教育硕士、工程硕士、中国语言文学一级学科获批硕士学位授权点。

（一）项目简介与特色

1. 项目服务国家特殊需求的不可替代性和作用

天水师范学院教师教育积淀深厚，培养教育硕士优势不可替代。在近60年的办学历程中，学校始终高擎师范大旗，师范教育特色鲜明，师范专业人才培养独具优势。现有国家级特色专业2个（汉语言文学、小学教育），教育部综合改革试点专业1个（小学教育），省级特色专业、精品课程、实验教学示范中心等省级教学质量工程项目50个。有全国优秀教师、国务院特殊津贴专家、教育部新世纪优秀人才等8人。教育部黄大年式教学团队1个，省级教学团队4个，教学名

师4人。构建并实施"学习＋实践＋反思"和"2.5＋1＋0.5"教师教育类专业人才培养模式,师范类专业连续10年,共计6000余名学生到新疆民族地区开展顶岗支教实践教学活动,毕业生考研率连续多年稳居全省同类高校前列。

教育硕士研究生教育秉承长期积淀的师范精神,发挥教师教育综合优势,精心制定培养方案,创新"理论＋实践""双循环"培养模式,推行"2＋10＋10＋2"实践教学培养模式,全面实施双导师制。截至2018年7月,聘任校内外导师140人,累计招收教育硕士751人,毕业授予学位362人,毕业生就业率、专业吻合度高,获全国教育硕士学科教学技能大赛、全国研究生数学建模竞赛等奖励10余项,3个基地获批甘肃省研究生联合培养省级示范基地,16名教师受到全国教指委表彰,2篇硕士学位论文被评为甘肃省优秀硕士学位论文。《中国教育报》曾以"功底厚、理念新的毕业生这样得来"为题对学校教育硕士教育工作进行了报道。

甘肃省陇东南地区70%的骨干教师都是本校毕业生,已成为甘肃省教师教育的一面旗帜,陇东南教师教育的摇篮。学院开展的"服务特需"项目矢志为甘肃省基础教育和经济社会发展服务,努力改变甘肃省高等教育发展不平衡不充分的矛盾,已成为培养"下得去、用得上、留得住、干得好"本土高层次教师的"工作母机",为甘肃省特别是陇东南地区基础教育的改革与发展做出了积极的贡献。

2. 项目设立目标及建设举措

(1) 项目设立目标

立足陇东南,服务甘肃,面向中西部,辐射全国,服务和引领区域基础教育。围绕国家教育发展战略和区域基础教育改革需求,创新教育硕士专业学位研究生培养模式,构建立足行业、立足合作、立足实践的立体化协同育人新机制,努力打造教育硕士研究生教育品牌。

(2)建设举措

一是创新人才培养模式。坚持目标导向和质量意识,科学制定人才培养方案,完善课程体系,全面落实专兼职双导师制,加强实践基地建设,深入推进协同育人,促进协同培养人才制度化。

二是完善管理机制。建立学校、培养学院两级管理机制;完善管理规章制度,确保有效运行;深化教育教学质量工程建设,构建质量监督监控体系。

三是经费保障。设立教育硕士招生、培养、实践、课程建设、就业和管理专项经费,优先保证教育硕士培养所需的微格教室、实验室、图书资料、实践基地等建设经费。设有导师培训专项经费,鼓励导师外出参加国内外学术会议和外出访学、进修等;设立教研课题、课程建设等项目经费,支持专兼职导师开展基础教育教学研究。

(二)人才培养与质量

1. 人才培养目标和政治思想教育情况

(1)人才培养目标

培养具有优秀教师品质和现代教育理念,具有较强的教育教学能力、教学研究能力、学科专业自主发展能力的基础教育优秀骨干教师。

(2)政治思想教育情况

坚持立德树人,把社会主义核心价值观贯穿人才培养全过程,实现全员育人、全程育人、全方位育人;充分发挥导师的第一责任人职责,把理想信念教育作为第一任务;切实加强学风建设,加强对课堂教学、专业实践、学位论文的规范管理,确保传播正能量、弘扬主旋律,培养"四有"好老师。

2. 人才培养模式与特色

依据教育硕士的培养目标定位,不断完善"理论+实践""双循环"人才培养模式,推行"2+10+10+2"全程实践教学培养模式。

"理论+实践""双循环""全程"是从纵向维度上强化实践教学培养,把实践教学有机嵌入课堂教学,将实践教学培养贯穿研究生2年学业阶段。在空间上做到与中小学校(幼儿园)有效对接;在教学内容上全面整合;在培养形式上做到多层次、分类别、多阶段、不间断;在评价上做到课堂教学、教育见习、校内实训、教育实习、教育调查、学位论文全程跟踪监控。

该培养模式的主要特色是:以培养基础教育骨干教师为目标,突出实践价值和职业导向,培养优秀教师品质,以教育教学能力、教学研究能力、学科专业发展能力提高为核心,全程育人、协同育人,培养优秀教师。

3. 课程体系设置与培养特需人才所需能力的关系及取得效果

围绕教师职业发展,构建以"教育教学能力、教学研究能力、学科专业发展能力"为核心的模块化课程体系,主要由以下系列课程构成。

(1) 教师职业道德、教师基本素养系列课程。改革政治理论课程讲授内容,增设社会主义核心价值体系解读、中国传统文化、教育法规、教师心理健康教育等内容,培养研究生具有高尚的师德,正直诚信、团结合作、勇于探索的品质。

(2) 教师职业技能素养系列课程。主要开设教育教学典型案例分析、教育经典导读等应用课程,提升研究生的教育教学职业技能。

(3) 教师教研能力系列课程。主要开设教育科学研究方法、教育测量与评价、学科教学前沿问题、基础教育改革研究等课程,训练研究生的教学反思和教育教学研究能力。

(4) 实践教学系列课程。在学位基础课程学习阶段(第一学期),嵌入以教育见习、观摩、调研为主的2周校外见习活动,根据各专业方向的学科特点和研究生不同生源,分层次进行校内教师技能训练;第二学期、第三学期分阶段到联合培养基地进行为期20周的实践教学,在校内外导师的指导下,进行教育实习、教育研习,完成教育调查报告,开展学位论文工作;第四学期利用2周时间深入基地开展教育研修活动,强化教研组织能力,修改、完善学位论文。

该培养模式效果显著,截至2018年7月,研究生先后在全国教育硕士教学技能大赛、全国研究生数学建模竞赛等各类比赛中获奖近20项,2篇论文获甘肃省优秀硕士学位论文,研究生参与教研项目50余项,发表论文300余篇。7名研究生被联合培养基地学校选聘入职,受到用人单位好评。

4. 教师和学生在教学科研方面取得的标志性成果

(1)教师取得的标志性成果。获全国教育硕士专业学位教学成果奖1项,甘肃省教学成果奖5项;甘肃省研究生课程建设试点项目1项;全国教育规划项目、国家社科基金项目、教育部人文社科项目10项;"历史地理学"被评为甘肃省精品资源共享课程;16名教师被评为全国教育硕士优秀指导教师及教学管理先进个人。

(2)学生取得的标志性成果。获全国全日制教育硕士学科教学(语文)专业教学技能大赛特等奖1项、一等奖2项,全国全日制教育硕士学科教学(数学)专业教学技能大赛一等奖1项、全国全日制教育硕士小学教育专业教学技能大赛一等奖1项,全国研究生数学建模竞赛三等奖2项;甘肃省优秀硕士学位论文2篇;作品入选全国美展1人;考取中山大学博士研究生1人。

5. 人才培养质量保证体系建设与执行情况

(1)成立相关机构、强化组织领导

2012年成立了"服务特需"项目工作领导小组,全面领导试点工作;成立由教师教育专家、地方教育行政部门负责人、中小学教学名师组成的教育硕士专业学位研究生教育指导委员会，审订人才培养方案，开展教育硕士毕业生培养质量评价。

（2）加强制度和校园文化建设

制订、修订完善40项管理制度，涵盖招生、培养、管理、学位授予等全过程；构建了课堂教学质量监控、实践教学质量监控、学位论文质量监控等质量监控体系；开展研究生"知行讲坛"，邀请知名教育专家及"国培"专家300余人到校讲学，营造了良好的质量文化环境。

（3）严格导师遴选与考核，强化导师队伍建设

共选聘校内外导师140名，其中校内导师82人，校外兼职导师58人；实施"遴选考核""年度考核""聘期考核"三级考核机制，不定期组织培训、业务交流和联合培养工作研讨会、总结会；划拨专项经费，立项基础教育教学研究项目49项，学报开辟基础教育研究专栏，接收校外兼职导师论文发表。建立了有效的"遴选—培训—考核"导师队伍质量保障体系。

（4）实施中期考核，严格过程管理

实施中期考核制度。学位论文必须经过开题、中检、预答辩、答辩和学术不端行为检测等环节，全部"双盲"评审，并经知网学术不端系统检测，文字复制比严格控制在20%以下。

（三）服务国家特殊需求情况

1. 本项目培养、科研与服务国家特殊需求的契合度

试点项目紧紧围绕"服务需求、提高质量"这个主线，紧密结合行业需求，服务和引领基础教育发展，无论是人才培养，还是科学研究都高度契合国家特殊需求。

培养优秀师资，服务区域基础教育发展。该校作为甘肃省除西北师范大学之外唯一一所教育硕士培养单位，试点期间累计招收教

育硕士751人,其中,甘肃籍生源约占45%。第一志愿录取265人,报到率95.4%,毕业授予教育硕士学位362人,截至2018年7月,已就业290人(未就业学生中含52名2018届毕业生),其中,在甘肃省就业119人,占已就业学生的34%。毕业生发挥了教学示范、科研模范、学风典范的作用,一定程度上满足了陇东南、甘肃省乃至中西部地区基础教育对高学历、高素质师资的迫切需求。

实现"双赢"发展,引领区域基础教育改革。学校与秦安一中、天水一中、陈仓高中等开展教研互动,与某一中合作开展"创新班",学报开辟"基础教育研究专栏",接收兼职导师教研性学术论文发表,设立"基础教育研究项目"联合开展教学研究等工作,不断完善实践教学基地及研究生工作站运行机制,明晰责权关系,加大资源共享,拓展合作深度,促进联合培养基地学校教师专业发展。学校也以研究生联合培养工作为切入点,加强对秦安"走教模式"研究,获批全国教育规划项目、教育部人文社科项目、甘肃省教育规划项目10余项,多篇调研报告、咨询报告被政府采用,7名研究生被联合培养基地学校招录。

2. 行业部门支持和参与人才培养情况

学校与白银市、成县、陇西县等教育行政部门签订教育硕士合作培养协议,建立学科示范引领、资源共建共享、项目协同融通、区域联合联动的发展机制,探索建立区域教师教育联动发展模式。构建了高校(U)—政府(G)—基地学校(S)—工作站(W),简称"U-G-S-W"四位一体的教育硕士合作培养新体系和高层次应用型人才培养、教育教学研究等多元一体、互惠共赢的资源共享机制和合作平台,某市人社局直接面试录用10余名教育硕士毕业生。

联合培养基地参与教育硕士培养全过程。学校选聘多名甘肃省陇原名师、特级教师作为校外导师,参与培养方案制订、课程教学和实践指导、学位论文撰写和答辩等培养环节,基础教育专家为教育硕士开展讲座和论坛300余场次。

3. 研究生就业去向与需求的吻合度,用人部门对毕业研究生评价情况

截至2018年7月,已毕业4届,授予教育硕士学位362人,调查显示,已就业290人,从事基础教育工作231人,占就业学生80%,从事高等教育工作31人,占就业学生11%;其他行业就业学生28人,约占已就业学生的9%。研究生就业去向与区域需求吻合度高,毕业生能迅速适应岗位需求并成长为单位的骨干力量,综合人文素养、教师职业道德水平、教育教学能力、教师专业发展水平等得到用人单位的好评,社会声誉良好。

(四)条件支撑与管理

1. 资源配置和经费投入

现有研究生专用多媒体教室、语音实验室、案例讨论室、微格教室、录播室等30余间,相关专业图书达到20余万册、中外文资源数据库32个,建成使用研究生公寓大楼1幢。每年投入1000多万专项经费,用于研究生招生就业、导师队伍、课程、基地、教学设施建设、研究生奖助金,以及教学改革和管理等。

2. 组织形式和培养管理体系

学校成立了教育硕士专业学位研究生教育指导委员会,审订人才培养方案,指导制订发展规划,评估教育硕士培养质量等。构建了在学校党委、行政的领导下,主管副校长,研究生处、培养学院负责领导、导师组、研究生教学秘书、辅导员等层次分明、责权利明晰的组织管理体系。形成了研究生处宏观管理、培养学院具体负责、导师全程指导的低重心、分层次、责权明晰的培养管理体系。

3. 规章制度建设

制定了 40 项管理规章制度，涵盖研究生教育的招生、培养、管理、学位申请与授予、导师遴选与考核、奖助学金评定等所有环节，为全面提高研究生培养质量提供了制度保障。

4. 奖助体系

建立完善的奖助体系，涵盖国家奖学金、优秀生源奖学金、学业奖学金、单项奖学金，覆盖面达到60%。设有国家助学金、研究生"三助一辅"岗位金、临时困难补助金。5年来共发放研究生奖助学金715万元，三助岗位金10万元，单项奖学金20万元，临时困难补助金0.3万元。

5. 教学科研平台建设

学校高度重视教学科研平台建设，在建设好原有平台的基础上，又先后获批省级一流学科2个，省级实验教学示范中心1个。

6. 实践基地建设

2015年学校与天水一中、天水市逸夫实验中学、宝鸡陈仓高级中学合作建设的教育硕士联合培养基地获批研究生联合培养省级示范基地。现有实践基地14所，包含10所省级示范高中，1所市级重点小学，1所省级示范幼儿园，充分满足实践教学需要。

天水师范学院开展培养教育硕士专业学位研究生试点工作实施方案

2012年12月，该校正式获批为培养教育硕士专业学位研究生试点工作单位。为了做好试点工作，根据国务院学位委员会《关于开展"服务国家特殊需求人才培养项目"试点工作的意见》和国务院学位委员会2011年70号文件、2012年46号文件精神，遵照《中华人民共和国学位条例》《中华人民共和国学位条例暂行实施办法》及教育部、国务院学位委员会、全国教育专业学位教育指导委员会、甘肃省学位委员会的相关要求,在深入研究教育硕士专业学位研究生培养规律的基础上,紧密结合区域基础教育改革与发展的需要,特制定以下实施方案。

一、办学理念

紧紧围绕基础教育改革与发展需要,结合"服务需求、突出特色、创新模式、严格标准"的试点工作要求,按照"面向基础教育、服务基础教育和研究基础教育"的人才培养取向,立足长期从事教师教育的办学优势和特色,坚持"质量第一、打造品牌"的办学理念,努力打造教育硕士专业学位研究生教育品牌,引领和促进本科教育教学工作,全面提高人才培养质量。

二、培养目标

围绕"质量第一、打造品牌"的办学理念,着力培养具有优良的教师职业道德品质、较强的教育教学能力、教学研究能力、学科专业发展能力的高素质的中小学(幼儿园)骨干教师。要求学位获得者必须拥护中国共产党的领导,热爱祖国,热爱教育事业,遵纪守法,具有良好的教师职业道德和为基础教育事业贡献智慧和力量的奉献精神。学位获得者必须具有坚实的教育科学理论知识,系统掌握现代教学论与学科教学论的基本理论和方法,具有良好的学科学识修养和扎实的学科专业基础,了解学科前沿和发展趋势;具有较强的教育实践能力,能胜任学科教育教学工作;在现代教育理论指导下运用所学理论和方法,熟练使用现代教育技术,并能阅读本专业的外文资料,解决学科教育教学中的实际问题;能理论结合实践,发挥自身优势,开展创造性的教育教学工作。学位获得者还必须熟悉基础教育课程改革,掌握基础教育课程改革的新理念、新内容和新方法。教育硕士专业学位获得者通过努力应成为在基础教育中发挥引领和示范作用的骨干教师。

三、课程设置

以全国教育专业学位教育指导委员会《全日制教育硕士专业学位研究生指导性培养方案》为参考，依据"教师专业标准"和"教师教育课程标准"，以突出教师综合素养、掌握教育基本理论、提高教育教学能力、促进学科专业发展为核心，分学科领域设置课程体系。

教育硕士的课程体系包括学位基础课、专业必修课、专业选修课和实践教学等四个模块，共计36学分。结合人才培养规格，将四个模块相互融通，促进教育硕士品质、知识、能力协调发展。

学位基础课包括：外语、政治理论（含教师职业道德教育）、教育学原理、课程与教学论、中小学教育研究方法、青少年心理发展与教育等6门课程，共计12学分。

专业必修课包括：学科课标解读与教材分析、学科教学设计与案例分析、学科教育测量与评价、学科基础与前沿问题等4门课程，共计10学分。

专业选修课设置教师职业素养、教学技能提升、教学研究能力和学科专业发展等四个模块，每一模块设置若干门课程，学生选修时要求每一模块至少选一门课，选修学分不少于6学分。

实践教学包括：教育见习与实习、班级与课堂管理实务、教育调查与校本行动研究等四门课程，共计8学分。

四、教学要求

教学内容的设计要依据培养目标，强调理论性与应用性课程的有机结合，突出案例分析和教育教学实践研究。各课程教学大纲要按照学校统一格式进行编制，并邀请学科专家和教研专家审定，在广泛征求任课教师意见的基础上，报研究生处审核备案后执行。同时，根据培养方案和教学大纲，选用教指委推荐的教材，组织教师自编案例教材。

教学过程要重视理论和实践的结合,充分体现学生的主体地位,以需求为导向,以问题为中心,以任务为驱动,以案例为载体,强化实践环节,强调反思参与,重视团队学习,采取讲座式、案例式、探究式、参与式、情景式、研讨式等教学方法,体现"三突出一重视"的教学理念,即突出参与互动、突出案例教学、突出问题解决、重视专业技能训练。

教育硕士的学制为两年,实行学分制管理。课程学习和实践课程要紧密衔接,采用"理论十实践"双循环学习方式,即第一学期在校内学习学位基础课和专业必修课,并在学校"教师专业发展中心"通过技能实训和教学反思等方式,掌握教育教学理念、基本理论和基本技能,在理论学习中融通能力训练。第二学期到联合培养基地,通过教育见习与实习、参与班级管理和教育教学调研等教学活动,运用和检验所学的理论知识和技能,在教学与管理能力训练中融通理论学习。第三学期通过第一学年"理论十实践"所积淀的基本理论、发现的问题及研究生的专业发展需要,有针对性地学习选修课,进行论文(设计)的选题、开题和撰写工作。在理论和实践的融合中,培养学生发现问题、解决问题的能力,提高学生教学研究水平。第四学期分为前后两个阶段,第一阶段(前两个月)带着完成的毕业论文(设计)回到联合培养基地,在教育教学实践中进一步验证、完善学位论文(设计);第二阶段(后两个月),返校完成学位论文(设计)答辩等工作。

教育硕士的培养实行双导师制和导师组集体培养相结合的方式,导师组实行组长负责制。专职导师主要负责教育教学理论知识的传授,兼职导师主要负责实践环节的指导,专兼职导师联合培养教育硕士职业品质、共同承担课程教学、合作开展课题研究、协同指导学位论文(教学设计)。导师组具体负责制定教育硕士专业学位研究生各学科方向的培养方案、课程设置、教学设计及教育硕士的培养工作。专职导师在二、四学期,每学期不少于一周时间到联合培养基地进行教育调研、教学观摩,并与兼职导师合作指导学生实践教学,开展教育教学课题研究；兼职导师在一、三学期，每学期不少于一周时间到我校教授课程，参与大学教育教学活动，并与专职导师合作进行课题研究。

在教育硕士的学习过程中，通过邀请优秀中小学校长、教师讲授自己的教育感悟和事迹，激发和培养学生的教师职业情感，以言传身教的方式砥砺学生树立长期从教、终身从教的信念。

对教育硕士知识掌握的考核，主要通过考试与撰写课程小论文等方式进行。实际应用能力的考核主要通过说课、讲课，观课议课，教育调查、撰写调查报告，编写教案，制作课件，教学设计，教学案例分析，微格教学等方式进行。

五、学位论文（设计）

为了体现硕士专业学位的特点，教育硕士学位论文（设计）采取多种形式，如撰写论文、研发讲义、研发课件、开发校本教材、撰写教育教学调研报告、提供不少于10节课教学录像等。制定学位论文（设计）评价标准，要求论文（设计）选题应是对我国基础教育事业改革与发展有一定价值的题目。论文（设计）必须理论联系实际，运用现代教育和学科教学的基本理论与基本观点，结合所学专业，对基础教育改革与教学中的问题进行分析、研究，并提出解决策略或方法。论文（设计）撰写必须在较扎实的专业理论基础上进行，应广泛参考吸收国内外的研究成果。论文（设计）应做到指导思想正确，体系结构规范，方法科学、合理，观点明确，阐述准确、清晰，并有一定的创造性。同时，严格论文（设计）的评阅和答辩工作，在论文评阅人和答辩委员会成员中，保证至少有一名具有高级教师职称的中小学（幼儿园）教师或教学研究人员参与。

六、师资队伍建设

依据招生培养学科领域及课程设置，以熟悉基础教育与中小学教学、具有较高的教学与研究能力为主要标准，精选校内导师；同时，从五个合作培养实验区的优秀教师中,以师德品质优良、教学能力和教研水平突出为主要标准,严选兼职导师。2013年选聘学科教学语文、数学、英语、美术等4个领域的专兼职导师,组建教育硕士外语、政治理论和教师教育基础课等3个教学团队,成立学科教学语文、数学、英语、美术导师组;2014年在学科教学语文、数学、历史、化学等8个领域新选聘专兼职导师,组建学科教学历史、化学、思政、物理等4个导师组;2015年在11个学科教学及方向遴选导师,新组建生物、体育及小学教育方向导师组;2016年在14个学科教学及方向选聘专兼职导师,成立音乐、地理及学前教育方向导师组;2017年继续增补遴选一批专兼职导师。按照预计招生培养规模,试点工作实施期间,共计划选聘专兼职导师174人,其中校内导师107人,校外兼职导师67人。对导师的管理实行招生资格与导师的教科研能力、依托条件、学术影响力等综合培养条件挂钩,逐步推行导师年度招生资格审核制。同时,对专兼职导师、任课教师及管理人员实行分类培训。邀请全国教指委委员、教育硕士培养院校的领导和专家、基础教育教学名师等就教育硕士培养方案的设计、课程设置、基地建设、合作培养、教学方式、论文标准、质量监控等方面进行全方位指导。将相关管理人员、专职导师和部分任课教师派往教育硕士培养单位学习管理经验、教育教学方法及考核评价等。

七、实践基地建设

为了落实培养方案和探索完善"双循环"学习方式,在陇东南和关—天经济区的天水市秦州区、平凉市庄浪县、定西市漳县、陇南市成县以及宝鸡市陈仓区建立5个教育硕士合作培养实验区,在每个实验区选择1—2所优质学校作为教育硕士联合培养基地,在联合培养基地建立学科领域研究生工作站。联合培养基地要求具有较好的教学基本条件,师资力量强,管理水平好,教学质量高,能够充分调动教学资源,积极参与教育硕士联合培养,并具备联合培养教育硕士所必需的生活办公场所；研究生工作站要求具有良好的学科专业基础，教研成绩突出，具有优质的教学团队，教学成绩优秀，并在市县（区）乃至全省有较高知名度和影响力的教师。

学校计划分4个批次建成11个联合培养基地和23个研究生工作站。2013年在天水一中、天水逸夫中学、宝鸡陈仓中学、庄浪一中和庄浪水洛中学等5所学校建成首批教育硕士联合培养基地，并在联合培养基地建立学科教学语文、数学、英语、美术等7个研究生工作站。2014年在合作培养实验区新建4个联合培养基地和8个学科教学研究生工作站。2015年在现有基础上，新建1个联合培养基地和4个研究生工作站。2016年新建1个联合培养基地和4个研究生工作站。

同时，为了加强交流，探索教育硕士联合管理、培养的新模式，学校从2014年开始，计划每年举行一次教育硕士培养与管理校长论坛或教育硕士联合培养暨实践教学研讨会，促进教育硕士的联合培养，保证培养目标的全面实现。

八、管理和投入

（一）组织机构

为了使联合培养工作运行顺畅，保证产学平台建设落到实处，学校将成立由校领导任组长，学校相关部门负责人、地方教育行政管理部门负责人为成员的学校服务国家特殊需求人才培养项目领导小组，全面指导教育硕士专业学位的整体及分批建设工作。

成立研究生处，具体负责教育硕士专业学位建设以及教育硕士招生、培养、考核等日常管理工作。

成立由校领导任主任，学校相关部门负责人及实验区联合培养基地负责人为成员的学校教育硕士专业学位教育指导委员会，全面指导教育硕士的培养工作，分批次审订教育硕士专业学位各学科领域/方向的培养方案，制订并执行教育硕士专业学位考核评价体系等工作。

(二) 管理制度

从招生、教学要求、导师选聘与管理、联合培养、学籍学位管理等方面全面制定规章制度,从管理制度上保证试点工作的顺利实施。

制定《天水师范学院教育硕士专业学位研究生导师遴选办法》,规定教育硕士导师遴选的原则、条件以及程序等;制定《天水师范学院教育硕士专业学位研究生联合培养基地及研究生工作站建设与管理办法》,规定联合培养基地与研究生工作站应具备的条件、建设的内容、责任与义务、经费使用、考核与管理等;制定《天水师范学院教育硕士专业学位研究生招生工作实施细则》,规定教育硕士初试、复试、录取的基本要求和工作流程等;制定《天水师范学院制订教育硕士专业学位研究生实践教学方案指导意见》,规定教育硕士实践教学的方式、要求、组织实施以及考核管理等;制定《天水师范学院编制教育硕士专业学位研究生培养案例库建设指导意见》,规定案例库建设的种类、方法与途径、管理、案例的基本结构与呈现形式等。

(三) 经费投入

在学校各项事业经费中优先考虑教育硕士专业学位建设经费,每年在财务预算中设立教育硕士专业学位研究生培养与管理专项经费,重点用于联合培养基地、教学案例库、导师培训、研究生工作站、研究生专用教室、教研项目资助、课程资源开发、图书资料建设、网络资源数据库建设、优秀教育硕士奖励、研究生学术活动、困难学生补助等方面的支出。

第三章

英语教育硕士培养的现实困境与对策

"新的教师教育观认为,教师教育不仅是大学的责任,也是中小学的责任;中小学不仅是教师教育'产品'(师范生和中小学教师)的使用者,还应该是'产品'的'维护者''保养者';教师在教学中的专业发展不仅是中小学的事情,也是大学的事情,大学应始终对自己的'产品'负责到底。"(傅树京,2003a:116)

在我国现行的教师教育体制下,高校与中小学该如何合作,在合作过程中存在哪些阻碍因素,针对这些因素又该如何做出有效的变革,下文将结合我们的实践探索,做一些思考。

一、大学-中小学合作培养英语教育硕士的途径

高校和中小学在准教师和在职教师的培养上各有优势,高校教师理论储备充足,中小学教师实践经验丰富。过分倚重某一端的力量培养教师都会导致不足,只有把高校教师的理论和中小学教师的实践经验有效地结合起来,才能更好地引导师范生的职业技能发展和在职教师的专业技能持续成长。具体可行的做法有如下一些。

(一)选聘中小学专家型教师进入教育硕士的课堂教学

在师范类高校教师队伍中,具有中小学教学经历的教师比例并

不高，也正是由于自身知识技能结构的欠缺，高校教师更擅长和愿意从事理论课程的教学，而不太愿意从事实践或技能类课程的教学。同时，高校教师队伍中自身素质能力结构有欠缺，导致培养的师范生在技能和实践能力方面存在先天不足，而这个不足恰恰可以通过中小学专家型教师的加入而得以弥补。

教育硕士专业课程结构中，有如下一些课程类别需要加入中小学一线教师的经验和智慧。第一类是教育管理类课程，比如学校管理、班级管理、班主任工作等，这些课程的理论部分可以由高校教师担任，实践部分由中小学校长、班主任等名师任教，他们可以凭借自己多年的工作经历和心得体会，给学生带来丰富的实践经验和智慧。第二类是学科教学法课程，此类课程是所有师范专业都要开的必修课，但是这类课程的地位在师范专业的课程结构中却有点尴尬，很多专业骨干教师是不屑于上这类课的，往往"丢"给那些小年轻，而青年教师多数也是没有中小学教学经验的，上课时从理论到理论，学生的收获比较虚，体会也不真实。而如果有一线骨干教师参与的话，教学效果就会完全不一样。第三类是某些涉及中小学的其他专题类课程，比如中小学教育教学改革专题、中小学德育专题、中小学家校合作专题等。虽然某些高校教师有对基础教育研究的经验和储备，但很多中小学的实际情况却并不是一个高校教师可以完全掌握的。因此，吸收部分优秀中小学教师一起担任这些课程的教学，效果会比较理想。

中小学教师进入教育硕士课堂教学的形式有：第一，与高校教师一起承担一门课程的教学，比如管理类、学科教学法类课程，理论部分由高校教师讲授，实践部分则由中小学教师负责；第二，现场观摩，这种方式也比较适合于管理类、学科教学法课程，即把学生带到中小学教师的教学和管理场景进行现场观摩；第三，专题讲座，这种方式适合上述三类课程，主要是邀请中小学教师就课程当中的某些具体问题进行专题讲授或经验介绍和分享。至于中小学教师参与的比例和次数，则需根据教学实际情况而定。

（二）选择优秀中小学骨干教师指导教育硕士的教育实践

见习和实习是师范生实践教学的必修课，其中，见习是让学生通过参观、听课、听讲座等方式，进一步全方位了解中小学的实际情况。从目前国内高校的教学安排来看，有的是一次性见习，即把学生带到中小学见习长度不等的一段时间；也有的是专题见习，在不同的时间段分几次进行。从实际效果来看，后一种较好，但组织和管理的工作量比较大。一般而言，见习阶段给学生讲课或介绍经验的都是优秀的教师、班主任或学校管理者，但并没有建立正式的结对和学习关系，对师范生的后续影响力相对较小。

就实习而言，有的高校是一次性的集中实习，也有的是分段实习，即参与性实习和正式实习。在实习过程中，实习基地学校一般会安排年富力强、经验丰富的骨干教师指导实习生，对实习生的备课、上课、教态、教学基本功等各方面给予详细的指导和帮助。从很多实习生的反馈来看，跟一个负责任的有经验的实习指导老师，在实习期间学到的教学技能甚至比在大学三年多的课堂上学到的都要多。因此，通过实习，师范生在实践情境中，在中小学教师的指导下，可以比较顺利而快速地习得教师的基本功，转变身份和角色。从目前国内的情况来看，这是中小学教师在当今教师教育体制中承担的最直接而重要的工作。

（三）高校教师指导中小学教师的专业发展

中小学教师在学校工作 3~5 年之后，基本的教学技能都已经习得，也逐步积累了部分的教学经验，达到相对成熟的教师水平。如果没有外在激励措施的介入以及自身不断反思和学习的话,教师的专业水平将长时间维持在这种状态,并出现专业发展的高原期。因此,对于在职教师而言,不断地学习、反思和研究,是促进专业持续发展的强劲动力。这时,具有丰富理论储备的高校教师就有了用武之地。高校教师因为对某一领域有相对长时间的关注、学习和研究,对某些问题有自己的思考和心得体会,有相对较广的理论视野,可以为中小学教师的专业发展提供更多反思的参照、解决问题的思路和方法。因此,中小学教师通过对高校教师论著的阅读和听取他们的讲座,或者是与高校教师开展一些合作性的交流和对话、研究,可以为其专业发展注入新的血液和动力。具体的形式可以是中小学教师到高校修读教育硕士、教育博士的学历提高性教育,也可以是高校教师到中小学进行实地的指导和交流等。

因此,从高校教师队伍自身知识与能力结构的缺陷和中小学教师专业持续的内在需求来看,准教师的培养和在职教师的专业持续发展都需要双方进行良好的互动和合作,但在实践过程中,却遭遇各种各样的困境,下文将介绍主要的几个方面。

二、大学-中小学合作培养教育硕士的主要困境

在我国现行教师教育体制下,高校与中小学合作培养教师的困境有些是来自政府,更多的是来自高校和中小学自身,具体分述如下。

(一)政府职责的缺位

在高校与中小学合作培养教师的过程中,政府职责的缺位导致中小学与高校之间缺乏长期而稳定的合作关系。现在中小学为了促进教师的专业发展,促进教育教学改革的稳步推进,也不断地开展一

些校本培训和校本研究,经常会邀请一些有名的大学教授举办讲座,进行指导。这些教授往往会基于自己的学术积累和思考,对中小学的改革和发展提出一些看法和意见,但是实际效果怎么样,只有中小学教师自知冷暖。"广大中小学教师在接受这样的培训后,总觉得很多报告与实际的教学生活相距太远,大学教师讲的学术理论,很多时候关注的只是方案的理论分析,而没有考虑其现实的可行性;即使讲的是现实层面的问题,其操作价值也不大,听了只能开开眼界。"这种专家指导,对中小学教师的专业发展、教育教学改进的实际效果非常有限。中小学教师的教学理念和教学方式一旦形成,很难通过几次专家讲座和指导改变过来,专家必须沉在中小学教学实践中,在与中小学教师团体一起研究教学和管理过程中的实际问题时,才会真正对教师教学理念和方法的改变产生实际的影响。但问题是,中小学并没有与大学教授建立起长期而稳定的合作关系,相当一部分中小学没有渠道可以联系上大学教授并与之建立起稳定的合作关系。而且中小学与大学教授之间要建立起稳定长期的合作关系,需要额外的财力和物力的支持,没有地方教育行政部门的参与和支持,是根本无法做到的。目前各地方教育行政部门在教师培训上投入了不少的财力,比如各种类型的国培和省培项目,但是从很多反馈的效果来看,并不如预期的理想。扎根学校教育情境的校本培训或许效果更好,也是今后政府增加投入的方向。

(二) 教育硕士教学实践及大学教师评价的困境

1. 高校教学实践设计不合理和实习基地建设不足导致中小学教师隐性拒绝

现在国内高校教育硕士的教学实践制度多种多样,有的是安排一次性教学实践,时间2~4个月不等;有的是安排多次实践。这种实践方式确实会给中小学的教学安排带来一些干扰甚至是冲击,因为教师的教学及学生的适应都有一个相对稳定和持续的过程,实习生的"中间介入"有干扰之嫌。在目前一切以分数为导向的情况下,很多基地指导教师都不太愿意把课堂拿出来给实习生锻炼,因为他们事后可能还需要做很多补救工作。而分两段安排实习,是为了激励学生更好地学习和发展自己的教学技能,通过第一阶段的短期实习让教育硕士知道自己的短处,并加强学习和训练,在正式实习的过程中有一个好的表现。但是短期实践,不仅给实习的组织和管理工作带来麻烦,也实实在在给实习基地学校带来了"干扰"。所以很多实习基地校和指导教师都不太愿意接收和指导这种短期实习生。

另一方面,从目前了解的情况看,高校对实习基地的建设并不多。高校既没有对实习基地提供人财物等实际的帮助,也很少在学校发展规划、教学改革、教师培训等方面提供智慧支持。从这个方面看,高校更多的是对实习基地进行"索取",而很少投入。这也是很多中小学不愿意接收实习生的一个重要原因,因为二者之间并没有稳定的责任和义务关系。而且我国高校实习基地,更多的是依靠高校自身的校友资源、教师之间的私人关系建立的,两者之间并不是一种真正制度化的、长期稳定的合作关系。一旦实习基地的校长或主要领导换了人,这个实习基地的合作关系就可能随时终止,即使之前曾签过接收实习生的协议。

2. 高校教师职称评审的"科研重心"导致不愿意从事社会服务

现在高校教师的职称晋升主要看三大件:国家级课题、省级以上奖励和C刊以上文章数量,有的还有一件,就是最少6个月以上的出国留学经历。这四大件当中的任何一件,对高校教师而言,都不是那么容易的事情。所以,为了能在职称评审上比较顺利或更有竞争力,高校教师尤其是中青年教师把大部分的时间用在了科研上,至于指导师范生的教育实习、指导中小学的教研教改实验、跟中小学教师一起开展合作研究等需要花费大量时间和精力且没有什么具体"收获"的工作,很多高校教师不愿意也不屑于去做。并且由于职称晋升过程中科研的分量太重,很多高校教师不太愿意花更多的时间改进自己的课堂教学,让师范生在课堂上能够获得更多,很多高校教师的课堂教学往往停留在"过得去"的层面上,少数教师的课堂教学较好,当然也还有一部分教师的课堂教学不忍直视。

3. 来自中小学的困境

来自中小学的困境,首先表现在观念上。认为中小学的职责主要是承担中小学生的教育和教学工作,而教师的培养主要是师范院校的责任,这种观念的狭隘就把中小学排除在教师培养职责之外,从而降低了参与教师培养的热情和参与度,导致很多中小学,尤其是示范性中小学甚至都不愿意接收实习生或者是承担本地区的教研活动。其次是中小学教师超额的工作量负荷也阻碍了他们参与到教师培养中来。从各方面获得的信息来看,很多中小学教师的工作量都是高负荷,尤其部分高中教师的工作量更大,周课时甚至超过 30 节,多数教师的周工作量在 20 节以上;加上备课、批改作业、管理学生等,留给教师自己支配的时间很少。再加上每个学校、每个教师都随时会面临来自各级部门组织的检查或者评估,需要教师花费大量的时间去做或整理材料,甚至还需要牺牲休息时间加班加点。在这种情况下,中小学教师即使想认真研究和改进教学,总结经验,认真指导实习生或新教师的专业成长,也往往心有余而力不足。

三、改进大学与中小学合作培养教育硕士的建议

为了更有效地实现高校和中小学对教育硕士的合作培养,针对

上述各种阻碍因素,政府、高校和中小学都需要做出相应的改进,高校自身的改进尤显重要。

(一)政府:认真组织 PDS 或 TDS 项目的实施与监督

为实现中小学教师专业发展的组织化、制度化和长期化,地方教育行政部门要在整合高校和中小学资源的过程中发挥重要的衔接和组织作用,认真组织"教师专业发展学校"(简称 PDS)或"教师发展学校"(简称 TDS)项目的实施。2018 年初颁布的《中共中央国务院关于全面深化新时代教师队伍建设改革的意见》(以下简称《意见》)旗帜鲜明地指出:"实施教师教育振兴行动计划,建立以师范院校为主体、高水平非师范院校参与的中国特色师范教育体系,推进地方政府、高等学校、中小学'三位一体'协同育人。"关于在职教师的培训,《意见》指出:"开展中小学教师全员培训,促进教师终身学习和专业发展。转变培训方式,推动信息技术与教师培训的有机融合,实行线上线下相结合的混合式研修。改进培训内容,紧密结合教育教学一线实际,组织高质量培训,使教师静心钻研教学,切实提升教学水平。"而"教师专业发展学校"或"教师发展学校"项目的实施,主要是以问题解决为核心,把既有理论水平、又有实践经验的高校教师和在职中小学教师、师范高校的准教师联合起来,在一起研究和解决基础教育领域实际问题的过程中,促进在职教师和准教师的共同发展,促进基础教育质量的持续提升。这些项目的推进要求政府在其中发挥重要的作用,需要了解中小学的学校改进和教师专业发展的需求,需要衔接并组织高校教师与中小学教师双重力量,需要将这种合作研究制度化和组织化,需要投入相应的资金维持项目的运转等。"应明确教育行政部门在大学与中小学合作培养教师中的领导职责,教育行政部门应建立大学与中小学规范合作的运作规则。"(滕明兰,2008:92)只有政府出面,才更有利于高校教师和中小学教师合作研究的组织化、制度化和长期化，才更有利于高校教师的专业引领，实现中小学教师的专业发展和学校教学质量的整体提升，因为"政府对大学与中小学合作的政策支持与宏观制度导向，则是促进和保障这种合作伙伴健康发展的重要关键性因素"（庞丽娟 等，2011:1）。

除此之外，政府还需要在教师队伍的数量和结构、降低学生的学业负担、减轻中小学及其教师的额外工作负荷等方面起到切实的建设和监管作用，确保中小学教师在一个相对正常和稳定的环境中工作和生活。

（二）大学：在教学实践和职称晋升方面做出相应的变革

1. 完善教学实践制度和实习基地建设

从上述对实习制度的分析来看，实习基地校不太愿意接收短期性的实习生，他们更愿意接收3～4个月这种接近一个学期时间长度的实习生，这样比较稳定，对中小学教学安排和管理的冲击度相对较小。高校教育硕士的培养方案在实践时间的长度安排上最好以一个学期为参考。这样，既减少了教育硕士实习给基地校可能造成的冲击，又给教育硕士各项实习工作的开展提供了相对宽裕的时间。因为实习的过程包括听课、撰写和修改教案、试教、正式教学、磨课、汇报课、批改作业、参与监考、参与学校其他文体活动、参与班级甚至学校管理等全部环节，时间太短的话，实习的效果非常有限。

关于实习基地建设，首先最基本的要求是稳定，做到不因主要校领导的更换而更换、终止等，因为只有在相对较长时间的接触和了解过程中，高校和实习基地之间才能彼此逐步熟悉，为后续的基地建设、人员的交流、合作研究的开展打下良好的基础。其次是根据实习基地校的实际需求进行建设。如果是一些乡村边远学校，可以在物质资源上给予一些帮助，包括仪器设备、图书资料等。但在当今中小学基本物质条件都已经满足的情况下,对基地学校建设的帮助更多的应该是智慧支持,比如现代教育教学技术的培训、教师专业发展培训、教研教改项目的论证与指导、学校校园文化建设和发展规划定位等。

2. 将高校教师的社会服务纳入职称评定的可选条件之一

目前,对高校的基本职能主要概括为三个方面:人才培养、科研和社会服务。但在高校教师职称评聘过程中,教学是作为一个必要条件,完成基本的工作量且没有出现教学差错即可;社会服务是一个软项目,因其不好量化测评,在职称评聘的过程中一般不予考虑,也就是说不作为可选的条件。而科研却是当今高校重点追求的,所以成了高校教师职称评聘的重中之重。高校教师到中小学一线,与他们一起开展教学研究,指导他们的教育教学改革等,因在职称评聘过程中没有任何意义而被弃之如敝屣,高校教师也不愿意去从事类似的社会服务工作。因此,为了引导高校教师到中小学从事一些社会服务和专业指导工作,在职称评聘制度中,可以考虑把社会服务的成效当作可选条件之一。这些成效包括所指导的学校在教育教学改革、学校教学质量、教师的专业成长、学生发展的特色等方面的显著成果,但必须明确这些成果的确是在高校教师直接介入的情况下取得的,因在成果的认定和关系的界定方面会出现很多问题,需要进一步深入而细致的研究。

3. 中小学:明确教师培养的主体责任并认真组织落实

在现行教师教育体制中,中小学承担的教师培养责任主要是接收和指导实习生,另外在新进教师的培养方面会做一些工作,比如派"师傅"认真指导和帮助新教师适应角色和专业成长等。但在新形势下,中小学在准教师和在职教师的培养上都需要做出更多的努力。首先,在观念上要有所转变,要认识到中小学不光是"现成教师"的

"使用者"或"引进者",同时也应该是准教师和在职教师的培养和培训者。其次,在管理制度的设计上,一方面,允许中小学教师参与到高校准教师的培养中,给他们到高校授课营造合适的环境和条件;另一方面,以更积极的姿态接收实习生,并提供较好的条件促进他们的专业成长。其三,要认真组织和落实在职教师的培养,一方面,协助政府开展好"教师专业发展学校"项目的实施,让本校教师在和高校教师与教研员等专业人员的合作研讨中,促进本校教师与实习教师的专业成长;另一方面,要更好地组织和开展校本教师培训,包括教师阅读计划、教育叙事与反思、课例研究以及其他形式的专题研究等,促进在职教师的专业发展。

需要强调的是,应该进一步强化各级各类"示范性中(小)学"在教师培养和培训过程中的角色和作用。因为这类学校一般不太愿意接收实习生,或仅仅接收极少数的实习生,而更愿意从其他学校引进成熟的优秀教师。但是既然是示范性学校,拥有更多的社会资源和更雄厚的师资力量,就应该在准教师的培养和新教师的培训中发挥更多的作用,承担起与其性质相匹配的教育责任和社会责任。

第四章

基于协同创新的英语教育硕士专业学位研究生培养模式研究

教育硕士专业学位是具有特定教育职业背景的专业性学位,主要培养面向基础教育教学和管理工作需要的高层次人才,其目的是以培养中小学教师为主。教育硕士在我国基础教育工作中扮演着重要角色,培养具有创新思维和专业实践能力的教育硕士具有重要的现实意义。然而,尽管经过了二十多年的发展,我国教育硕士研究生教育培养体系仍存在一些问题,例如培养模式雷同、学科协同缺位等。面对社会经济发展中新的需要与新的挑战,教育硕士人才培养需以协同创新为培养理念,将协同创新的思想贯穿在整个教育硕士研究生培养的过程中。基础教育对高素质和高水平教师的需求是教育硕士培养模式变革的推动力,而高素质和高水平教育硕士的培养需要采用协同创新的教育模式,吸纳各学科、各行业的优质教育资源,建立一个各利益相关者共同参与的多方位、多层次教育硕士培养协同创新模式。

一、英语教育硕士培养中存在的问题

教育硕士专业学位是具有教师职业背景特征的专业学位。设置教育硕士专业学位的目的是为基础教育培养高水平师资队伍。培养出的教育硕士需拥有科学的现代教育观,具有高水平的教育素养和基础教学能力,掌握现代教育教学技术。但现实的高等教育实践中部分高校培养出来的教育硕士并未完全达到这样的培养要求,当前教育硕士培养中尚存在很多不足,主要表现在以下几个方面。

(一) 未能体现专业实践的特色

目前,社会和教育界对专业学位研究生培养还存在不正确或不完整的理解与认识,甚至存在许多认知偏差。例如,很多人认为专业学位是学术学位的附属部分,含金量低,学位层次低等。对教育硕士的认识出现偏差,导致教育硕士不被重视,教育硕士的发展需求被忽略,更甚者导致研究生本人、导师、学校和单位这些培养教育硕士的利益相关者投入的减少,出现了在实际教学过程中直接把学术硕士的培养目标和培养方式套用在教育硕士培养过程中,教育硕士的培养特色得不到体现。在此种培养方式下,教育硕士没有完全达到偏重专业实践能力的预期培养目标。

(二) 未能体现专业硕士学位的独特性

许多高校虽然拥有较强的师资力量和完善的设备,但是对教育硕士的培养目标定位有误,造成教育硕士的培养与实际要求存在一定差距。主要体现在两个方面:一方面是培养方式单一,目前教育专业硕士研究生采用的培养方式是国家制定专业目录、教学计划,统一招生考试,统一培养目标。这种整齐划一的培养目标造成对学生独特性的忽视,培养出来的教育硕士千人一面。另一方面是忽视教育硕士专业学位的独特性和专业特色,造成与教育学学术学位硕士的混同。培养过程未能凸显各学科教育专业硕士学科能力的提升,更多强调教育硕士的学术与研究能力,忽视对教育硕士专业实践能力的培养。

（三）实践性培养内容比重较小

当前很多高校在对专业学位教育硕士进行培养的过程中，仍沿用学术型硕士的教学方式，主要采用"理论教学"的方式对学生进行培养。一些学校仍旧使用单一的教学方法，缺乏针对专业硕士研究生的案例教学和专业实践环节教学，教师教学手段单一，仍是大班理论教学讲课，甚至出现专业学位教育硕士与学术学位教育学硕士课程设置几乎雷同的情况，没有体现出专业学位的培养特色。从课程设置角度分析，很多学校教育硕士课程设置的重点放在学位课程、专业必修课程上，这两者占到了课程总学分的80％以上。而学位课程、专业必修课程都侧重于学科基本理论知识，专门针对教育硕士实践能力的课程比重较低。从研究生导师方面分析，虽然大多数学校实行了双师制，但是两类导师的遴选和职责分工不明确，有个别学生反映导师对学生不重视，指导频率低，两类导师缺乏沟通相互推诿的情况也有出现；很多导师对实践性课程的把握不够，在培养教育硕士的专业实践能力时常会感到心有余而力不足。

（四）培养质量评价体系不完善

对教育硕士专业学位研究生培养的评估，目前仍主要采用内部评估的方式，评估主要靠研究生培养单位自身完成，较少引入外部第三方评估机构进行研究生培养质量的评价。部分高校对教育硕士专业学位研究生进行评价时仍套用学术学位研究生的评价方式，更多地评估研究生的课程考试成绩、研究生毕业论文完成情况，较少针对教育硕士的专业实践能力进行更具针对性的评价。

国外高校对教育硕士研究生培养质量进行考察时，常常会采用跟踪调查、反馈的方式，以此来考察已毕业教育硕士研究生的发展情况和市场对毕业生的需求、满意度状况，并根据所收集到的这些信息来及时调整学校的培养模式，以保证其培养的教育硕士研究生适应社会的需求。而国内较少有学校或机构对已毕业的教育硕士研究生进行跟踪、调查和反馈，也较少根据毕业研究生的发展状况对教育硕士培养模式进行动态调整。

二、建立基于协同创新的英语教育硕士专业学位研究生的培养模式

专业学位教育硕士的培养模式必须摆脱学术型硕士培养模式的影响，根据专业学位研究生的特色，协同各方的资源，建立起协同创新的培养模式。

(一) 理论基础：协同创新理论

协同创新是一种新的教育理念，指的是企业、政府、知识生产机构(大学)和用户等基于合作、融合和创新的价值准则，为了适应现代社会发展的需要而开展的跨度整合组织模式。协同创新通过促进学校和用人单位发挥各自优势，整合互补资源，跨学科、跨部门和跨行业深度合作，达成培养目标。对教育硕士研究生进行培养时采用协同创新的理念，有助于提高人才的培养质量。采用协同创新的组织形式，能够充分利用不同主体间的资源，以及对人才培养的各自特色理念，把课堂讲授的理论知识学习与实践经验为主的生产、科技实践相结合，凸显了教育硕士培养方式的特色。一方面，能实现高校与基础教育学校协同培养教育硕士的目标；另一方面，能使教育硕士研究生亲身体会到一线的教学实践工作特点，感受基础教育的现状和未来发展的需要。

(二) 国外运用协同创新理论指导教育硕士培养的启示

西方发达国家的教育硕士培养模式有两个显著特点：一是专业

教育硕士与学术硕士明显区别开来，专注于教育硕士的职业性与实践性，体现在其招生方式、培养目标、课程设置和教育实践活动等多个方面；二是与社会各行业资源互补，构建协同创新的培养模式，高校与当地的教育部门、小学、中学、幼儿园甚至和相关教育机构开展合作，积极建设教学基地，吸引各方有经验的专家参与教育硕士的共同培养。

我国教育硕士的培养模式可以借鉴西方发达国家的经验。高校根据对教育硕士的定位和培养目标，与各方行业沟通联系，通过合同协议的方式明确双方的权利与义务，以教师的实际活动为中心，围绕教学实践进行课程设置，让研究生接触到真实的课堂情境，体验到教育教学过程中的各种问题。高校在对教育硕士进行培养时，要体现教育硕士的职业性和应用性，发挥各行业的优势，整合各区域资源，促进教育硕士培养模式的协同创新，使培养的教育硕士能够符合社会发展与实践对人才培养质量的要求。

（三）我国教育硕士专业学位研究生协同创新模式的构建

1. 培养目标：学术性和职业性协同

《全日制教育硕士专业学位研究生指导性培养方案》将教育硕士的培养目标定位为"掌握现代教育理论，具有较强教育教学实践和研究能力的高素质中小学教师"。由此，我们可以得出教育硕士的培养目标有两点：一是理论基础扎实，二是实践教学能力强。然而，长期以来，高校培养教育硕士时陷入一个矛盾，或是将学术硕士的培养模式套用到专业硕士中，或是完全将教育硕士当成一种高端职业培训，两者都没有真正体现出教育硕士的特色培养目标。

教育硕士专业学位的培养目标应该是学术性与职业性两者相互

结合，互为补充，是一种共生的关系。协同学术性和职业性的培养目标，要求在培养过程中同时重视职业胜任力和学术研究能力，使这二者在教育硕士研究生培养中高度融合，并发挥各自的作用。

2. 培养方式：加强双师制的联合指导，调整课程结构设置

理论导师和实践导师的协同创新和合作，对教育硕士的培养过程尤为重要，这就要求校内和校外导师在具体培养目标、课程设置、教学方式和实践指导等诸多方面进行广泛沟通。这有利于理论导师和实践导师双方指导能力的同时提高，校内导师能及时了解到基础教育的现状和发展需要，而校外导师能提升自身的理论素养。

教育硕士的课程设置应该与培养目标相契合，以教师职业需求为核心，突出培养特色的实践性和开放性。首先，要突出案例教学。案例教学是理论与实践结合的教学手段。对实际教学案例进行分析不仅能考察研究生的基础理论知识，更能考察研究生实际解决问题的能力，彰显出对教育硕士实践能力的培养要求。其次，课程体系应该是开放的。对教育硕士进行培养时，不仅要教授本专业的基础知识，还要多学科协同，综合教育学、心理学、管理学和社会学的知识架构，引导学生把握多学科知识的内在联系，能够从多个视角对教育教学问题进行深度认识。

3. 质量评价体系：建立内部质量管理体系和外部监督评价体系

教育硕士的培养目标决定了其质量评价体系应该内外结合，需同时建立内部质量管理体系和外部监督评价体系。在高校内要营造良好的质量文化氛围，形成上下一致的质量信念，并促使行政管理人员、教师和学生自觉行动。高校应建立起以研究生培养质量为核心的教学运行与评价体系，规范教学管理，使教学质量稳步提升。

教育硕士专业学位作为一种具有明确职业导向性的学位教育类型，由职业资格认证来引导专业学位人才的培养，是外部质量观的体

现。教育硕士外部质量评价体系的架构应当包含或涉及的主体包括教育部门和行业协会、用人单位三方面。三个主体在教育硕士申请职业资格认证过程中都发挥各自的作用,共同构成专业学位研究生教育外部质量的评价主体。教育部门担负制定对应的岗位职业技能标准或任职资格条件的职责;行业协会在外部质量评价体系中起着连接教育部门和用人单位的作用;用人单位作为教育硕士毕业后的就业去处,既担负着检验教育硕士培养质量的任务,也起着协同高校、行业协会和教育部门对教育硕士职业技能与专业实践能力进行反馈的作用。

总之,随着人工智能、物联网等新的知识革命时代的到来和世界教育的融合发展,基础教育对教师的要求越来越高,这种要求显著地反映到对教育硕士的人才培养目标和规格上,并提出了更新更高的要求。我国教育硕士专业学位至今只有二十余年的历史,各级教育机构对教育硕士的培养已取得了丰硕的成果。但在具体的教育实践中,对教育硕士专业学位研究生的培养尚存在一些问题,如培养定位的认知偏差,培养目标没有体现专业硕士学位的独特性,实践性培养内容比重较小,培养质量评价体系有待进一步完善等。针对教育硕士专业学位培养中存在的问题,借鉴西方教育硕士培养的有关经验,可建立协同创新的培养模式。该模式的特点主要表现在以下三个方面:培养目标上,教育硕士的培养需注重在培养过程中的协同学术性和职业性;培养方式上,需加强双导师的联合指导,突出案例教学,协同多学科有关教学内容进行培养;质量评价体系上,协同校内质量管理体系和校外监督评价体系。构建教育硕士协同创新模式,有利于改进我国教育硕士专业学位研究生教育的培养模式,为教育硕士的培养提供思路和方案,进而提高教育硕士专业学位研究生的培养质量。

第五章

国家特需项目
——英语教育硕士培养的实践研究

一、基于英语学科方向教育硕士学位论文选题的视角[①]

（一）国内外研究现状分析

1. 国外有关大学与中小学教师共同体的研究

20世纪六七十年代，美国开始了大学与中小学教师专业学习共同体的研究，通常叫作 U-S(University-School)合作体。当时学者们提出通过大学与中小学的合作，克服教师教育的困境。20世纪80年代，美国教育家古德莱德提出："大学与中小学之间建立一种共生关系，并结成平等的伙伴。"专业学习共同体的建立，重构了大学和中小学之间的合作关系，也促进了教师的专业发展。20世纪90年代初，美国的教育领域高度评价大学与中小学教师专业学习共同体的研究，并认为构建此类共同体是最科学的教育改革方式。美国还建立了教师专业发展学校，形成了大学与中小学合作的新机制，构建了大学与中小学的合作模式。这种模式提高了教师的专业水平，实现大中小学教师的共同发展。随着研究的深入，这一研究体系得到持续拓展

---

① 该文原载于《天水师范学院学报》2019年第6期。收入本书时略有改动。

和完善。在实践过程中,大学教育和中小学教育有效衔接,良性互动,实现了大中小学合作培养教师的一体化模式(Dooner & Mandzuk, 2008)。21世纪以来,国外学者对教师专业学习共同体(Professional Learning Communities,简称PLC)也进行了大量研究。有些研究者认为专业学习共同体可帮助教师构建知识,有效改进教学行为(Opfer & Pedder, 2011);有的研究者描述了专业学习共同体给教师个体带来的困惑与挑战(Pemberton & Stalker, 2007);有的学者侧重于研究教师学习成效的分析单位和分析方法(Vescio & Adams, 2008)。研究发现,通过教师专业学习共同体的合作,他们的教学能力和自信心得到了提升。

2. 国内大学与中小学教师专业学习共同体的相关研究

20世纪七八十年代,大学与中小学组成教师学习共同体,建立了合作式伙伴关系并得到迅速发展。20世纪90年代中期,大学教师及教育研究人员,尤其是师范类学校的教师和中小学校保持了一定的合作。合作范围包括课程设置、校本教学研究、教师团队建设、教学活动等。操太圣、卢乃桂(2007)的《伙伴协作与教师赋权——教师专业发展新视角》是我国此领域的首部论著。宁虹、刘秀江(2001)以首都师范大学、北京丰台地区的中小学校作为重点开展了相关探究,研究表明通过开展积极合作,中小学教师的探究理念得到提升,形成了全新的教师培训相关科目。李艳、杨晓文(2007)通过青岛市建立的大学与中小学合作发现,大学与中小学文化的融合可以促进教师观念的改变,中小学教师的积极探究与反思需要大学教师的指导和帮助,通过良性合作能够促进教师专业水平的持续提升。于学友(2005)研究指出,大学和中小学开展沟通协作激发了中小学教师的研究意识、主体意识,探索了一条实践取向、意义取向的教师专业发展途径,实现了中小学教师职前与职后教育一体化,集教育、教学、研究、学习为一体的专业协作方式,促进了双方的文化融合与共同发展。张景斌(2008)认为,大学和中小学开展沟通协作,提升了教师对自身职业的认知水平,增强了创造力。国内还有文献介绍国外的专业学习共同体理论与实践,或比较中外专业学习共同体的差异,也有文献阐述了我国教师专业学习共同体构建的理念与原则,剖析了教师专业学习共同体建设的实践过程及其效果。

综合梳理相关研究可以发现,国内外都在积极推动大学和中小学之间的协作,提升教师队伍的专业水平。国内对于以"国家特需人才培养"为视角的教师专业学习共同体的探究相对缺乏。英语学科教育硕士在专业学位论文选题上存在一些不足,针对英语学科方向教育硕士学位论文选题的研究更为鲜见。因此,大学与中小学英语教师应构成专业学习共同体,结合英语学科基础教育实际,协同指导教育硕士的学位论文选题。

(二)英语学科方向教育硕士学位论文选题存在的问题

英语学科方向教育硕士的学位论文应该研究什么问题?为什么研究这些问题?怎么研究这些问题?如何确定合适的论文题目?这些问题使许多研究生及其指导老师陷入了实实在在的困境。

撰写学位论文是教育硕士专业学位教育的重要环节。学位论文选题的过程,其实是研究者对论文研究主题以及整个撰写领域的思考。英语学科方向教育硕士学位论文选题必须来源于教育教学工作一线,能够解决实际问题。然而,当前英语学科方向教育硕士专业学位论文在选题上并不如人意,甚至存在种种误区,主要表现为:依据某个理论"套"问题;主观臆断地"想"问题;依照别人的研究"借"问题,好大喜功地"造"问题,出于一些实际工作的需要、按照自己的喜好"搬"问题等。能否提出值得研究、需要研究、能够研究的问题,是学位论文创作的基本前提与关键所在,直接决定研究的成败。

为了解英语学科方向教育硕士学位论文选题的问题所在，研究者选取了西北地区的1所教育硕士特需项目培养单位，随机抽取了该校2017级和2018级的43名英语学科方向的教育硕士进行了问卷调查。调查数据统计如下：

英语学科方向教育硕士中，72%的认为自己的选题缺乏创新性；63%的认为自己不知道怎样选题才具有逻辑性；48.9%的认为不了解中小学的英语教学实际，缺乏实践性；23%的认为选题时未考虑论文的可行性；9%的认为缺乏把握论文选题适度的能力。

下文将针对当前英语学科教育硕士专业学位论文在选题上存在的创新性、逻辑性、实践性、可行性、适度性不足的问题做如下分析：

1. 选题缺乏创新性

选题的创新性主要是针对研究问题本身而言。一篇符合教育硕士培养质量要求的学位论文，首先要符合基础教育科学研究的原则与程序，遵循语言习得规律，还需提出自己对研究课题的新见解。创新是基于前人的研究基础，对已有相关文献的深化与拓展。教育硕士只有具备一定的文献意识和文献能力，才能实现选题的创新性。72%的英语学科方向教育硕士认为自己的选题缺乏创新性，究其原因是该方向不少硕士科研意识比较薄弱，文献研究能力弱，加之阅读量较少，缺乏对研究文献的全面把握和分析，选题比较随意。

2. 选题缺乏逻辑性

选题的逻辑性主要是针对理论维度而言。特需项目教育硕士专业学位论文因其培养目标的专业特殊性，选题应针对基础教育存在的现实问题。教育硕士需要灵活运用所学的教育理论，分析英语教育教学实践中存在的问题。因此，教育硕士专业学位论文选题的逻辑性主要体现在：内容上要合理，即言之成理、持之有故；形式上应周延，不能出现逻辑错误。63%的英语学科方向教育硕士认为不知道怎样选题才具有逻辑性,选题要么跟从理论潮流和热点,要么来自自身的体验,忽略了理论对实践的指导作用。

选题的实践性主要是针对现实维度而言。教育硕士学位论文选题要基于英语基础教育的实践,灵活运用教育理论指导实践,能促进、改善、解决英语基础教育实践中的问题。48.9%的英语学科方向教育硕士认为,自己不了解中小学的英语教学实际,缺乏实践性。主要原因是一部分教育硕士是跨专业考生,还有些教育硕士为非师范生,本科阶段没有进行过教育实习,对中小学的英语教学实践了解不够全面、深入,难以发现中小学英语教学中存在的问题。

3. 选题缺乏可行性

选题的可行性主要针对研究者的研究条件而言,指的是研究者有能力、有条件、有时间完成该研究。23%的英语学科方向教育硕士认为选题时未考虑论文的可行性。大多数教育硕士选题时比较盲从,缺乏对主观条件的综合考量。

4. 选题缺乏适度性

选题的适度性主要是针对研究者的维度而言。研究问题应是研究者本人能够把握和驾驭的问题。研究者应全面分析自己的知识结构、工作环境、学术兴趣等,选取适当的研究内容,运用恰当的研究方法,达到研究的预期目标。9%的英语学科方向教育硕士认为无法恰当把握论文选题的适度性,选题要么太大,无法驾驭;要么太小,缺乏实际意义。

(三)解决英语学科方向教育硕士学位论文选题困难的策略

1. 提升选题的创新性

学位论文的创新性主要体现为:学术思路的特色与创新、学术观点的特色与创新、研究方法的特色与创新。如对英语学科前沿的理论探讨、老问题的新研究视角、海外新理论、新观点的引进与推广等。通过文献查找和信息查询,了解国内外英语研究领域的研究水平和现阶段的研究热点。大学导师应从理论方面培养英语教育硕士的文献意识以及他们获取文献、鉴别文献、分析文献的能力;中小学的校外导师应结合中小学的英语教学实际,为教育硕士提供实践方面的一手资料。通过大中小学导师协同合作,逐步培养英语学科方向教育硕士的创新意识。

2. 分析选题的可行性

教育硕士的学位论文选题应该是关乎英语学科发展和英语教育教学实践急需解决的问题。选题一方面应立足于经济欠发达地区英语基础教育的实际,基于理论指导实践的原则,探析英语基础教育实践中存在的症结、困境、急需解决的问题;另一方面,研究者能够拥有充足的研究资料,要有能力、有条件解决该问题。

3. 增强选题的逻辑性

学位论文的选题要基于科学原理,运用能解决研究问题的恰当理论,找到理论与实践之间的内在契合点。选题的内容应来源于基础教育英语教学中存在的现实问题,在恰当的教育理论指导下,分析、改善、解决英语教学中存在的现实问题。导师还要注重培养教育硕士的概念思维能力。教育硕士选题时,要清晰地理解和界定所涉及的概念,还要注意概念理解、运用过程中的同一性。

特需项目教育硕士的培养目标为:服务需求、注重实践、突出特色。教育硕士学位论文的选题要以服务地方基础教育高层次英语人才需求为导向,以中小学英语教学的实际为基础。突出特色,将本科教育、研究生教育和"国培计划"中小学英语教师培训有机结合,达到互通互惠,资源共享,打通职前培养和职后培训,构建"三位一体"立体化的英语教师教育体系,因此,教育硕士在选题时要关注这些特色和需求,突出选题的实践性。

4. 把握选题的适度性

论文选题的切入点要适当。选题大小要合适,难度要适中。英语学科方向教育硕士要根据自己的研究能力和兴趣,选择自己能够把握和驾驭的问题,恰当选取研究内容,合理运用研究方法,达到研究的预期目标。还需注意研究问题的明确性。明确且集中的题目更容易驾驭,尤其要注意从研究问题域向研究问题的转变,即先要确定一个方向、领域,再进一步确定研究问题。

(四)结语

撰写学位论文是教育硕士专业学位教育的重要环节,而学位论文写作的首要环节是选题,恰当的选题可以起到事半功倍的效果。基于"服务需求、注重实践、突出特色"的国家特需人才培养理念,大学与中小学英语教师应构成专业学习共同体,针对当前英语学科方向教育硕士专业学位论文在选题上存在创新性、逻辑性、实践性、可行性、适度性不足的问题,结合英语学科基础教育实际,采纳以下选题策略:从学术思路的特色与创新、学术观点的特色与创新、研究方法的特色与创新等方面来体现选题的创新性;基于科学原理,找到理论与英语基础教育实践之间的内在契合点,实现选题的逻辑性;以服务地方基础教育高层次英语人才需求为导向、以中小学英语教学的实际为基础,以解决英语基础教育教学实践中的现实性问题为宗旨,突出实践性;立足于研究者的研究条件和研究能力,促进、改善、解决欠发达地区英语基础学科发展和英语教育教学实践中存在的症结、困境、急需解决的问题,使之具有可行性;选择本人感兴趣并且能够把握和驾驭的问题,恰当选取研究内容,合理运用研究方法,以契合适度性原则。大学与中小学英语教师分别利用自己的专业优势，共同研究教育硕士的学位论文选题，实现理论与实践的契合，这样英语学科方向教育硕士专业学位论文选题才能达到研究的预期目标，从而实现大中小学英语教师的合作双赢。

二、基于英语教育硕士网络学习共同体构建现状的研究[①]

（一）引言

"服务国家特殊需求人才培养项目"是在择需、择优、择急、择重的原则下，安排少数办学水平较高、特色鲜明、能够服务国家战略发展需要、且在人才培养方面具有不可替代性，但尚无硕士学位授予权的高等学校，在一定时期内招收培养研究生并授予相应学位的人才培养项目。近年来，随着信息技术的普及，教育信息化成为一种趋势。2010年，教育部颁发的《国家中长期教育改革和发展规划纲要（2010—2020年）》指出，现代教育"需高度重视信息技术在促进教育改革过程中的重要地位，通过新媒体、新教学理念、新教学方式、新教育组织方式，组织开展教学活动，以促进学习者的全面发展"。教育部印发的《教育信息化十年发展规划（2011—2020年）》指出，"以人才培养、教育改革和发展需求为导向，开发应用优质数字教育资源，构建信息化学习和教学环境，建立政府引导、多方参与、共建共享的开放合作机制"。网络学习共同体在这一发展规划的指导下应运而生。网络学习共同体是一种依托信息技术和网络平台支持的协作学习环境。在这个学习环境中，具有共同兴趣或共同愿景的学习者与

---

① 该文原载于《广西教育学院学报》2021年第1期，作者为杨晓春，郭晓英，原芳莲。收入本书时略有改动。

助学者主动参与学习,彼此通过交流协作、分享学习资源来获取知识、共同完成一定的学习任务,成员间形成相互影响、相互促进的人际关系,并且在相互的学习中自我调控、自我约束,并及时做出评价与反馈,进而形成较强的组织认同感和归属感,最终实现参与者个体知识的构建和群体的共同提高(王蔷、李亮,2017)。

(二) 实证研究

1. 研究设计

研究选择西北地区某特需项目试点院校的42名专业硕士为研究对象,利用《专业硕士网络共同体构建现状调查问卷》对受试进行测试,通过调查结果分析目前"国家特需人才培养"试点院校专业硕士网络学习共同体构建现状。

(1) 研究工具

研究使用了《专业硕士网络共同体构建现状调查问卷》,该调查问卷借鉴周嫚嫚(2011)《教育技术学硕士研究生网络学习共同体构建现状调查问卷》,根据本研究调查对象的实际情况改编而成。调查问卷包括10个项目,分别调查学生目前的网络学习现状、对构建网络学习共同体的需求以及构建网络学习共同体的制约因素。社科统计软件 SPSS 13.0 被用于数据分析。

(2) 数据收集

为保证研究结果的客观性和准确性,在发放调查问卷之前,研究者向受试解释了网络学习共同体的定义、内涵、特征等,同时,受试还被告知此次调查为匿名形式,受试按照自身实际情况作答即可。此次调研共发放调查问卷42份,收回42份。

2. 结果与分析

(1) 网络学习现状

专业硕士网络学习情况直接影响网络共同体的构建。调查问卷中的项目1—5主要调查学生的网络学习现状(如表5-1)。

表5-1 专业硕士网络学习现状

项目	选项及调查结果(%)
1.您通过网络进行学习的情况	A.每天(29.8)　B.经常(47.5) C.偶尔(18.6)　D.很少(4.1)
2.您对网络学习的喜爱程度	A.喜欢(43.6)　B.较喜欢(32.7) C.一般(18.9)　D.不喜欢(4.8)
3.您通过以下哪些方式与导师或同学进行专业知识交流(可多选)	A.面对面交流(20.1)　B.电话、短信(19.8) C.微信、电子邮件、QQ等方式(42.5) D.其他(17.6)
4.您愿意参与网络协作小组,与老师和同学共同完成任务	A.愿意(30.4)　B.基本愿意(36.2) C.基本不愿意(22.1)　D.不愿意(11.3)
5.在专业学习过程中,您会将您的学习资源或知识与同学一起在网上分享吗	A.经常(30.3)　B.有时(36.9) C.很少(27.2)　D.没有(5.6)

调查结果显示,42名受试中,有29.8%的学生坚持每天进行网络学习,47.5%的学生经常在网上学习,只有4.1%的学生很少进行网络学习。这一研究结果表明,随着智能手机的普及以及网络技术的发展,网络学习已经被绝大部分学生接受,成为一种常态。受试对网络学习的喜爱程度调查结果表明,43.6%的学生喜欢网络学习,32.7%的学生比较喜欢网络学习,仅有4.8%的学生不喜欢这种学习方式,由此可知,面对网络学习这一新生事物,受试不是被动,而是出于喜欢,主动地去尝试和接纳,这在一定程度上保证了受试网络学习的效果。调查结果还显示,目前学生与老师或同学进行专业知识交流基于网络的微信、电子邮件、QQ等方式的为42.5%,66.6%的学生愿意参与网络协作小组,与老师和同学共同完成任务,绝大部分学生经常(30.3%)或有时(36.9%)会将自己的学习资源或知识与同学一起在网上分享。以上数据分析表明,目前专业硕士网络学习现状比较理想,不论是专业知识学习还是情感沟通,学生都能够主动地借助

网络这一便捷工具完成,学生已经感受到了网络学习的益处,愿意通过与他人协作、分享个人学习资源等途径扩大网络学习范围。

(2) 专业硕士网络学习共同体构建现状

在对专业硕士网络学习现状调查的基础上,本研究进一步调查了其网络学习共同体构建现状(如表5-2)。

表5-2 网络学习共同体构建现状

项目	选项及调查结果(%)
1. 您认为构建一个网络学习共同体对您学习的重要程度	A. 非常重要(31.5) B. 比较重要(47.2) C. 不太重要(15.8) D. 不重要(5.5)
2. 在您的研究生学习生活中,是否有老师和同专业同学构成的网络学习团队	A. 有(36.3) B. 没有(63.7)
3. 如果选A,则您经常参与团队学习、知识共享、交流与协作吗	A. 经常(29.6) B. 有时(40.2) C. 很少(21.8) D. 没有(8.4)

表5-2数据显示,绝大部分学生(78.7%)认为构建网络学习共同体对自己的学习重要。但在被调查的受试中,仅有少部分(36.3%)选择"有老师和同专业同学构成的网络学习团队",这说明在实际教学过程中,网络学习共同体并未受到足够的重视;有29.6%的受试经常参与团队的活动,有40.2%的受试有时参与团队的活动,学生的参与度较高。

(三) 制约网络学习共同体构建的因素

对网络学习共同体构建因素的分析(如表5-3)发现,同意程度(包括"完全同意"和"基本同意")较高的四个因素分别是:教师和学生不够重视,80.9%的受试表示同意,其中45.2%的受试表示"完全同意",35.7%的受试表示"基本同意";开展活动缺乏吸引力,78.6%的受试表示同意,其中40.5%的受试表示"完全同意",38.1%的受试表示"基本同意";缺少专业的网络学习支撑平台,76.2%的受试表示同意,其中35.7%的受试表示"完全同意",40.5%的受试表示"基本同意";彼此间没有共同的研究课题或项目,73.8%的受试表示同意,其中28.6%的受试表示"完全同意",45.2%的受试表示"基本同意"。

表5-3 网络学习共同体构建因素

下列因素您的同意程度(%)	完全同意	基本同意	基本不同意	完全不同意
不具备电脑设备和上网条件	2(4.8%)	5(11.9%)	10(23.8%)	25(59.5%)
教师和学生不够重视	19(45.2%)	15(35.7%)	5(11.9%)	3(7.2%)
开展活动缺乏吸引力	17(40.5%)	16(38.1%)	8(19%)	1(2.3%)
很少人愿意分享自己的学习资源或知识	9(21.4%)	8(19%)	15(35.7%)	10(23.8%)
彼此间没有共同的研究课题或项目	12(28.6%)	19(45.2%)	8(19%)	3(7.2%)
教师网络水平较低	4(9.5%)	4(9.5%)	20(47.6%)	14(33.4%)
学生网络水平较低	3(7.1%)	4(9.5%)	18(42.9%)	17(40.5%)
没有恰当的激励制度和良好的氛围	8(19%)	9(21.4%)	12(28.6%)	13(31%)
交流、讨论困难,缺少良好的指导	7(16.7%)	12(28.6%)	11(26.1%)	12(28.6%)
缺少专业的网络学习支撑平台	15(35.7%)	17(40.5%)	8(19%)	2(4.8%)
网络学习平台功能不强,缺少技术支持	9(21.4%)	12(28.6%)	11(26.2%)	10(23.8%)
其他因素	(%)	(%)	(%)	(%)

(四) 结语

"服务国家特殊需求人才培养项目"要求试点院校以"服务需求、突出特色、创新模式、严格标准"为指导思想,不断创新人才培养模式,提高人才培养质量。网络学习共同体是基于网络平台的一种创新人才培养模式,利用网络技术营造一种能够体现研究生主体地位的网络学习环境,促进研究生之间的交流协作、创新能力的形成以及自主学习能力的提高,使学生走向创新性学习、自主性学习、协作性学习。以上定性分析结果表明,"服务国家特殊需求人才培养项目"试点院校学生网络学习现状比较理想,不论是专业知识学习还是情感沟通,学生都能够主动地借助网络这一便捷工具完成,并且愿意通过与他人协作、分享个人学习资源等途径扩大网络学习范围,学生有着较为强烈的构建网络学习共同体的需求,而且也能积极地参与网络共同体组织的活动。但是,调查数据显示,只有极少数老师或学生建立了网络学习共同体,网络学习共同体这一新的学习途径并未受到广大师生重视。另外,调查结果显示,目前制约网络学习共同体构建的因素主要有:教师和学生不够重视;开展活动缺乏吸引力;缺少专业的网络学习支撑平台;彼此间没有共同的研究课题或项目。因此,在今后的硕士生培养过程中,一定要意识到网络学习共同体的重要作用,有意在有共同研究课题或项目的成员中建立学习共同体或者以共同体为载体,各成员协作申请共同的课题或项目,并通过设计丰富有趣的活动吸引共同体成员。另外,还需邀请专业技术人员搭建界面友好、功能齐全、使用便捷的共同体支撑平台以保证网络学习共同体最大化发挥其作用。

三、基于问题的英语教师成长案例探析[①]

(一) 引言

2011年10月教育部开展了"服务国家特殊需求人才培养项目"实践,7所位于经济欠发达地区的学士学位授予单位成为培养教育

---

① 该文载于《齐齐哈尔师范高等专科学校学报》2020年第4期,作者为原芳莲、郭晓英、杨晓春。收入本书时略有改动。

硕士的试点改革院校。教育硕士特指面向我国基础教育教学和管理工作需要的高层次人才,与学术硕士最大的区别在于其突出的应用性实践能力。基础教育历史积淀深厚、办学特色突出的地方本科院校,以培养教育硕士为抓手,为组建大中小学教师学习共同体促进其专业发展提供了良好契机。鉴于外语教师专业成长的长期性、渐进性和阶段性(吴一安,2007:12),本研究根据基于问题学习(Problem-Based Learning,简称 PBL)理论,充分利用高校学术研究资源和中小学课堂教学实践优势,对接高等教育和基础教育,构建大中小学英语教师专业学习共同体,分析新任、青年和中年教师不同阶段借助合力的典型自主成长案例,探索群体中个性化可持续性的新型教师发展路径。

(二)基于问题学习理论视角中的大中小学英语教师学习共同体

基于问题学习的概念由美国神经病学教授 Barrows 提出,于 1969 年最早用于医学类专业课程的教学。因其教学效果显著,此后几十年被推广应用至其他各学科的教学过程中。该理论认为,学习者的学习源自学习中遇到的实际问题,问题贯穿于整个学习过程(张翔清 等,2014:39)。本研究中教师回归到了学习者身份,以问题为导向,通过小组共同的合作交流以及个体的自主探究,逐步解决一个个真实问题,完成知识建构,实现成长。

教师专业学习共同体源自 Lave 和 Wenger 提出的"实践共同体"概念,其主张学习发生在一定的社会情境之下,如通过专家之间的交流、新手向熟手请教问题等非正式的聚会,最终产生解决问题的新方式与途径。实践共同体有三个构成要素:共同的投入(Mutual Engagement)、共同的事业(Joint Enterprise)和共享的知识库(Shared Repertoire)(莱夫,等,2004:3)。

基于问题学习理论为教师的专业学习提供了主题,学习共同体又为大中小学教师的全员发展构建了平台。共同体成员虽然都负责英语教学,但求学背景、认知水平、专业能力、生活体验和个性特征等差异明显,围绕外语教学实践与研究过程的种种真实问题,为专业判断到分析解决问题这个一致的目标群策群力,必然能产生相互学习的强大吸引力。跨校合作形成的专家引领、同伴互助、师生互动,以及自我反思行动等支持性活动,有效避开了同校同事之间不必要的竞争。资源优化分享后,能以强大凝聚力促使大中小学英语教师优势互补各取所需,共同得到全方位的专业发展。

（三）基于问题学习的大中小学英语教师专业学习共同体运作流程

本研究参考英国学者 Belle Wallace(1991)提出的"在社会环境中积极思考"(Thinking Actively in a Social Context,简称 TASC)轮状模式,为解决大中小学教育教学中存在的现实问题,设计了图 5-1 所示的流程:

图 5-1　大中小学英语教师专业学习共同体轮状运作流程

前四步从实践到理论属于第一阶段:教师本人随时观察收集问题,借助专家以及同伴的引领帮助"透过现象看本质",根据大家的建议确定最佳方案;后四步从理论到实践并提升理论属于第二阶段:教师本人开展行动研究,在实践中检验并反思分享自己的收获,在积极互动的环境中,开始下一轮问题导向式学习循环。

(四)基于问题学习的共同体大中小学英语教师成长案例

1. 共同体成员介绍

教师的成长是通过不断的学习与实践,由不成熟发展到相对成熟的历程,大致可分为探索适应期、稳定成长期和成熟示范期三个阶段。本研究借助试点改革院校 TS 与联合基地 Y 初中、Z 小学共同培养教育硕士的项目平台,2018 年初以校内外导师为中心,自愿构建了含 8 人的大中小学英语教师学习共同体,旨在让处于不同发展阶段的教师结成同伴助学的关系,以问题为导向、以案例为载体,促进各成员可持续性的职业发展。共同体成员差异虽大,但最重要的是从一开始就有要提高教学教研能力的强烈愿望。具体背景介绍如下表 5-4 所示:

表 5-4 共同体成员介绍

序号	姓名	性别	学历	教龄/年	专业	职称	授课对象
1	郭老师	女	硕士	31	教师教育、外语教学	教授	教育硕士、大英
2	韩老师	女	硕士	28	教师教育、外语教学	高级	初中生
3	杨老师	女	硕士	14	外语教学	讲师	大英
4	黄老师	女	本科	5	英语教学	中级	初中生
5	雷老师	女	硕士	4	应用语言学	讲师	英专、大英
6	刘老师	男	本科	3	英语教育	中级	小学
7	朱老师	女	硕士	0	英语学科教学	无	初一
8	孙老师	女	本科	0	英语教育	无	小学

2. 基于问题学习的不同类型英语教师成长案例

由8名成员组成大中小学英语教师专业学习共同体，整合校内外资源，围绕处于不同阶段教师的特定问题展开学习，致力于运用合力解决孤立个体难以到达的目标，最大化地实现每个人的自身成长。

（1）处于探索适应期的新任教师

以TS学院近五年为例，该校招收的不少英语教育硕士是完全不具备教育教学背景的跨专业生源，为期两年的目标定位于培养熟练运用现代教育基本理论解释和解决实际问题、具有问题导向的高层次中小学教师。按照该学院规定，拥有0—3年教龄、具有硕士学历的新任教师，是职称为助教的新任教师。方便起见，本文中称分别必须完成至少1年以及3个月教学实习实践期的朱和孙为教学探索适应期的新任教师，作为新人的他们会获得校内外导师和同伴的全方位专业支持。

朱："我本科专业是商务英语，第2学期到Y初中见习时，前几次都是空着脑袋去的，能约上就听韩老师或者黄老师的课，约不上就随机听其他老师的课。事先都不好意思问具体上课内容，很少进行预设，对教材、教师和学生都不太熟悉。这样两三次课堂观察下来，对教师的教法和课堂管理技巧，的确有身临其境的感触，但不明白一堂课观察的侧重点是什么？只能粗略比较几位老师的教法差异，经常也听到好课金课这些倡导概念，但完全不知道什么是具体的标准。直到和校内外导师熟了之后，才来了一次大讨论。"

孙："我在小学实习，因为没有教学经验就主要帮助老教师批改作业，也听了好几个老师的课。终于有机会第一次自己上课了，下英语指令时，太复杂，学生半天才反应过来，紧张得我手心都是汗。这才觉得很多事情老教师做起来毫不起眼，自己却要摸索好久。"

新任教师虽已具备一定的教育理论专业知识，不过面对陌生环境下教学的多样性和不确定性，要做到学以致用并不容易。课堂观察是新手向熟手学习的有效途径，对建构外语教育教学实践性知识意义重大。鉴于以上两位新教师课堂观察过于随意的问题，首先郭老师在共同体内分享了 Stallings 归纳的课堂观察科研要素，如"对所观察行为可操作性的界定""具体的观察点"和"数据收集"等（Stallings，1980），邀请他们观摩了雷老师公开课的说课磨课过程，结合大英课堂观察量表，帮助其根据不同的课堂设计出观察侧重点，做到听课前预设、听课中聚焦、听课后反思，从最初只关注教师教学、课堂管理技巧转到课堂话语、课堂氛围、现有教材与资源、学习者特点和学习策略等整体认知上来，进而了解如何判断一堂好课，最后督促他们把观察感悟到的知识融会贯通化为己用，从而大大提升教育见习、实习和研习的质量。

（2）处于稳定成长期的青年教师

教龄超过 3 年的教师，已经褪去了职初的青涩与焦虑，掌握了基本的教育教学理念、知识与技能，能独立开展教学。他们为了尽早探索形成自成体系的个人教学风格，经常要参与带有评优选先性质的公开课、最新技能的实训课和理论学习的专业讲座。

雷："公开课不同于家常课，每一位老师都会展示自己的看家本领。例如，有一次黄老师当场即兴唱了一首 *You raise me up*，很惊艳，把课堂推向了高潮，成了初中生们的偶像。我觉得这个我真学不来，但受此启发，加上与刘、黄的'三人行必有我师',也放开了手脚,课堂中设置了一个英文诗歌美文朗读的活动,配合多媒体图文声像,学生的热情也很高。"

处于职业上升黄金期的青年教师,课堂观察能力敏锐,备课听课评课过程中问题意识强,能对资源的选择和别人的教学表现做出一定的甄别判断,不再满足于遵循原有教学模式一成不变。他们逐步认识到教学有法、教无定法、贵在得法,会在探讨反思的基础上根据自己的实际情况演进教学活动。

此外,职称评定也成了这一阶段教师所面临的共同问题。他们平均年龄40岁左右,作为学校教研活动的中坚力量,大多已经取得了中级职称。在较为熟练地处理常规工作的同时,对如何保持评定高一级职称和家庭生活之间的平衡产生了不小的压力。

>杨坦言:"英语教师大多数都是女教师,女教师对家庭的投入肯定要大些,讲师规定一周至少十五六节课,光上课已经很累了。孩子上小学,辅导作业和家务活又占了很大精力。评职称肯定要核心论文,写作发表都需要静下心来很长时间。"

>黄表示:"中小学评职称也需要论文,要求倒没那么高,但一定要做些实际的教研找找写论文的感觉,不然抄来抄去看似走捷径,却始终找不到努力的方向,意义也不大。"

实现从教学型到学者型教师的转变,无疑对教师的晋升乃至外语学科的发展意义重大。针对平时阅读学术文献不足、论文写作水平不高的普遍现象,郭老师率先在一次面对面答疑解惑的过程中,开诚布公地讲述了每一位教师做学问探究未知领域的必要性，结合自己从中学转行到大学当上研究生导师的亲身经历，鼓励共同体成员正确处理现有困难，化压力为动力。此外，她吸收各位参与她所带头主持的各级项目的申报与执行，从整理文献综述到培养论文写作兴趣点，经常提醒各位注意平时的科研积累和总结，保持学术连贯性，以求聚焦把握前沿，提出创新点。韩老师更是以自身的成长晋升之路说明了教学与科研并不是对立的关系，尤其对中小学老师而言，以行动研究为切入点，问题的发现以及成果的产出就来自课堂这个主战场，不能把自己仅仅定位成一个简单的教书匠，应尽早树立教研相长的观念，拓宽个人发展道路。

（3）处于成熟示范期的中年教师

教龄超过 15 年、平均年龄 40 岁以上的中年教师，大多已经获得中高级职称，他们教学经验丰富，科研突出，很多担任大小不一的领导职务，发挥着骨干示范的专家引领作用。教育硕士的跨校联合培养，创造了绝佳的双赢良机。

> 郭："之前我一个教育部项目，主题是'西部欠发达地区大学外语教师职业发展'，跟联合基地韩老师等人打交道好几年下来，发现大家关心的问题都大同小异，如生存现状、身份认同等，就此很自然衍生出了'大中小学英语教师专业学习共同体'新教育部项目。"

> 韩："我得承认我电脑水平很一般，但是在'互联网＋教育'的形势下，作为教研室主任，我得率先尝试线上线下混合教学，多亏朱做助教，给我做视频拍摄编辑等工作，不能不说年轻人学新东西真快。"

双赢的结果是合作的动力,共同体合作的根本目的是通过合力实现各方彼此利益的最大化。两位导师凭借扎实的专业知识,在为共同体成员出谋划策排忧解难的利他过程中,进一步促成了各方的思想碰撞,获得了新思路新方法,以极大的活力完善了自身的成长。按照教育硕士的合作研究计划,共同体成员经常性讨论互访,不仅有助于集思广益地围绕共同关心的特定课题开展更深入的教学科研项目,也为新的教学实践提供了绝佳的智力、技术和情感支持。

(五)总结

"教育大计,教师为本。有好的教师,才有好的教育。"大中小学英语教师从孤军奋战走向互惠共生,共同体成员借助集体力量和个体反思,围绕教学科研甚至生活等真实问题展开交流对话,属于深度专业学习。构建共谋发展的跨校共同体,帮助每个成员丰富专业知识增强教学技能,进一步提高学术素养,找到归属感价值感,是激发教师内在动力,从新手向专家过渡升华的重要途径。

四、以英语"国培项目"县——宁县四所中小学为例[①]

(一)引言

"国培计划"是我国政府在教师队伍建设方面提出的一项重大政策,近几年国家投入大量资金通过"国培计划"开展全国性的教师培训工作,也是农村骨干教师培训的主要依托项目(朱旭东,2010:3)。国培项目自启动实施以来,对提升乡村教师特别是乡村中小学骨干

---

① 该文原载于《电大理工》2020年第3期,作者郭晨霞,王蔷,郭晓英。收入本书时略有改动。

教师的教学理念、专业能力和教研能力都有显著成效。大学与中小学教师建立教师专业发展学习共同体，是突破教师教育中长期存在的理论与实践脱节困境的可能途径（陈倩娜 等，2016：24）。但由于培训机构、培训师资和培训力量有限，要让每个乡村教师或大多数教师脱岗接受培训是不现实的。为此，我们依托国培计划，与国培项目县——宁县建立教师专业发展学习共同体，以点带面，用送教下乡的方式，建立高校研究者主体和基础教育教师主体组成的合作团队，前者深入课堂实践，为一线教师提供建设性的意见，帮助他们改进教学计划；后者虚心听取专家的建议，认真观摩并借鉴教学名师成功的课堂教学策略，相互信赖，相互扶持，共同面对，促进高校研究者和基层教师的共同成长。

（二）构建高校与基础教育教师专业学习共同体的必要性

1. 中小学英语教师需要在课堂层面得到更具体的帮助

任何一个培训项目都是以需求为导向，"国培计划"也不例外，建立在需求认证基础上的培训目标才是科学的，培训结果才是可预期的。虽然我们建立学习共同体的目标是主体双方都获得专业成长，但是在重心上还是有所侧重的，即更好地帮助基层教师提高课堂教学质量。为了更好地了解基础教育教师的培训需求，国培项目组成员提前与宁县教研室沟通，通过调查问卷的方式了解到基层教师最为迫切的需求是对课堂教学层面的指导，主要体现为以下两个问题：第一，基层教师实现教学目标具体有效的教学方法是什么？第二，什么样的英语课堂能提高学生的学习兴趣和学习成绩？

2. 高校教师教学理论回归实践的需要

高校教师自己的教学科研任务重，通常选择基础教育课堂教学方面的课题进行研究，但平时鲜有时间和精力走进真实课堂，只能在相关资料中挖掘自己想要的东西,因此会存在教学理论与实践相脱节的现象。而课堂研究是将教学理论与教学实践联系起来的主要纽带,开展课堂研究是改变课堂的最有效的方法(王鉴、王明娣,2015)。实践教学论倡导者也提出,课堂研究者要从研究的"课堂田野"中进行现场参与和非参与的观察,进行"深描",然后再对"深描"进行解释。本次高校教师与一线教师构建教师专业发展共同体的研究实践,对高校研究者而言,是检验自己的教学理论、了解基础教育发展现状、实现自身价值的一次机会,两者在课堂中的遇见是理论与实践的相遇,对进一步改进课堂教学、同时提升理论研究者的理论素养都有深远的意义。

(三)高校与基础教育教师构建学习共同体研究

进行高校与基础教育教师构建学习共同体研究,提升教师专业化水平是有效实施英语课堂教学的关键,教师应不断更新学科专业知识、教学知识,学科教研组要建立新型的教师学习共同体,形成教师间相互学习、共同进步的专业发展机制(王蔷,2009:1)。为了探讨高等师范院校教师与基础教育教师之间建立学习共同体的可能性和可行性,天水师范学院外国语学院依托"国培计划"项目与宁县四所中小学的英语教研室及基层一线教师三方联合,组建了教师专业发展学习团队,开展了为期两个月的交流合作。

1. 团队目标

本团队的基本目标如下:发现中小学英语课堂中存在问题的特征,谋求最佳解决方案;探讨高校研究者与基础教育教师专业共同发展的结合点,促进大中小学英语教师学习共同体的生成。

2. 团队课题的组织与实施计划

本研究依托"国培计划"的双主体运行模式:一方主体为我院6

名研究教育方向的教授和2名一线名师；另一方主体为8名宁县中小学教师，其中4名初中教师，4名小学教师。为了能在有限的时间内充分整合各方宝贵资源，并给高校和中小学教师的专业发展创建良好环境，本研究将整个实施过程分为以下四个阶段，并为每个阶段都确定了具体明晰的任务。

第一个阶段：课堂观摩、诊断交流。高校教师团队的教师分为中学组和小学组，分别去中学和小学随堂听取这8位老师的英语课，结束之后再分别组织中学组和小学组的所有英语老师参加座谈，交流互动，着重从语言能力、教学能力、新课程理念三个层面分析探讨。

第二个阶段：同课异构、示范引领。高校教师和当地教师"同课异构"，突出课例中的新课程理念与教学设计，引导教师在广泛、充分参与体验中比较分析不同课堂设计中学生的体验和收获，重新审视和反思自己的教学。

第三个阶段：新课程理念研讨，与名师面对面。新课程改革正在向纵深发展，教学设计没有固定的模式可循，但以学生为本的理念是不变的，对教育本质的认识是共性的。在这个阶段，主要任务是明确新课堂理念，理清理念支撑下的课堂教学思路，找到自己和名师之间的差距，高校研究者帮助基础教育教师发现问题，制订改进方案；高校研究者反思自己的研究，探讨理论与实践的结合点。

第四个阶段：成果展示。经过前三个阶段的观摩研讨，进一步改进教学计划后，基础教育教师在教研组内进行公开教学。

3. 研究问题

此次主体一方即高校研究者，需要深入所联系的学校，观摩教学、诊断交流，同时与中小学的8名教师一起去"研课、磨课"，进行新课程理念的培训辅导。主体另一方即8名中小学教师，需要在这个过程中进一步明确新课堂理念，定位好自己的角色，提高课堂教学的

质量,减轻学生课外负担。基于两个主体专业发展的共同需要,项目确立了以下两个研究问题:

在项目实施的四个阶段中,中小学教师在各个阶段都有什么特点?

此学习共同体的形成对基础教育课堂教学和高校研究者的研究各有什么意义?

4. 数据的收集与分析

根据"2016国培送教下乡"项目的要求,8位英语教学论方向的老师组成了高校教师专业发展团队,于2017年10月13日和16日在宁县教育局教研室有关人员的协助之下,分别去了8所学校。中学组由县教育局教研室主任带领,用两天的时间分别去了中村中学、合盛中学、新宁中学以及城关中学;小学组也由教研室3位老师陪同用两天时间去了中村小学、合盛小学、新宁中心小学以及县城的实验小学。

本次研究数据的获取主要关注以下两个方面:一是反映教师在项目实施的各个阶段的变化,包括新课程理念、教学设计、态度情感方面的变化;二是高校研究者通过扎根现场的观察和研究,在理论与实践相结合的点上能否有所突破。其收集数据的形式主要有:课堂观察、访谈、研讨发言、反思报告等。

(四)研究发现

通过对收集到的数据进行分析,发现以下一些问题:在第一阶段,一线教师暴露出的显性问题主要是教学理念的问题——考什么就教什么,隐性问题是缺乏教学设计以及评价方式片面化。这与正在进行的新一轮课程改革以及新课程理念是不相符的。《义务教育小学阶段教学大纲》中关于教学中应该注意的问题中提到,英语教学应遵循英语教学规律，寓思想教育于语言教学中，尽量使用英语教学，努力创造英语环境，考查既要有笔试，也要有口试和听力测试。

第二个阶段是"同课异构"。在"同课异构"这个环节，高校的两位一线名师和中小学一线教师分别上了同一主题的课。两位高校教师全程英文授课，为学生学习语言创造了良好的氛围，学生学习积极性被充分调动起来。

看到了良好的教学效果后，在接下来与名师面对面的交流中，中小学教师们表现出了极大的学习热情。两位英语教学论专家从小学英语教学目标、方法、评价和学习特点等几个方面进行了梳理，并根据不同的教学实际情况和条件，提出了一些改进措施，为学生创造更多的学习机会，使学生的综合语言运用能力得到真正的发展。

"教学无法，教有定法"，教学没有具体的方法，但都有可遵循的法则，原则上不能违背语言学习的基本规律和目标，机械训练是对外部行为的简单强化，学生并没有内化于心，更谈不上情感、态度、价值观的改变了。

（五）学习共同体对基础教育教师和高校研究者的意义

1. 基础教育教师的收获

首先，通过充分参与学习共同体的教学实践与观摩，基础教育教师得到了高校研究者和一线名师建设性的意见和真实高效的课堂体验，开阔了视野，他们开始重新审视语言教学的意义、语言评价手段的合理性、语言课堂中学生的体验和收获，从关注"教"转移到关注"学"。

其次，提升了基础教育教师专业发展的意识。通过此次合作，基础教育教师意识到了自己在语言能力和教学理念上提升的紧迫性以及专业发展的途径和方法。通过听课诊断、同课异构，和高校教师一起修改教学目标、重新进行教学设计，共同沟通协商，共同提高。

2. 高校研究者的收获

高校研究者与基础教育教师依托"国培计划"建立的学习共同体对主体双方都有重要意义。高校研究者的收获主要体现在以下两个方面：

第一，重新定位自己在这次研讨合作中的地位和价值。按照"国培计划"的安排，高校研究者是以指导者的身份走进中小学课堂，而中小学教师也认为这是教育主管部门组织的教学调研和检查，因此，第一个阶段的诊断交流进行得并不是很顺畅，其原因是双方都没能站在对方的角度去思考问题。真正的沟通和交流是在"同课异构"结束后，高校研究者意识到造成课堂教学质量差异的原因是多方面的，很多并不是由基层教师主观因素所引起的，比如毕业院校、教学方法、培训机会等。教学条件、地区教育环境、地区经济等客观因素也对教学质量的提高有一定的影响。理解并体会到了基层教师的不易和压力，高校研究者也重新定位自己在这次合作中的角色——帮助者、同行者和陪伴者。第二，高校教师获得了课堂教学的第一手资料，为进一步深入研究奠定了基础，为下一步研究提供了方向、思路和途径。

（六）高校教师与基础教育教师合作共同体构建面临的问题及分析

高校教师与基础教育教师依托国培项目的合作具有构建教研实践共同体的三个条件：共同的事业、相互的紧密联系和共享的整套技能（阎雅萍，2017）。但是，在整个合作过程中，也遇到了各种各样的难题：

首先，课堂教学中出现的问题很难在短时间内得到解决。比如语言能力的问题,宁县地处甘肃最东面,90％以上的英语老师都非英语科班出身,所以课堂教学基本都是用中文讲解,全英文授课对于这些教师来说是个巨大的挑战,不可能一蹴而就。其次,引导基础教育教师正确看待并反思自己与他人的课堂教学差距也是一个很棘手的问题。通过对"同课异构"阶段的研讨发现,教师们对教学指导思想、教学目标、教学环节、评价手段缺乏明晰的认识,不很清楚一节课好在哪里,哪个环节的设计最成功,对教学环节之间的逻辑关系也比较模糊。因此,在项目初期所做的需求调研就十分关键。反思本次合作的得失,有一个点是一直被忽略的,即对教学设计的逻辑梳理缺乏预设,也没有投入更充分的时间来研究。从表面上来看,有些教师的教学环节完美无缺,比如有指导原则、学情分析、教学目标、教学重难点、教学过程设计、教学效果评价。但是从课堂组织来看,各个环节之间缺乏衔接与连贯性,比如课程导入和所学内容无关,尽管教学内容和教师都不同,但导入环节唱的歌或播放的视频却是一样的。教学活动缺少内在联系,教学目标设计也有待完善。"国培计划"骨干教师的遴选在实施环节也需不断完善。在国培项目计划实施之前,项目县需选派若干名骨干教师进行半个月的脱产学习。但实际中,因一线教师有教学任务,不能参加脱产学习,所以项目县选派的学员中含有其他人员,并非都是一线教师,这对项目实施的结果会产生一定影响。最后,建立培训效果评价制度,进一步提升两个主体的专业发展质量。教师培训的评价是教师培训的一个核心要素。评价应关注培训者和被培训者,对于两者的评价方式也应有所不同。在评价方法上,对培训者的评价可通过问卷、访谈的形式进行,而对被培训者的评价需要构建过程性评价、终结性评价、项目后评价的综合评价体系。

21世纪的教育改革是新中国成立以来教育界最深刻的一次改革,今天给予数以亿计的学生什么样的教育,未来就将拥有什么样的人才(王蕾,2008:1)。实践证明,大学与基础教育教师的合作对双方理论素养和教学能力的提升都具有重要意义。

基础教育的理念和目标只有通过工作在一线的教师来实现,只有双方真诚合作、互相理解,才有可能实现我们合作的最初目标。从外语教师专业发展的视角来看,高校与基础教育教师以项目为平台的合作是理论与实践相结合的积极探索,只有深入教学实践,才有可能找到理论与实践的契合点。

五、基于英语教育硕士教学实践的视角[①]

(一) 引言

教育部 2011 年 10 月下达了"服务国家特殊需求人才培养项目"——学士学位授予单位开展培养硕士专业学位研究生试点工作,处于经济欠发达地区的 7 所学士学位授予单位先后成为培养教育硕士专业学位研究生的试点院校。这不仅提升了 7 所院校的办学层次,在一定程度上缓解了教育硕士培养院校集中于中心城市与省会城市的矛盾,也有利于形成教育硕士培养模式多元化的格局。教育硕士教育肩负着为基础教育培养高层次的教学和管理人才,为基础教育改革和发展服务的重任,其培养质量高低、教育效果的好坏将直接影响到基础教育的未来发展。教育硕士的培养为大学与中小学的教师提供了很好的合作契机。大学与中小学教师学习共同体是促进教师专业发展最有效的途径之一。本研究以"国家特需人才培养"为视角,以教育硕士的培养为抓手,构建大学与中小学英语教师专业学习共同体,提升教师专业发展的实效性。

[①] 该文原载于《基础教育外语教学研究》2019 年第 12 期。收入本书时略有删改。

(二) 国内外相关研究的现状

1. 国外大学与中小学教师专业学习共同体的相关研究

国外大学与中小学教师专业学习共同体兴起于20世纪六七十年代。它的兴起源于教育者克服传统教师教育的困境,顺应大学与中小学伙伴关系的互惠需求。20世纪80年代,美国结合教育实际,从大学选派一定数量的教师到中学开展教学,帮助推进改革和教学工作。90年代初,大学与中小学教师专业学习共同体受到美国教育领域的高度评价,被认为是教育改革的最科学方式。最具代表性的教师专业发展模式包括:一是英国机制,主要特点是开展校本培训;二是美国机制,主要特点是开展教师专业发展学校模式,推进大学和中小学校的沟通协作。在美国,大学与中小学合作培养教师的相关论述体现在教师专业发展学校中,主要是依托中小学并和大学开展良性协作,构建新机制,并逐渐成为美国大学与中小学共生性教师教育的主流形式。这种方式推动了教师群体的教育水平提升,实现共同发展。随着研究的深入,这一研究体系得到持续拓展和完善。大学和中小学两类教育机构紧密关联,构建良性互动机制,在开展合作、主体属性、生成属性等方面达成一致,同时体现了两类教育机构共同培养教师的基本属性。因此,建立学习共同体被视为促进教师专业发展的重要手段和有效途径(Vescio et al,2008)。近二十年来,国外不少文献报告了有关教师专业学习共同体的研究。有的探究了教师专业学习共同体对教师知识构建和教学行为改进的成效;有的描述了学习共同体给教师个体带来的困惑与挑战(Pemberton et al.,2007);有的侧重研究教师学习成效的分析单位和分析方法(Opfer & Pedder,2011)。被调查者反映,自从加入专业学习共同体后,教学更富创意、更有信心,但成员之间存在显著差异,老成员深感个人与专业学习共同体之间的互动使他们在教学中更易形成集体合力，而新成员还处在专业生存的奋斗期，对专业学习共同体的感受比较个性化，实用倾向明显。

2. 国内大学与中小学教师专业学习共同体的相关研究

20世纪七八十年代，大学与中小学组成教师学习共同体，建立合作式伙伴关系并得到迅速发展。20世纪90年代中期，大学教师及教育研究人员，尤其是师范类学校的教师和中小学校保持一定的协作。合作范围包括课程设置、校本教学研究、教师团队建设、教学活动等。

综合梳理相关研究发现，国内外都在积极推动大学和中小学之间的协作，提升教师队伍的专业水平。国外研究起步早，理论和实践研究紧密关联，涉及的领域宽、范围广，成果丰硕。国内研究时间较短，研究重点主要是整体背景、基本属性、需注意的有关事项等，对于以"国家特需人才培养"为视角的教师专业学习共同体的探究相对缺乏。以该视角研究教师专业学习共同体，应拓展研究思路，认真学习国外的成熟做法，结合经济欠发达地区教育硕士培养的实际情况，在批判借鉴的基础上，从理论、实践上深入探究，构建大学与中小学英语教师学习共同体，通过学习共同体，大学与中小学教师协同探索经济欠发达地区基础教育高层次师资培养的模式，既体现了"服务需求、注重实践、突出特色"的特需人才培养的理念，又落实了教师教育振兴行动计划，更是对协同育人体系创新的实践探索，具有重要的时代意义和现实价值。

（三）大学与中小学英语教师专业学习共同体存在的困境

1. 合作双赢的理念尚未形成

英语教育中存在的突出问题是大学与中小学的英语教学各自为政，分割重复。观之大学与中小学教师专业学习共同体的现实，由于形而上、聚于理性的大学文化与形而下、流于经验的中小学文化未能找到价值统一的契合点,大学与中小学英语教师学习共同体的合作意识不强,大学教师参与合作研究的积极性不高,中小学教师担心影响考试成绩以及学生家长的质疑,为教育硕士提供很少的实践机会,未能协同创新,共同承担起培养教育硕士的职责。

2. 合作目标不明确

由于专业学习共同体的目标不明确,没有形成"服务需求、注重实践、突出特色"的教育硕士培养目标体系,两类群体开展的已有合作特点是伙伴性,主要依靠为数不多的人在发挥自身的自觉性和积极性而进行推动,具有较大的不稳定性,双方的合作常常陷入困境。

3. 合作的中介缺失

中介指"抓手"或"载体"。课程改革以来,各种教师培训开展得轰轰烈烈,却难以为教师可持续的专业发展和教育创新注入动力。主要原因是高校的教育研究与中小学的教育实践相脱节,大学与中小学教师专业学习共同体的合作中介应落实在课堂教学研究上。

4. 评价标准和激励机制缺失

当前评价体系下,大学教师的晋升与研究成果直接关联,他们主动到中小学校开展实地研究的热情并不高。中小学教师面对的学生升学压力大,他们关注的是学习共同体能否迅速推动教学质量提升。为加强大学和中小学英语教师专业学习共同体发展的有效性,需要出台合理有效的评价激励机制和制度保障体系。

(四)以教学实践为中介促进大中小学英语教师专业学习共同体发展的策略

1. 教育硕士教学实践的特殊性

国家特需人才培养的理念为"服务需求、注重实践、突出特色"。英国学者卡尔提出了"教育实践的逻辑"的概念,他突出强调了教育实践"理论图式"的特殊性。教育硕士的"教育实践"是整合多种专业知识、基于动态实践和教学情境,从学生视角出发,经过教学反思而形成的高度实践智慧。教育硕士需以研究的态度对待日常教学实践。这种研究本位的专业教育并非要培养专业的研究者,而是培养能够以开放、探究的方式解决具体实践问题的"专家型教师"。因此,较强的英语教学实践研究能力成为英语教育硕士培养的核心目标。英语教育硕士的教学实践实质上是研究性实践和反思性实践,他们要经历"体验—提升—实践—反思"往复循环的培养过程,体现教育硕士的专业特点,需为他们搭建教育专业与学科专业整合,理论与实践融合的桥梁,促进教育与学科、理论与实践的双融合。

2. 教育硕士教学实践存在的问题

英语教育硕士中的大多数是应届毕业生,甚至有一部分是跨学科、非师范类,他们在教学实践方面存在较大的困难,如学生对教学能力的提升方法比较单一,设计教学活动与实践时无法做到理论与实践的统一,很大一部分学生没有向同伴或老师请教的习惯,更没有对自己的教学进行反思的习惯,这造成很多学生在自己的教学活动中没有创新之处。因此,提升教育硕士的教学实践能力刻不容缓。

3. 解决问题的措施

(1)提供多样化教学方式,提升教育硕士的教学实践能力

学校可以通过刻意训练的方式进行培养,例如进行案例教学,一方面可以让教育硕士系统地掌握实际的教学模式,切身感受实际的教学情况;另一方面,也可以通过对他人的教学模式进行理论的分析,鼓励学生分析他人教学方法的弊端,同时激发其创新教学方法,让学生从中得到自我提升。

全日制英语教育硕士应当是具有双重身份的人,既是在校就读的学生,又是未来的中小学骨干教师。因此,学校应帮助教育硕士,在为其提供丰富的专业课程与教学实践平台以外,还应当以专业的角度唤醒其未来作为一名教师的意识,领悟到作为一名未来的外语教学者与其他学科教学者教学的异同之处,为其成为一名成功的教师做准备。例如安排教师技能相关的比赛,各大高校之间学生进行技能切磋,提供教学实习机会,等等,这能帮助学生认清自身教学技能的掌握情况以及作为一名教师应具有的教学素质。这些活动本身就具有一定的灵活性和实践性,因此这也是培养学生对教学进行自我反思的能力,是自我评价与提升的过程,更有助于提升学生教学实践的应变能力。

(2) 通过研究教学,促进教育硕士的教学实践能力

以往的教育实践主要是"经验态"的实践,围绕中学课标和教材进行,主要是观课、授课,没有将大学学科知识与中学进行有效衔接,不利于学生理性思维培养。而研究教学就是为取得高质量的教学效果,对备课、试讲、上课和反思等环节进行研究的过程。这种行动研究由大学导师、中学导师和教育硕士集体进行,由学科理解报告、文献综述报告、教育硕士说课汇报、导师集体点评和学生反思汇报等五部分组成。学科理解报告就是让教育硕士针对本节课的教学知识点,从初中、高中、大学不同的视角来进行学科理解与分析;文献综述报告就是让教育硕士搜集与本节课相关的教学设计文献,按照一定分析框架从中梳理出不同的教学方法,并经过讨论形成具有自己风格和特点的教学设计。教育硕士说课—教师点评—教育硕士反思,构成了一个完整的研究态的教学实践过程。教学实践与研究训练的有机结合为教育硕士搭建了由理论知识向实践能力转化的桥梁,加深了教育硕士对教育理论和学科知识的理解。

（五）结语

大中小学专业学习共同体是大学与中小学英语教师分别利用自己的专业优势，横向的同伴互助和纵向的专业理念引领并行，团结协作，通过"磨课"促进教育硕士的教学实践能力提升，探索基于学科教学实践的教育硕士培养模式，解决了教育专业与英语学科专业、英语课程学习与学科教学实践融合的问题。这一共同体的构建体现了"服务需求、注重实践、突出特色"的特需人才培养的理念，对基础教育高层次师资培养具有一定的示范意义和推广价值，又因教学实践中的大学、中小学老师的密切协作，促进了大中小学英语教师专业学习共同体的发展。

下 篇

大学-中小学英语教师专业学习共同体的构建

第六章

大学-中小学英语教师合作共同体的特质

作为一种教育组织间的社会联结形态,大学与中小学合作共同体正在发展成为当前学校内外格局变化的新的发生性和结构性资源。坚持共同的教育信念与价值追求,聚焦共同的教育问题与现象,明确双方的利益指向和行动目标,尽管有其选择意志与意向一致的成分,但许多时候,它们都离不开外部组织力量的干预与促成,有时甚至是一个组织行为的制度安排或计划性结果。从时间的维度看,大学与中小学合作共同体是基础教育改革与发展的历史产物,是规划想象与组织建构的结果;而从空间的维度看,它既可以是抵制外部供应的区域内部的教育力量联结,也可以拥有脱域共同体的全部功能(苏尚锋,2014)。

大学-中小学合作共同体作为一种教育组织间的社会联结形态,既区别于既定的制度性教育组织间的结构割裂与分立,也有别于基于规划或政策的教育组织间任务性、程序性或例行性合作。大学-中小学合作共同体标志着教育组织间的新式紧密型社会关系的出现与存在。它的出现与存在有力地突破了区域基础教育内部原有的学校间影响力的格局。

一、教育信念与价值共同体的互动

大学-中小学合作共同体形成的基础在于对当前教育改革实践

的共同关注与价值追求。虽然作为两种不同类型的教育组织,其从属人员也因职位与工作重心的不同,对基础教育具体问题的看法难以完全一致,有时甚至还会有所抵牾,但对教育工作基本使命的认同以及对儿童的热爱促使他们不断对话、相互理解,形成共同的见解与主张。这种与教育实践、教育价值追求的共同联系,会形成并强化双方共同的教育信念、教育观、共同特质与专业认同上的归属感,有时还会激发双方(或多方)一道向社会传达他们共同的教育理想与承诺。

坚持共同的教育信念与主张,有着共同的价值追求,努力将精力与智慧投向共同的教育问题与现象之中,会促使大学与中小学组织有意地开放组织边界,召唤或主动要求对方更多地进入自身组织生活之中,参与更多的教育理论与实践研究活动,从而建构一种生动的教育日常生活。滕尼斯曾如此区分共同体与社会:"共同体是持久和真正的共同生活,社会只不过是一种暂时的和表面的共同生活。因此,共同体本身应该被理解为一种生机勃勃的有机体,而社会应该被理解为一种机械的聚合和人工制品。"(滕尼斯,1999:53)大学与中小学合作共同体并非一种简单的工作领域上的交汇,而是建立在教育组织实体的双边联系与互动之上,是对有着强烈价值感的行动领域的共同营建。

马克斯·韦伯曾指出:"人与人之间的素质、处境或行为上呈现某种共同性,并不能表示共同体是存在的。"(韦伯,2020:62)。也就是说,只有建立起共同体意识、共同体情感,并且经历一定的共同体文化发育,才有可能形成真正的共同体意识、认同感、归属感和凝聚力。这一切只有当共同体成员在面临自己专业的实践问题时,调动共同体力量致力于该问题的协同解决,并且共同享有这种问题解决带来的整体利益时,大学与中小学合作共同体才会逐步确立。同时,为了标榜或凸显双方在教育信念与价值追求上的同质性,大学与中小学合作共同体容易倾向于将大量精力置于共同话语体系的构建与共同目标的追逐之中,并且希望形成深厚的情感关联。也正因为这样,共同体内部的互动容易围绕表征教育信念的共同话语体系展开,而不是基于缄默的共同教育信念的行动探讨,这使得它带有浓重的乌托邦色彩。齐格蒙特·鲍曼一方面说,"'共同体'这个词传递的感觉总是很美妙的。共同体是一个温暖而舒适的场所,一个温馨的家。在这个家中,我们彼此信任,互相依赖";另一方面,他又不无尖锐地指出,"'共同体'是一种我们热切希望栖息,希望重新拥有的世界,是一个失去了的天堂,或者说是一个人们还希望找到的天堂"(鲍曼,2003:1)。从这个角度讲,大学与中小学合作共同体无疑寄寓了我们许多专业理性、专业情感、专业伦理与价值的追求。

二、选择意志与利益共同体的行动

实际上,在任何一个大学与中小学合作共同体形成伊始,基于相互认同的价值追求与基于相互区分的利益需求就在同时发挥着巨大的作用。具体到某个大学团队或某个具体中小学校,从自身组织的个性化利益需求出发,对合作对象的全面考量与理性权衡完全是一种选择意志的决策结果。大学与中小学合作共同体的形成过程总是伴随着大量的组织选择与个人选择,选择的依据不仅包含了是否具有共同的教育信念和价值追求,而且包含了能否给对方带来切实的好处与方便,能否为对方的综合竞争实力的提升提供切实的帮助。这种利益的考量分为两类:一类是大学与中小学合作共同体本身就可以带来的社会资本与符号资本,共同体提供的"集体身份"(collective identity)及归属感强化了共同体内部的密切交往、支持与合作,更关键地,可以将它们与非共同体成员区分开来;一类是通过与对方的资源整合与交换,通过共同体的集体行动,确保共同体成员了解他们所共同关心的问题,从而保障集体和个人的利益。

威尔莫特(Willmott)曾提出"利益共同体"的概念,他认为一些具有共同利益的人可以加强互动与联系,从而获得相互支持的力量。利益共同体概念无疑淡化了价值追求与伦理准则在共同体形成过程中的作用,强调了共同利益的核心地位。由于学校组织的价值特性,中小学校的最大利益往往最终体现在学生的受教育权益之上,这就使得大学与中小学合作共同体的共同利益往往同它们的共同价值观保持高度的一致性。尽管如此,作为利益共同体的大学与中小学合作共同体行动选择却依然呈现出较为丰富的差异性。

正是出于对确保利益如何实现的考虑,韦伯把共同体关系解释为"社会行动的指向"。"实践共同体""学习共同体"等概念本身就隐含了大学与中小学合作共同体的行动倾向。大学与中小学校在组织变革、课程规划与设计、教师发展诸多领域的伙伴协作方面,实际上都包含了双方在诸多领域的利益指向和行动目标。正是在这个意义上,温格(Wenger)指出,"实践共同体是这样的人群组合,他们共同关注某个主题或对某个主题表现出极大热情,通过定期的相互联系更好地学习和完成该主题"(Brown et al,1989:32)。大学与中小学建立伙伴协作关系的目的是更好地组织指向目标的集体行动,合作共同体在某个或某些领域和主题的研究兴趣以及所采取的具体教育实践行为,都是共同体成员选择意志的体现,表征着共同体成员在教育实践过程中的相互利益调整与配置。同时,每一次集体行动的过程都为共同体成员提供了合法周边参与机制,使共同体成员从中可以获得学习与发展。也就是说,任何一个共同体成员都可以在共同体行动中,最初从周边、责任轻的工作开始,逐渐转到比较重要的工作中,这种参与和形态变化的过程就是学习的本质(Lave & Wenger,1991:33)。这种合法周边参与机制在大学与中小学合作共同体中可以为双方组织的相互介入提供方便,为双方人员的相互学习和实践提供机会,从而在一定程度上使共同体参与者的利益增值。

　　教育工作是决定儿童与未来社会的责任重大的事业,是直面社会与文化的现实问题的复杂工作。学校教育发展的历史一再证明,确保学校利益、学生利益和教师利益的根本在于不断促进教育工作专业化。对公共教育福利价值的尊崇,提升专业知识与技能,增强自律性与专业伦理,这些既是教师职业群体持续社会化的要求,也是日常学校教育创造性实践的需要。大学与中小学合作共同体的搭建同属于一个教育群体的共同空间,使其成员可以相互探讨、相互支持并频繁互动,构成利益共同体。舍恩的"反思性实践者"概念更将教师的专业形象置于更广阔的合作共同体的背景之中,以行动中的反思作为实践认识论基础,与各类教育利益相关者、教育理论研究人员以及其他教育实践工作者展开对话,以提升解决复杂问题的专业能力。印第安纳大学的教师专业发展项目因此直接便以"教师共同体"(Community of Teacher,简称COT)命名。帕克·帕尔默也指出,"如果要想在实践中成长,我们有两个去处:一个是达成优质教学的内心世界;一个是由教师同行组成的共同体"(帕尔默,2005:17)。当然,在实现教育共同利益的大学与中小学合作共同体的内部,依然存在个体的选择意志与利益实现。

三、组织建构与想象共同体的力量

　　区别于自然、同质性的家园共同体以及具有同一性的族阀共同体,大学与中小学合作共同体并非自然形成的,有时被作为一种集体或社会组织类型而刻意构建出来。它们的内部虽然也会努力建立情感关联和传统关系,但其行动的基础则是共同利益和意向一致,强调其系统性的整合功能和发展功能。在许多时候,它们都离不开外部力量的组织促成，有时甚至是一个组织行为的制度安排或计划性结果。作为一种自觉的、有秩序的合作共同体，大学与中小学合作共同体往往会有清晰的范围或规模，小的组织共同体可以是数人的学习共同体或一个教研单位，而大的组织共同体则甚至可以涵盖多个学校构成的发展共同体，有时还会跨越好几个不同的区域。换句话说，大学与中小学合作共同体完全是凭借对双方共同价值与共同利益的想象而建构出来的。人类学者本尼迪克特·安德森（Benedict Anderson）曾经鲜明地指出，想象的共同体是一个被想象并被创造出来的政治空间（Anderson,1983:15）。作为教育理论研究与实践探索的结合，专业技能与见识的高端养成机构与实践智慧的生成场所的结合，大学与中小学合作共同体在一开始便基于一种想象的共同条件，包括学校教育的历史、文化、习俗、教师专业素养或者教育专业知识，人们可以建构起一个共同体。共同体取决于修辞学中强调的语境（context），语境包括上下文、情景、个人记忆、经历等。从现实的状况看，共同体原本并不存在，但它却可以被形塑、转化，甚至可以被刻意地制造出来。因此，正是共同的专业内容、研究旨趣、教育经验、教育改革愿景得到不断重复，从而不断构建出大学与中小学合作共同体的鲜活语境。

　　明确大学与中小学合作共同体作为组织建构的事实，首先有助于我们明确作为想象共同体背后依存的语境，将它视为一种带有"历史的现实"而激发出来的意象，去把握并激发它所蕴含的潜在力量。一方面要将当前的共同体行为还原到当代教育改革发展浪潮的历史脉络之中，去认识并发挥共同体行为的超越性优势与协同性优势；另一方面要关联当下学校、教师及学生发展的现实需求，在共同面对复杂难题的过程中，构建专业共同成长的"同僚性"（collegiality）。只有真正把握这种共同体背后推波助澜的力量，我们才能掌握"共同体"概念中所有明喻（simile）和隐喻（metaphor）所对应的本体。也就是说,开展平等的协同合作,尤其是从基础教育改革与发展的现实出发,创造性地研究解决中小学学校教育所面临的各种复杂问题,才是大学与中小学合作共同体得以建构的组织意图。

其实,作为建构出来的共同体,大学与中小学合作共同体是一种变化着的群体聚集,所有参与者原本隶属不同的组织,它必然交汇着来自不同组织和群体的制度与规则。首先,共同体作为一系列不同的群体和行动所依托的单位,大学与中小学合作的共同体同样需要有一定的组织部分来管理相应的公共事务,调解可能出现的组织间或人际关系,维护共同体利益,保证共同体生活的正常进行;其次,共同体的集体行动需要有效地协调才能进行,"共同体是动态的,每时每刻都需要领导"。有时候,共同体内部甚至需要主导性的力量来组织规划与布置控制。"共同体是不会从自然中浮现出来的……我们就需要能带领大家奔向那个愿景的领袖。"(帕尔默,2005:17)再次,因为大学与中小学合作共同体涉及基础教育与高等教育不同层级与领域,对应着不同的教育行政管理部门,组织属性和组织评价指标也具有较大的差异性。而且,参与共同体的学校数量常常会不断增多。最后,共同体不是独立于社会之外的孤岛,它与共同体之外的其他大学与中小学校也会保持复杂和密切的联系,这对合作共同体的管理与组织提出了较高的技术要求。

四、区域联结与脱域共同体的功能

从时间的维度看,大学与中小学合作共同体是基础教育改革与发展的历史产物,是规划想象与组织建构的结果;而从空间的维度看,大学与中小学合作共同体的形成既与所在区域空间紧密相关,可以在区域联结中发挥重要作用,又容易挣脱所在区域空间的限制,借助现代交通及通信技术的有利条件,拓展更广阔的专业知识交流与对话，从而具有较强的脱域共同体（disembedded community）的功能。

一般来说，大学与所在区域内部中小学的合作反映了大学在办学思想和方向上的选择，依托区域社会经济和教育发展，同时成为支撑区域社会经济和教育发展的重要力量。大学与中小学合作共同体一方面反映了大学办学思路的改革，更加开放地将自身的发展自觉地纳入区域社会发展的整体规划之中，从而建立起大学与区域中小学教育的全新联结方式，体现了大学与中小学教育新的社会关系；另一方面也反映了区域教育发展过程中所出现的新问题与新挑战的产生对大学的新要求，具体体现在学校内涵发展和理念转型的科学研究、教师专业发展和队伍建设的持续支持以及学校课程改革和教学质量提升等诸多方面。由于这些要求几乎囊括了学校生活的所有方面，使得以往大学所作出的教育理论供给或教育产品开发的单渠道服务已经无法满足区域基础教育发展的需求。大学与中小学合作共同体的形成正是应对区域基础教育发展挑战的必然选择，是整个区域教育系统规划、协调变革、持续发展的重要支撑。

应当指出，任何一所大学或中小学校所拥有的资源量都是有限的。大学与中小学合作共同体在一定区域空间中的相互联结，一方面体现它们本身的区域性，是具有一定边界的时空坐落；另一方面，这也是现代社会资源管理中效率原则的体现。相对较近的空间距离可以保障共同体成员经常开展直接互动，从而更加容易促成共同情感与共同价值观的形成。另外，区域联结还有利于为区域基础教育的发展争取更多的公共行政资源，这里既有共同体所形成的合力效应，也有区域教育行政目标指向与绩效考量的因素。当前，许多大学与中小学合作共同体一般都有区域教育行政部门的参与，或者充当媒介和桥梁作用。

英国学者马丁·阿尔布劳（Martin Albrow）认为，资本主义早已使作为社会经济生活的一种原则的地域性成为明日黄花,如今,社会生活已经完全非领土化(deterritorialization)了。大学与中小学合作共同体的构成不可避免地依然带有区域内关联、空间相邻、领土势力等影响因素,但是,我们不可忽视的是,在全球化时代,共同体已经失去了地方性的中心,它已经和地点脱钩(阿尔布劳,2001:246)。大学与中小学的合作同样存在着多边、分治、博弈、平衡以及此消彼长等诸多复杂情形。涂尔干(2000:40)更早一些时候就提出:"地理上的划分纯粹是人为的,根本无法唤起我们内心中的深厚感情,那种所谓的地方精神已经烟消云散,无影无踪。"今天的大学专业力量或一些专业程度发展较好的中小学校已经在更大的空间范围内构建合作共同体。

由于通信技术、大众传播、交通手段、标准化的公共教育的发展以及居民流动性的加大,再加上市场无孔不入的拓展渗透,传统共同体原有的地域边界受到极大的侵蚀与消解,人们的社会交往、社会联系不再受制于区域内部的供给,而更容易从外部的各种营利性或非营利性组织中获取(吉登斯,2000:18)。从这一角度上讲,大学与中小学合作共同体既可以抵制外部供应的区域内部的教育力量联结,也可以拥有脱域共同体的全部功能。

由上述可知,大学-中小学合作共同体既集结了价值共同体、利益共同体、想象共同体、区域(脱域)共同体的诸多特征,又鲜明地体现了它直面教育复杂情境、构建专业情感纽带、借助特定组织手段、强化区域内外联结的特殊品质。同时,在构建共同体关系、提升共同体认同感的过程中,作为内在动因的价值追求、外部目标的利益实现、历史事实的组织建构以及空间关系的区域联结,它们共同构成了大学-中小学合作共同体运行机制的核心要素。由于价值理性与工具理性、行动与互动、理念与手段、想象与事实、集体与个体、时间与空间等不同范畴、不同维度的侧重点不同,大学与中小学伙伴协作中呈现出各不相同的大学-中小学合作共同体类型和具体样态。教育理念、专业品质、组织形态以及空间区位四类要素为这些各不相同的共同体勾勒出相应的边界,为考察具体的大学-中小学合作共同体运行机制提供指标与框架。教育理念上所共同定义的价值取向以及符号标识,专业上所共同完成的知识积累、声誉与利益,组织上共同构建的功能追求(可以是强建构的组织类型,也可以是弱建构的组织类型),空间区位上的相互关系以及相应的文化情怀(可以是区域性的文化关怀,也可以是普适性的教育情怀),不同要素指标之间的重心变化、弹性选择与灵活配置,可以为大学-中小学合作共同体的创造性构建提供诸多可能。(苏尚锋,2014:10)

第七章

大学-中小学英语教师专业学习共同体的建构

一、大学-中小学英语教师专业学习共同体建构的现实需求

（一）英语教师专业发展和基础教育改革的双重需要

1. 大学-中小学英语教师专业学习共同体是教师高水平专业发展的强大助推力

教师专业发展的高质化是基于教师教育教学质量的现实需要。新课程启动之后，教师队伍整体发展受到教育领域广泛重视。随着教育改革理念不断丰富、实践经验不断拓展、理论成果不断积累，人们对其的认识逐步清晰，就是在整个教育体系中，教师的作用最为特殊，最具有能动性和活力。这种情况下，应突出课程改革的核心所在，即在整个学校改革各项任务中，最为关键的是课程领域改革，而课堂教学方面的深度改革又是关键之关键，直接和教师能力提高紧密相关，归根结底由教师专业方面发展情况所决定。广大学生实现自身综合素质提升和全面发展，前提是教师的专业领域首先应实现持续、高效的发展和提升。长期的教学实践表明，教师队伍专业方面提升，与学校整体发展、教育领域深入改革有着最为直接的关联。20

世纪90年代中期,联合国教科文组织出台的《关于教师地位的建议》明确指出:教学工作专业性较强,教师只有接受较为规范的训练,持续开展系统深入的探究,在此基础上才能够获得相关的专业素质和教育技能提升。2012年9月,国务院出台的《关于加强教师队伍建设的意见》中明确规定:到2020年,形成一支师德高尚、结构合理、充满活力的高素质专业化教师队伍。同时指出,应结合中小学教师队伍现状,加快完善开放程度高、具备灵活性的教育体系,将师范类学校作为主要支撑,组织大学积极主动加入;强化教师培训机制,提升专业能力和整体素质(商利民,2005)。

在教师专业发展过程中,研修具有极为重要的意义和影响,以共同体为基础是其重要形式。以中小学教师群体为例,加快专业发展的核心包括:更新教育理念,完善相关知识,学习最新的方式方法,提升对教育活动进行总结的能力,提升对实践进行思考的素质,提升教研工作能力,增强管理水平,丰富教育教学智慧。教学与美国未来国家委员会在2005年6月推出的《导入学习共同体》中提出,教师专业发展的路径不是依靠个体化,而是依托学习共同体。教师的成长并非是一个"自然成熟"的过程,需要教师学习共同体积极地创设教师合作环境,引导教师进行开放的可持续学习,把学习与思考的成果与整个教学活动紧密融合并且进行验证,推动专业加快提升和发展。

大学和中小学教师所教授的对象存在差异,其教育方式方法也存在差别,教师学习共同体的构建可推动两个教师群体的良性沟通、实现互惠共赢,可以说这是两类教育紧密相关的科学路径,能够推动基础教育整体水平、教师整体教学水平实现同步提升。

2. 大学-中小学教师专业学习共同体与基础教育改革交相呼应

中小学的真实教育教学情景能促进教师的情境化理解,中小学教师可以将生动的教学实践经验带给大学教师,为大学的研究和教师教育注入新鲜血液,提升大学教育教学活动的活跃度;大学教师具备深厚的教育理论基础和及时获取新知识的优越条件,具有敏锐发现问题的洞察力和较强的研究分析能力,能为中小学提供、拓展一些新的教育发展思路,帮助实现研究问题的策略与方式的转变(傅树京,2003b)。

随着我国基础教育改革的不断深化,对教师在课程、教材、教法的选择、开发、运用及学生考核等方面的要求逐渐提高,这正是促进教师专业发展必不可缺的条件之一。教师专业学习共同体主要是以校本教育教学为基础,推动教师群体相关理念的转变,提升他们的综合素质和修养,促进相关专业的持续快速发展,通过引领集体备课、公开教学、评课活动等系列活动来完成课堂教学以及通过"引领备课""引领听课、观课""引领评课"等活动来完成课堂教学研究,增强了教师在教育教学活动中的实践水平,推动了其学术层次和专业层次的同步提高。

20世纪90年代末以来,国际基础教育改革逐渐由以课程向以"提升教师素质,创新学习方式来提高教师的教学效能和学习效能"为突破点进行转型,为教师学习共同体中的"对话、共享、协商、行动、反思、创新、再实践"奠定了坚实的基础。

(二)促进英语教师专业发展的有效路径

1. 大学-中小学英语教师专业学习共同体的构建是对校本研修的日臻完善

构建大学-中小学教师专业学习共同体,不是只关注一个或一部分教师,而是要所有教师都参与并主动学习,每位教师履行义务、担当责任的同时都有发言的权利,以实现异质教师的多元性声音的交响。共同体以正式或非正式的方式存在着,但在任何成功的组织中,广泛分布在组织内或组织间的学习或实践共同体中皆在进行知识的创生和学习的创新（赵健，2007：72）。从宏观、微观的角度，对教师专业发展开展系统探究，应该对其所在的整体环境、文化理念等方面加以关注。那么，"教师学习"与"共同体""高校"相结合，为教师的专业发展寻找生根发芽的"种子"和有利于它茁壮成长的"沃土"，使教师这颗种子根植于共同体的土壤之中，并为它浇洒来自高校充溢生命力的活水，成为教师专业发展的新范式。所以，加快组建大学-中小学专业学习共同体，能够帮助教师提升教育教学整体质量，提高专业发展整体层次，建立教育、教学、研究等完善机制，有效促进教师专业发展。

2. 英语教师专业发展失真的现实表征

首先，外部支持忽视教师自身需要；其次，教师自身内部发展动力不足。在教师专业发展的目的上，忽视了教师专业发展中教师主体性的发挥，不重视教师已有的教育背景和教育经验；在教师专业发展的内容上，过度强调教师的知识与技能的更新；在教师专业发展的主体性意识上，中小学教师自主专业发展的意识较低，自主专业发展的能力有限，以教学规律和技能按图索骥，被动教学；在教师专业发展的实现模式上，多以传统的"自上而下"的教师培训方式为主，教师专业发展模式与教师需求的多样化、个性化不适应；在评价方面，评价标准缺乏一定的弹性，评价内容单一，对于教师各个方面的共同进步不够关注。

3. 大学-中小学英语教师专业学习共同体构建的有利因素

大学和中小学之间强化沟通合作，共同推动教育领域探究，深化中小学阶段改革，受到各个国家的高度关注，并且成为总的发展趋势，这种形式将理论层面与实践层面进行了紧密融合，使得教育领域的专业人士能够最大限度发挥效应，以高校学科优势促建科学高效的专业队伍,通过两类教育的深度融合,提升了中小学教育整体发展,推动了知识体系的更新和丰富。朱元春(2008)指出,大学和中小学教育共同体的实施,推动了两种教育的深入融合,增进了彼此的沟通和协调,推动了理论层面、实践层面的深入契合,实现了良性互动。

二、大学-中小学英语教师专业学习共同体的理论阐释

(一) 大学-中小学英语教师专业学习共同体的理论基础

1. 心理学基础:社会建构主义理论

社会建构主义是指个体位于社会文化大环境下,在同他人沟通交流的过程中,主动形成自己新的认知与知识。社会建构主义的主要思想包括:一、个体与社会之间是彼此影响、难以分割的关系。意思是,不存在完全孤立的个人主体的潜在隐喻,确切的解释应该是"对话中的人"(麻彦坤,2004)。二、知识产生于社会的建构。知识并非是个体自身形成的,主要通过加入社会活动获得。三、学习与发展是有意义的社会协商。社会建构主义认为,当个人建构的、独有的自我意识与外界观点相融合时,个人就能不断获得进步,发展的主要依据是个人与外界相互作用形成有意义的协商(高文,1999)。四、文化和社会情境影响着儿童的认知发展(王文静,2001)。个人知识是在文化和社会大环境下建构的,知识虽然由个人的自我意识决定,但并不是无根据地进行建构,它是在同他人商议期间改动和完善的,必然遭到文化和社会因素的影响。文化为个人的发展提供认知工具,文化提供给个人的认知工具包含文化历史、社会环境、语言、电子形式信息通路等,而社会情境则为个体获取认知、谋求发展提供关键信息,工具的类型和性质影响着个人发展的方式和速度。总体来看,

社会建构主义理论着重突出社会互动对个体认知的影响,这种影响源于宏观与微观社会情境对个体内在建构的推动。

　　社会建构主义认为个人主体与社会有着相互影响、密不可分的联系。个体的知识建构发生于社会文化环境中,个人知识在同他人协商的过程中不断调整(麻彦坤,2004:77)。在社会建构主义理论影响下,大学-中小学教师专业学习共同体内应实现知识在共同体水平上的合作性共享与融合。共同体为成员提供了展开文化交流的场所,能切实实现成员间的知识共享。人的心理发展既包含个体内在的原因,也深受社会情境的作用,个体内在知识的形成与社会情境的效用二者是彼此关联、密不可分的。教师在扮演学习者的过程中不应长期处于一个固定不变的学习情境,而应该处于有意识或无意识的与其他领域教师、优秀教师、专家教师的互动与沟通中。由于大学教师与中小学教师在文化氛围、知识体系、思维习惯等方面存在差异,双方可从对方身上各取所长、补己之短,形成对事物更为全面、客观的认识,进而实现自身的专业成长。因此,社会建构主义理论下的大学-中小学教师专业学习共同体,能够促进不同领域教师间的不断自主合作,共同交流进步,探索实践问题,解决教学困境,丰富教育理论。

2. 管理学基础:学习型组织理论

　　学习型组织理论对于教育事业的进步产生着深远影响。该理论由美国彼得·圣吉教授系统提出,他认为有效学习型领导在学校中体现为能切实激发组织内成员的学习动机(周丹,2008)。这种学习型领导能形成成员之间互相学习的心向,从而在校长、教师和学生内部生成良性沟通的机制,整个学校中有着浓厚的学习气氛与文化。学习型组织是一种有机、自由、扁平化、人性化、持续发展的组织(石磊 等,2015)。组织中学习气氛较为浓厚,能充分开拓组织成员的创新能力。圣吉(1998)认为学习型组织的构建必须具备五项"新技术"：自我超越，心智模式，共同愿景，学习团体，系统思考。自我超越是整个组织内在的精神支撑。自我超越就是通过形成相关机制，帮助成员突破自身发展局限，熟知自我实现的动机并付诸实践行动，实现自身理想的过程，进而帮助整个组织达到质化改变的状态。心智模式是人脑中早期形成的认识事物全貌的思维习惯。心智模式的改善，就是要求个体改变认知方式、打破思维定式、转变固定行为，个体以自身独有的思维模式来知晓飞速发展的世界，用一种不同的视角和层次思考、探索状况的缘由。共同愿景是全部成员共同信奉并乐于为之付出精力的航标。共同愿景在外界看来是一种表征，对内部成员而言是一种向心力，它能有效凝聚组织内部成员，为整个组织提供学习的方向和动力。学习团体就是集结并激发全部成员才智，加强全体成员间相互学习、共同努力的一种学习方式。学习团体的终极目标是提升群体内部成员的配合能力，将小的智慧凝结成大的智慧，并达成学习团体的最终目标。"系统思考"一词源自系统动力学，它将其余四种修炼的内容进行整合、提升，是五项修炼中的关键，能有效将各项修炼的成效结合并发挥到最佳水平。系统思考要求人们从部分到整体、从表面认识到内部解析来知晓事物的全貌，以一种整体的思维模式全面认识事物整体。该五项修炼内容对于推动教师专业知识、技能、情意的发展有着不可忽视的指导意义，教师的专业发展无法脱离教师的互助学习、协同成长，从而切实保障组织的有效运行。

  大学-中小学教师专业学习共同体的构建和运行离不开学习型组织这一重要理论支撑。学习型组织理论对于促进大学-中小学教师专业学习共同体的发展有如下启示：一、共同体成员应实现自我超越。共同体成员突破自身发展的极限，需要大学教师与中小学教师相互学习、共同进步，在这个过程中不断明确并逐渐更新自身原有追求，培养自己顽强的毅力与极大的耐力来应对发展中遇到的诸多问题,满足教师终身学习的需要,达成双方异质资源互补状态。二、共同体成员应转变固有思维模式。只有大学教师打破固有思维习惯,中小学教师增强自身反思意识,共同体成员的心智模式才能不断得以改善。于大学教师而言,参与大学-中小学教师专业学习共同体,能有效解决大学教师长期以理论为导向的思维模式,增加其深入中小学实践的热情,为大学教师的科学研究带来鲜活的实践案例。于中小学教师而言,参与大学-中小学教师专业学习共同体,能转变中小学教师唯分数是举的固有观念,使其意识到教学并非是单纯应对某一教学问题,而应注重对该问题的思考和总结,将其从实践层面提升到理论层面,进而扩充教师的知识结构,提升教师的专业素养。三、共同体成员应形成一致的合作目标。鉴于大学教师与中小学教师所处工作领域、文化背景不同,只有当双方具有共同目标时,才能使双方戒除故步自封的心理屏障,以更加积极主动的心理参与跨领域的合作。四、共同体成员间应互帮互助、共同学习。在共同愿景的指导下,大学教师与中小学教师应以积极主动的心态展开沟通,共同开发对方身上具备的资源优势,互相学习对方的教学反思经验,主动地接纳他人的思想。当团队成员采取资源共享式的学习方式时,共同体内就能形成自由交流、互相学习的氛围,进而打破教师的思维惯性。五、共同体成员应培养自身综合能力。系统思考有助于全方位分析教师的综合素质,是考核教师的最高标准。综合能力的提高并非短期就能获得成效,需要教师长期积极参与各项培训活动,主动与其他行业教师沟通合作,在培训和合作的过程中形成全面的知识体系。因此,大学-中小学教师专业学习共同体内应树立共同的合作目标,内部成员以合作目标为引领,相互交流、共享资源,主动建构自己的专业知识,达到教师个人和团体协同进步的状态。

3. 哲学基础:生态哲学理论

生态哲学理论提出了一种新的顺应时代发展需要和吻合自然发

展规律的思维方式。正视人与自然的关系是生态哲学中的基础问题（余谋昌,2003:34）。生态哲学认为人、自然都是各具生命特征的个体,拥有自己独特的意义,理应正视人与自然的关系,形成二者互惠共生的场面。生态哲学理论作为探究整个生态系统的组成、作用及运作的理论,包含以下三个主要观点：一、生态系统是一个有机整体。自然、人、社会组成了一个相互融合的整体,它们在生态系统中发挥着各不相同的关键作用。可见,生态系统是一种整体性存在。（余谋昌,2003:34）系统整体发挥的作用固然重要,但也不容忽视系统各部分的特殊性,正是由于各部分之间彼此制约,才使系统整体发挥出优于各部分功能的成效,有效激发系统整体的活力。二、生态哲学理论看重动态的变化。世界处于不断的动态演进中,有着诸多变换的可能。生态哲学理论告诉我们要正视世界的动态变化,认识过程的复杂性,具备面对变化的勇气和信心,在事物发展中体会有意义的过程。三、生态系统坚守共融循环理念。生态系统在与时俱进的道路中摸索着前进和发展,遵循着不断完善和无限循环的规律,通过持续改良,日渐完善。生态哲学理论信奉相互共融、不断改进的理念,认为共融具备相互包容、互相尊重的特点,循环是整个系统的无限更新。综上,生态哲学理论坚持的整体观、过程观、循环观与大中小学教师专业学习共同体的构建和运作存在不可分离的关系。

生态哲学理论中的整体观、过程观、循环观为共同体的探索开辟了一个新的方向。生态哲学理论对于大学-中小学教师专业学习共同体的启示体现在：第一,大中小学教师专业学习共同体应倡导整体融合。在生态哲学理论的影响下,大学-中小学教师专业学习共同体可以看作一个人工生态系统。从共同体的形态结构分析,它包括合作主体、共同愿景、共享资源、合作文化、协调机制等组成部分,这些组成了一个各部分俱全的人工生态系统。有着共同愿景的参与主体在共享资源、合作文化、协调机制的影响下彼此共享、互帮互助,达到各组成部分的双向互惠,强化部分与部分、部分与整体的密切联系,整个共同体朝着循环化方面推进。第二,共同体应形成统筹协调的原则。在生态哲学理论的影响下,大学-中小学教师专业学习共同体可以称得上是一个多元关系群,这一人工生态系统内部有着各种动态复杂的关系。若想切实统筹处理各种动态复杂的关系,如主体平等关系、异质资源关系、教师与共同体环境的关系等,需要共同体坚守生态哲学信奉的和谐、动态、开放的原则,建立一个整体融合、统一协调的沟通系统。第三,共同体应营造自由开放的文化环境。在生态哲学理论的影响下,该共同体应形成一种合作文化来打破大学与中小学教师各群体间的屏障。共同体内形成的合作文化并非封闭自我,而是始终保持开放、宽容的姿态。这种合作文化是随意的,并非强制教师加入;它是兼容的,有着各领域内教师;它是自然形成的,并没有遭受外界力量的压制。在合作文化氛围的熏染下,成员间互帮互助、相互分享,共同为共同体愿景努力,发挥交流互动的良好效用。由以上可以看出,大学-中小学教师专业学习共同体是一个有机生态系统,动态环境下的大学-中小学教师专业学习共同体是有着共同价值观的大学教师和中小学教师自发集结在一起的组织,希冀以创建合作、对话、共享等活动的方式来实现教师群体共同进步的一个共融、统一的生态系统。

4. 教育学基础:教师文化理论

新课程改革背景下,最重要的是教师观念的变革,并通过各种途径使其稳定传承下来,形成新的文化。教师文化对群体内部而言是新的价值追求,对群体外部而言是行为方式的转换(马玉宾 等,2007)。安迪·哈格里夫斯(Andy Hargreaves)认为,教师文化具有内容和形式两个构成部分(马玉宾 等,2007)。教师文化在内容上具体包含一定领域内教师群体所共同形成的态度、价值、理念及处事方式；形式上具体包括特定文化中教师间的人际交流状况和沟通方式。哈格里夫斯从"形式"的角度出发将其总结为以下四种类型：个体主义教师文化；派别主义教师文化；人工合作教师文化；自然合作教师文化(Hargreaves,1994)。个体主义教师文化是指教师以教室为场所进行独自授课，教师繁重的工作任务造成教师无暇顾及与其他教师沟通合作，常常将自己处于相对独立、脱离群体的状态，极少与他人互动。派别主义教师文化是指将教师团体划分为若干个小团体，小团体内部各抒己见、踊跃交流，各小团体之间漠不关心并相互抵触。人工合作教师文化是教师在特定官方程序的制约下相互交流，是一种接受性文化。自然合作教师文化是指教师自发同其他教师达成开放、信任、互助的人际交流状态，教师间自愿加入、主动分享的积极性得以明显改善，是教师间合作的高级阶段。(邓涛、鲍传友，2005)

在实际教学中，各类教师文化均有所体现。然而，自然教师合作文化才是真正意义上的合作文化，并非只是不切实际的合作方式。自然合作教师文化有利于教师个体在同其他成员交流经验中提升教师专业成长。因此，大学-中小学教师专业学习共同体构建和运行过程中应借鉴教师自然合作文化理论。该文化对于大学-中小学教师专业学习共同体的影响主要体现在：一、活动开展的自发。共同体活动的进行可能需要学校管理人员的认可、资金和制度的保障，但是发起活动的初衷应是切合教师成长的需要，这样才能切实保证共同体成员以饱满的热情投入活动中。二、成员有着主动加入的心向。双方教师应是主动加入组织的各项活动中，并非受到行政力量的制约，而是合作双方基于共同的价值观念展开合作。三、各主体可依据实际状况调整前进方向。教师作为组织内的主体，他们对于共同体活动的目标、内容、方式享有控制权，能参照真实状况和自身成长需要随时调整前进方向和步调，做出提升自身专业素养的最佳选择。

由此可以看出，教师自然合作文化对大学-中小学教师专业学习共同体的构建和运行有着关键的指导意义。教师自然合作文化下的共同体是参与成员主动加入的组织，该组织中应形成积极加入与和谐统一的良好氛围。大学教师和中小学教师在民主平等的合作氛围中，相互学习、共享经验，鼓励不同教育思想的分享和碰撞，参与主体互帮互助、资源互补，致力于推动教师个体和团队的共同进步。

（二）大学-中小学英语教师专业学习共同体的特点分析

大学-中小学教师专业学习共同体内大学教师和中小学教师以共同组织教学、研究活动为主要方式，双方互助学习、共同应对教师专业发展中面临的障碍，以满足大学教师对于真实教学案例的需求、中小学教师对于提升科学研究能力的需要。大学-中小学教师专业学习共同体作为推动不同领域教师展开交流的重要组织，除应具备一般组织的主动参与性、成员平等性等特点外，还需具备自身发展的一些独特性。深入探索大学-中小学教师专业学习共同体的特点有助于把握共同体的应然状态，切实为共同体的组织运行带来理论支撑。

1. 愿景的一致性

若大学教师与中小学教师因有着共同愿景而建立长远联系，会增强参与主体在共同体内部的存在感。大学-中小学教师专业学习共同体愿景的一致性，体现在双方形成一致的观念及理想追求，使合作双方真正意识到理论知识与实践知识的同等重要性，达到双方依托实际状况展开教学反思、锻炼教学技能、充实教育理论的状态。大学-中小学教师专业学习共同体坚守共同的理想信念和主张，有着一致的总体目标，努力将双方的精力投入共同的教育实践问题中，能带动不同领域教师自发将对方生活引入自身所处领域中，形成一种生动的日常生活氛围,并非是简单枯燥地将两个不同教师群体聚集在一起。正如马克斯·韦伯指出的,"人与人之间的素质、处境或行为上呈现某种共同性,并不能表示共同体是存在的"。(邓涛、鲍传友,2005)于共同体而言,只有在组织内部形成共同的意识和情感,并在共同体内部形成共同体文化,才能真正促进共同体成员形成一致心向,共同应对双方面临的困境。大学教师与中小学教师在共同处理双方面临的困境时,应在教学、学习观念上体现求同存异的思维,在兼容并包的融洽氛围中有利于参与主体对双方合作活动达成高度认同感,无形中帮助两个不同的教师群体形成共识、加强凝聚力,成为推动共同体构建和运行的强大助推力。因此,只有具备一致愿景,才能帮助参与成员在不同的教育组织环境中共同交流、相互理解,形成对教育实践问题的一致看法与主张。

2. 研究的合作性

大学-中小学教师专业学习共同体内主要探究大学教师、中小学教师在开展教学、研究活动中所面临的障碍,双方开展研究中应具备互助合作特点,促使教师内部形成主动分享、共同学习的良好环境。研究的合作性体现在双方教师以一致愿景为前进动力,主体间共享观点、合作交流、协同进步。该合作并不只是表面的合作状态,而是参与主体间切实保持互动共生的状态,真正推动各成员实现自身专业成长。该共同体可以通过建立实际项目来满足参与成员的成长需求。例如,聘请实践经验丰富的中小学教师为教育硕士上实践课,不仅能为大学教师在培养教育硕士方面带来真实的教学案例,也能充分发挥中小学教师的实践优势。双方教师以强化教育硕士培养质量为纽带建立联系,有利于双方深入探讨、交流思想,致力于应对实践情境中遭遇的障碍,双方在互动交流中取长补短、共同进步,从而丰富大学教师的实践积累以及中小学教师的理论素养。在合作目标的引领下,成员间已建立互帮互助的合作关系,每个个体都能在组织中实现专业成长。因此,大学教师与中小学教师能够借助对方的异质资源,通过合作研究实现自身知识结构的完善、教育认识的提升、专业能力的锻炼。

3. 资源的共享性

大学与中小学共同搭建的教师专业学习共同体是不同领域内教师互助学习、共同进步的团体。它通过实现跨群体间教师的沟通互动开展活动,而非各个教师群体内部进行资源分享。不同群体间的资源共享,主要指双方进行知识、思想、智慧等方面的交流沟通与共同学习,即教师要从以自我为中心的思维方式中解脱出来,踊跃和其他领域教师沟通、互动,展开知识、情感等层面的共享和深度交流,交流中教师思想的转变和观念的碰撞视作教师理解、探索教育的有效资源。共同体内部成员所处成长环境不同,思维习惯、认知风格方面也各具特色。若想达成共同体内资源共享的理想状态,需要共同体成员间充分信任、展开交流、共同进步,成员之间保持一种高度开放的状态,进行不同思维习惯和认知能力的碰撞。大学里具备中小学教师需要的资源,中小学里同样具备大学教师缺少的资源,双方教师进行联结、各取所需,实现资源共享,对于建构各自的知识体系、提升各自的认知能力都是一种锻炼(冯宇红,2016)。双方通过交流观点和分享信息,达到互利共赢、共同成长的状态。吴康宁(2010)指出,大学教师有着理论、思维智慧,而中小学教师具备行动、实践智慧。于大学教师而言,如果能在理论、思维智慧上辅以行动、实践智慧,能有效提升大学教师对实践情境的感知能力,并在理论研究中获得实践经验的支持;于中小学教师而言,如果能在行动、实践智慧上辅以理论、思维智慧,能切实强化中小学教师的反思意识,并在实践中增强其总结概括能力。因此,组织成员间不应处于封闭、单一的状态,双方之间达到资源共享是对共同体发展的必然要求。

4. 文化的融合性

由于大学教师与中小学教师所处组织体系不同,双方文化各异,因此文化的融合性在大学-中小学教师专业学习共同体的发展中尤显必要。中小学教师长期处于工作文化氛围中,更多关注"做什么""如何做"的实践操作,而大学教师更多位于理论探索环境中,以关注"是什么""为什么"的理论知识为导向。组建大学-中小学教师专业学习共同体,能促使双方教师在不同文化的碰撞中达成思想的深度包容状态,形成异质文化相互融合与协同创新的局面,建立理论与实践相互统一的文化。大学与中小学教师经过文化的碰撞与交流,能促进双方确立共同发展的价值目标,加强双方互动与理解,双方应保持一种平等互助的伙伴关系。大学教师不应以"理论权威者"自居,中小学教师也不应畏惧"专家权威",他们是平等的合作者与探究者,共同推动共同体的发展。双方之间保持互相包容、平等相处的关系,能促使双方达成高度信任,形成平等融洽的良好氛围,有利于带动教师树立踊跃加入的大局意识。双方在异质互补、相互尊重的文化氛围中,才能形成真正意义上的大学-中小学教师专业学习共同体。因此,共同体应凸显文化的融合性,才能保证其更为平稳安定。

三、大学-中小学英语教师专业学习共同体相关研究

(一)发展历程探究

威尔逊(Wilson)等研究人员对14个美国大学-中小学教师合作的组织进行了探究,这些组织已经存在三至五年时间。他们通过探究指出,研究学习合作主要涵盖以下阶段:一是组织,主要是组建机

构确定哪些人员参加,对伙伴之间的关联进行探究,初步制订规范运行的相关制度,明确所需的相关资源。二是初始成功,主要是相关成员积极参加有关研讨活动,探究他们的共同爱好,寻找工作挑战。三是等待结论,这个阶段主要是参与人员开展积极沟通和探究,实现具有实质意义的目标,在此期间缺乏耐心的成员会逐步被淘汰,信念坚定的成员保持等待心态。四是取得真正成功并且实现拓展,主要是参与人员得到具有实质意义结论后,相关基础能够拓展,其中包含来自不同方面、兴趣高涨的人员。五是构建较为成熟的良性合作关系,主要是参与人员实现了自身所设定的预期效果;参与人员进行沟通,重点是围绕合作关系进展情况开展批判性探究;参与人员重点集中在小学、中学和大学,并且持续推进较大力度改革。(Clark,1998:48)

(二) 功能研究

帕克·帕尔默(2005)对教师共同体的影响进行了全面阐述。他明确指出,教师离不开同行的彼此沟通、更需要共同体的集体引导,由此能够在教育过程中得到锻炼,并且增加相关智慧。他同时指出,每个行业不断发展,都需要参与其中的人员对相关经验进行交流,开展良性沟通,教师队伍中具有宝贵资源,能够推动每个人实现发展和进步。在教育领域,高等教学并没有固定模式,依靠专业人士引导相关效果并不明显,假设在实际中得到进步,一方面构建高端教学的内心情境,另一方面组织教师建立共同体,通过同行交流,能够更加全面地认识自己、认识教育活动。加入共同体,并不是仅仅为了实现自身发展和得到相关帮助,更是教育组织对于从业人员的基本要求,这是由于仅仅依靠个人力量开展教育活动存在缺陷,一方面个人素质不能得到全面提升,另一方面教育相关组织不能发挥自身职能、实现自身目标。

（三）方式、类型及模式研究

吴康宁（2010）指出，大学和中小学的沟通协作主要包括三类：一是以利益为主的联合；二是以智慧为主的互补合作；三是以文化为主的深度融合。第三种方式最为科学，合作方通过相互依靠、彼此尊重、良性沟通、共同发展，经历文化层面的深度交流和良性互动，达到精神层面的共识凝聚。从整个探究情况看，关于合作方式的探究也出现多个不同种类。从参与者角度出发，合作方式可进行如下区分：一类是以单向为主的探究，主要是具有丰富理论的一方作为重点和关键，对其他参与人员发挥相关作用。可进一步细化为两类：一是我向方式，特点是从他人处汲取相关经验；二是他向式，特点是对他人给予相关指导和帮助。另一类是以双向为主的探究，可进一步细化为：一是以资料准确性为重点，开展合作探究；二是以人、具体事务为重点，开展合作探究。当前情况下，应该更多地发展以双向为主的合作探究，推动理论层面和实践层面相互促进、共同提升，形成理论探究—具体实践的共同体。

比奥特（Biott）以合作意愿作为分类依据，对大学和中小学教师合作进行了区分：一是执行式，以教育领域权威人士为主导，主要是授课、传递、引领等途径；二是发展式，就是彼此之间开展良性沟通，主要是设置问题、进行研讨、相互问询、共同发展（赵玉丹，2007：32）。第一种方式下，权威人士一般被认为具有较高理论水平，而广大中小学老师处于被动接受的地位，从本质上来看，并非完全意义上的良性合作。第二种方式下，大学中有关参与教师结合中小学阶段的教学实际情况，设定相关问题并开展提问、组织研讨、相互问询等，和广大教师进行良性沟通，制定具有实效性的解决问题措施，从本质上来看，这属于完全意义上的良性合作。马里兰以大学和中小学开展合作的教师意愿作为分类标准，对共同体进行了细分：第一类是教师专业发展相关组织,主要由大学中的老师、师范类学生、中小学校老师参与;第二类是以咨询为主的合作关系,重点是大学老师以中小学校的老师为重点对象,开展业务问询、指导和相关服务;第三类是以合作为主的关系,重点是大学老师和中小学校老师建立合作关系、实施校本方面相关探究、着力破解课堂中的相关问题;第四类是以团队形式进行合作的关系,其特点是组建专门团队,围绕教育领域开展相关理论研究、实践探究。戴(Day)通过探究也对大学和中小学教师的合作进行了分类:一是意识形态类(ideological),组织理想基本相近的人员,共同对教学相关模式进行探究并积极推广和拓展;二是研究知识生产类(generative),通过开展实验,对所需知识进行提炼和探究;三是改革增强能力类(capacity building),组织大学和中小学校老师开展较长周期的良性沟通,以便提升广大教师综合素质和工作信心。同时,他还就和教师构建学习伙伴的途径进行了探究,一是客户为主体的学位教育有关课程,二是评审之外的其他在职教育相关课程,三是以合作为重点的良性探究,四是建立伙伴关系的相关服务。(杨朝晖,2009:79)

(四)影响因素及策略研究

古德莱德通过探究指出,大学和中小学校应构建真正的良性合作,重点包括以下方面:一是在目标上保持一致,就是推动教学整体质量提升;二是在兴趣、整体利益上保持一致,就是推动教育教学发展、推动教师队伍发展;三是在权利义务上保持一致,就是能够达成一致的决策,并且合力推动其在实践中落实(邓涛,2003:3)。赖斯(Rice)以1990至1998年为时间段,对中国和美国专业发展机构情况开展探究,确定20个案例并通过四个层面开展了系统分析,明确了教师专业发展学校合作的基本特征和不足。四个层面主要包括:一情景层面,主要是当新的组织成立并且投入正式运转之前,应该具备相关条件,重点涵盖参与方的意愿、相互之间的关系、各自的态度、人员构成、资金准备等方面。二结构层面,主要是在组织内的制度设计,人事方面关系,重点涵盖管理不够规范的程度、参与各方的地位不对等、校长所起的特殊作用。三过程层面,主要是在组织中相关信息的流动情况,重点涵盖参与方彼此沟通、相关决策和部署等情况的传递等。四关系层面,主要是组织内的相关压力、参与者目标出现的差异、参与者彼此沟通往来、相互间信任程度、对冲突的处置途径等。(赵立芹,2004)富兰等(Fullan et al,1995)对保持合作的有关方面进行了探究,主要包括:开展合作的前提,主要是双方在目标上保持一致;投入情况,主要是双方在资金、劳动力、时间等领域的付出情况;架构情况,主要是结合实际建立完善沟通、决策、推动问题破解等相关制度和体系;关注点情况,主要是双方在远景目标上保持一致,同时使这一目标能够对各方思想认识进行统一,并使各方能够具有各自的单独性、创造性;过程情况,主要是推动人与人之间关系健康发展,推动专业之间的关系和谐发展。伍红林(2009)根据新基础教育方面的有关实践,针对校际共同体明确了应重视的方面:一是大学、中小学校、当地教育主管机关、专业教研队伍应强化沟通协调,杜绝"搭顺风车"等做法,统一共同目标,凝聚各方力量;二是定期组织校长层面的沟通制度;三是组织学校之间举行联谊互动,主要是开展共同探究,组织良性竞争和共同学习活动,组织集中研讨等;四是推动探究取得实际效果;五是在组织体系上建立相关机制。

(五) 实践层面的探索

1. 国外基于专业发展学校的教师学习共同体的相关实践研究

U-S 合作体在 20 世纪六七十年代开始兴起。80 年代之后,美国结合教育实际,从大学中选派一定数量的教师到中学开展教学,帮助推进改革和教学工作。90年代初期，当地正规的合作关系已经达到1 400个，受到美国教育领域的高度评价，被认为是教育改革的最科学方式。国外最具代表性的教师专业发展模式包括：英国机制，主要特点是开展校本培训；美国机制，主要特点是开展专业发展学校模式，推进大学和中小学校的沟通协作。

专业发展学校一方面能够为大学开展学校改革领域探究提供平台，另一方面能够为教育专业人才培育提供平台；参与合作的成员不仅包括大学、中小学校、其他教育组织，还包括社区和家长等（Levine & Trachtman,1997:273）。专业发展学校将大学和中小学两类教育机构进行了紧密关联，构建良性互动的机制，在开展合作、主体属性、生成属性等方面达成一致，同时体现了两类教育机构共同培养教师的基本属性。它们具有一致发展目标，为教师和学生全面发展履职尽责，发展各自特长，朝着一致目标迈进。

2. 国内基于大学与中小学合作的教师学习共同体的相关实践研究

自20世纪七八十年代以来，大学与中小学组成教师学习共同体，建立合作式伙伴关系，已在中国蔚然成风。中小学教师和专业人士组建的合作学习共同体迅速发展并普及，参与对象是中小学阶段教师，突出特点是开展良性合作，探究场所主要是构建实践场景。20世纪90年代中期，大学教师以及教育专业人员开始走出研究场所，深入中小学校，与广大中小学教师共同推进探究。从整体上看，合作的覆盖面持续扩大、深度持续深化、次数明显增多，大部分师范类学校的老师和中小学校都保持着一定协作，合作范围也持续扩大，包括课程设置、校本教学研究、教师团队建设、教学活动等。不断有研究成果在国内国外刊发。

就我国现阶段而言，大学和中小学沟通协作方式包括：一是大学教师立项，中小学教师组织开展相关实验、整理相关数据；二是中小学教师立项，大学教师给予帮助；三是两类教师合作立项，大学教师侧重于编制规划，中小学教师重点推动落实。在每种类型中，各自承担的任务不同，收获也存在差异。大部分合作方式都是设立研究课题，一是根据大学教师的理论设定，二是根据中小学教师的实践进行设定，三是通过积极协商而共同设定（彭未名 等，2013：51）。

20世纪至21世纪历经数次教育改革，尽管影响教育的理论空前地丰富起来，但是改革的历史很大程度上是一部对制度安排进行"修补"的历史，而对业已发展建立起来的相关教与学模式的指导和影响却微不足道（Resnick & Megan，1998）。如果教师队伍变化、领导人员发生变动，共同体就会出现被动局面。之所以不能长久实施，其根源主要是共同体能够构建与持续开展，主要是依托教师彼此的信任，并不是根据专业所构建。由此可见，这种方式不够科学和妥当，如果私人关系过于亲近，反而会对共同体持续发展形成制约（De Lima，2001）。教师之间在专业方面存在关联，主要是构建完善了相关制度，能够便于大家接受，同时应该看到制度也具有相关成本。温格（Wenger，1998：75）针对这个领域的有利和不利方面开展了探究，比如，制度化针对教师之间加强沟通协作，设置了相对不变的点（fixed point），这种情况下容易出现僵化。他同时指出，学校带有行政、组织等特征，但并非是指全部建立等级制度，也并非全部实行行政管理，而是一种有效的组织形式，呈现出实体结构松散的特点，同时也具有紧密性（Sergiovanni，1984）。

梳理各国的相关探究可以看出，各个国家都在积极推动大学和中小学开展良性协作，提升教师队伍的专业水平。有些国家在这个领域的探究起步相对较早，理论探究和实践探究紧密关联，涉及的领域较广，范围也比较宽泛，成果较为丰硕。与外国相比，首先，国内针对这个领域的探究时间相对较短，大部分主要是学校自发性开展，尚未构建完善机制,同时由于大学、中小学在理念上存在差别,制约了合作水平提升。其次,国内主要围绕教师队伍专业发展方面开展探究,取得积极进展并获得可喜成果,但还没有构建起理论体系,一些理论的实际操作性不强,研究重点主要是整体背景、必要程度、基本属性、需要重视的有关事项、对其他国家研究成果进行梳理等方面。教师教育和专业发展并非对等,利伯曼(Lieberman,1994:15)强调,教师专业发展与以往教师教育相比实现了新提升,更加注重围绕实践开展深入探析,将教师作为学习人员来对待。他认为教师是能够进行反思、具有实践能力的人,同时强调指出,教师和学生能够对实践路径进行优化,学校应该构建共同提高的文化环境。针对大学-中小学教师学习共同体的探究起步相对较晚,大部分由学校组织,相关探究的整体设计、探究框架和理论体系不够完善,很多探究存在重复现象。从探究着力点层面看,国内探究主要是针对问题而言,整体层次较低,针对组织实施、保障制度、运行方式及制度等方面的探究较少,同时由于大学和中小学在文化方面存在一定差别,制约了学习共同体实际效果提升。总体上,我国大学与中小学教师专业学习共同体重点就"教育科研"这个主题展开,对于以教师专业发展为中心的共同体相关探究相对缺乏,而能够明晰整体任务、构建科学程序、强化机制保障等方面的探究更为稀缺,针对合作探究方面的理性认识尚未构建。这种形势下,应拓展探究思路,认真学习研究其他国家这个方面的成熟做法,站在宏观、中观角度,结合国内实际情况,围绕大学和中小学教师学习共同体这个核心,在理论、实践上深入探究并努力取得效果。

四、国内大学-中小学英语教师专业学习共同体建构的现状审视

随着教师专业发展的理论演进,特别是教师专业发展的范式转

移,人们愈加关注教师专业发展中教师个体发展与共同体发展的平衡与互动。教师学习共同体与教师专业发展在教师发展活动平台中是互动关系。教师学习共同体既强调教师的集体学习与实践分享,也关注个人独立学习与发展;同时,教师专业发展既重视个人直接学习和对课堂经验的反思,也重视在校内外学习网络中共享。

教师专业学习共同体的构建是促进教师专业发展的有效途径之一,且两者是共生的一对。同时,受到大学、中小学在文化理念、评价体系、组织边界等方面的限制,在教师学习共同体的实践中不可避免地面临诸多困境和矛盾。

(一) 国内大学-中小学英语教师专业学习共同体的发展概况

(1) 我国大学-中小学教师专业学习共同体领域相关探究的初始和摸索期。学习其他国家做法,结合我国实际情况,着眼课程改革、教师专业化提升的整体环境,大学与中小学开展了积极探索,表现为多种模式:中小学教师进入大学接受先进理论指导,两类学校教师共同开展课题探究,联合组建教师发展学校,围绕教学中的有关问题开展探究,联合开展课本编写工作等。合作不断深化,实践活动也逐步丰富,比如,香港中文大学实施了"跃进学校计划"(1998至2001年)、"优质学校改进计划"(2001至2003年),东北师范大学启动了"优质学校"项目,华东师范大学专家叶澜牵头组织"新基础教育"、陈桂生牵头组织"教育行动研究实验"项目,首都师范大学和丰台教育部门联合开展"教师发展学校"活动,首都师范大学和北京四中等13所高中联合构建"教师教育合作共同体"。

20世纪90年代之后,我国开始出现大学和中小学的良性合作,重点围绕教育开展相关探究。教师和专业研究人员联合组建研究共同体(周耀威,2006),推动教师科研水平不断提升、学校实现持续发展。比如,华东师范大学专家陈桂生带领有关人员从1997年起,与上海打虎山路第一小学、无锡扬名中心小学的老师构建教育研究相关组织,选定了相关课题,开展良性合作实施探究,此过程促进了两所学校老师对教育探究的认识,双方在思想认识上实现了统一。参与进来的老师教育理念得到提升,理论更加丰富,科学探究的素质和能力得到提升。

这个项目主要是大学与中小学开展良性互动,重点体现教育活动的实践属性,采取大学教师、师范类学生、中小学教师良性合作的方式,推升教学水平,推动三类群体实现同步发展。站在大学参与程度的层面进行探究,当前我国重点有两种参与方式:一是主动式深入参与,主要是研究人员主动、持续、频繁地来到合作学校,有的参与到实际工作中,全身心投入、全方位协作,共同构建良好目标。二是代理人主动参与,人员包括研究生、参与研修的教师,这些人员已经具备相应的理论基础,理念较新,工作方式较为灵活,时间较为宽裕,能够更好地与中小学教师开展交流。与此同时,大学教师和专业研究人员也能够积极开展探究,一方面是通过远程进行指导,另一方面主动深入学校指导实践。(叶澜,2009:1)

(2)我国大学-中小学教师专业学习共同体实践研究的实验与模式构建阶段。20世纪90年代,在美国教师专业发展学校和英国伙伴关系学校的热潮影响下,我国也出现了类似机构,最为突出的是教师发展学校,首都师范大学分别和北京、唐山、石家庄等地区的一些中小学开展积极探索,时间段集中在2001—2002年。教师发展学校主要是依托现有各类学校,在结构性功能上进行优化,充分发挥了大学-中小学教师专业学习共同体在教育科研和教师教育中的双重功能。教师发展学校与美国专业发展学校类似,主要是组织大学、中学、小学开展合作探究,其外部控制特征较为明显。专业学习共同体建设包含专业发展学校、联合组织的实习机构、教育研究机构等多个种类,主要涵盖三个阶段:一是大学和中小学的老师联合构成合作共同体,推动两个群体专业素质提升;二是大中小学教师专业学习共同体的团队属性非常明显,主要对入职之前的老师进行培训;三是两类学校开展积极互动,形成全新的教师教育机制,力争培养更多新生力量(刘新成 等,2008:12)。2004年11月,青岛文登路小学教师发展学校与当地职技学院教育学院联合启动"X"战略:第一条线,主要是进入课堂,对课标进行探究,推动教师专业水平提升;第二条线,主要是以文史为重点组织培训,增强教师知识储备;两条线的共同目的是推动教师实现发展。他们把每个星期三作为听课日(李艳、杨晓文,2007)。天津师范大学研究人员选取和平区中心小学作为探究重点,积极加入学校教研活动,在理论层面、实际操作上给予帮助。还明确了研究方向与重点课题,比如,小学阶段心理健康教育、新课程改革教育教学评价等课题。通过持续推进,双方合作理念增强,反思、探究等水平持续提升(王雁、王学兰,2005)。之后,西南大学、陕西师范大学等都主动与附近中小学构建合作关系,东北师范大学、西南大学等强调当地政府部门应主动介入,探索推进大学-政府-中小学("U-G-S")方式,核心是大学发挥引领作用,当地政府部门发挥统筹作用,中小学校积极融入。到2011年第三季度,西南大学与西藏、云南、重庆等六个省的学校开展了积极合作,构建了8所教师教育创新区、40所实习基地,重点是围绕教师专业提升,通过良性互动、共同合作等方式,构建完善教师参加工作之前阶段、刚参加工作阶段、参加工作之后阶段等全方位合作体系。2011年,西北师范大学和甘肃省5所田家炳学校也积极采取了上述模式。

再如,杭州师范学院下设的继续教育机构和靖江初中、青海师范大学和西宁四中,四川师范大学下设的教科院和成都高新实验学校,天津师范大学与当地四中等学校,上海师范大学下设教科院和当地实验学校,都采取这种模式展开了良性互动。

2005年7月,北京师范大学专家康长运组建了学习与发展共同体,主要有大学中的专家、教师、研究人员所建立,目的是对工作实践的整体环境开展探究,进而掌握教师专业发展相关规律。

整个工作紧紧围绕推动教师群体加快发展而展开,突出自愿性、广泛参与性,重点对教学活动开展反思、对相关策略进行探究,主要方式是参与者开展深入沟通和探究、对已有经验进行共享。其突出特点是,对教师进行有机整合,构建了能够良性沟通的学习与发展共同体,逐步培养了通过自主途径开展探究的习惯,增强了自觉主动参与的理念。有这样一个共识:没有某个人是非常强大的,主要是很多人主动参与形成一个整体,那么就非常强大,其中的每一分子并非都是以这个整体为支撑,而是以所有人共同参与构建的整体智慧为支撑。

全国中小学继续教育网(简称"继教网")联合东北师范大学在网络技术和远程培训方面进行了大胆创新,获得了广大基层教师的青睐。其突出创新之处是以信息技术体系为支撑,构建学习共同体,采取的主要方式包括:一是集中开展培训和通过网络开展学习紧密融合,二是通过互联网开展探究和工作实践探究紧密结合。顾小清(2003)就共同体和教师专业发展的内在关联、通过现代科技组建共同体及其对教师发展的相关作用等进行了探究。中国台湾地区研究人员观点有独特之处,主要是教师同行开展良性沟通,采取示范授课、共同探究等方式,对教学方法进行优化,增强学生学习效果。

国内针对这个领域的实践活动持续开展,大学和中小学开展的相关探究持续增多,从总体上看,学习共同体整体水平还不够高,出现了一些问题,实际中推进难度较大。例如,活动大多数停留在表面,缺乏规范性,合作质量不高;参与双方不够平等,大学教师更多的是指导,而中小学教师被动性接受,机械地按照指导来落实,如果大学从中退出,中小学校的相关学习和探究不能持续,教学中出现的新问题不能破解,教师队伍整体不能继续提升,专业发展也就落空。

(二)大学-中小学英语教师学习共同体的两种方式对比

在我国,大学与中小学合作研修发展至今,基于不同价值追求,形成了多种合作研修的类型和方式,其中较为典型的合作研修有北京师范大学、重庆教委、江北区政府联合组织共建的"大学-区域伙伴协作"——重庆江北 APEx 实验区项目,东北师范大学的"U-G-S"教师教育创新实验区以及香港中文大学开展的"香港优质学校改进计划"等。基本来说,国内教师学习共同体的模式主要分为"单向灌输"与"双向融合"两种,而学习共同体的价值取向又可大致归纳为"纸上谈兵"与"知行合一"两种。

1. 学习共同体的合作模式——"单向灌输"与"双向融合"

当前我国大学与中小学开展的合作研究所依托的教师学习共同体大致分为"单向灌输"与"双相融合"两种基本的合作模式。单向灌输方式主要是大学探究人员通过设定的课题,进入中小学校并且积极开展探究,视中小学教师为科研的"实验种子"及研究资料的提供者,研究发掘点直接结合某校实际进行移植性研究,科研成果是否有效转化为教学创新工作的助力却罕为人所关注,参与合作的中小学教师多处于被动和被迫状态。这种方式下,参与者主动参与意识不强、平等性不够突出、相互支持帮助不够,相关合作都是由行政方面硬性推动,由此可见,预期效果也必然大打折扣,整体成效不佳。

在"双向融合"机制中,学校主要结合教育改革需要和教学实践需要,推动教师专业领域提升,提升教学水平,满足学校发展需要,在此基础上由中小学校来设立项目,大学研究者开展相关指导,主要领域是学校教学中遇到的困难和问题。大学教师掌控着大量宝贵资源,能够最大限度地为社会和学校搞好服务;大学研究者积极深度介入学校教学活动中,认真融入,积极推动,作为"倾听者"和"促进者"与中小学教师进行良性沟通、互动对话,推动教师素质、教学水平和研究能力的提高,同时也丰富了自身实践性知识;在此过程中,将教育相关理论渗透到实际教学活动,并从实践中总结、提炼出经验智慧,为形成新的理论奠定实践基础。

2. 学习共同体的价值取向——"纸上谈兵"与"知行合一"

大学与中小学教师学习共同体的研修价值取向基本可分为"纸上谈兵"与"知行合一"两种,主要通过理论研究者参与实践的具体介入方式、价值目标等层面开展探究。由于形而上、聚于理性的大学文化与形而下、流于经验的中小学文化难以找到价值统一的契合点,"纸上谈兵"的教师合作研修方式便屡见不鲜。一些研究者对于服务中小学教学与科研工作的兴趣不高,对于实践多采取不介入或"蜻蜓点水式"参与而不干预的方式,对于教学活动开展中出现的相关问题不能及时了解和全面把握,其合作研修的目的具极鲜明的功利主义特征,而非真正致力于推动教育发展、科研创新以及深化教学改革,在这种"纸上谈兵"方式下,其整体研修效果就必然较差。

"知行合一"的教师合作研修方式,主要是大学研究人员深度介入参与教学活动实践,开展长期观察并躬身追踪,结合实践中的问题和不足深入开展反思和探究,以便对自己的理论体系和实践经验进行完善和提升。这种方式取得了良好成效:经验不足的老师和经验丰富的老师共同参与,对大家已有的经验开展探究和思索,以此为基础对教学活动进行改进提升。中小学教师与大学教师通过中介工具的辅助开展良性互动、沟通,加深对于新教学理念和策略的认知,同时,其反思水平也从技术性反思上升到实践性和批判性反思(Wilson,2006)。

（三）大学-中小学英语教师学习共同体面临的困境

1. 大学-中小学的关系定位欠合理

合法性认同的定义内涵很广，涵盖法律、文化、思想认识、社会各界期盼等方面对于各个合作方有关具体行为的认可程度（张翔，2012:102）。观之大学与中小学教师学习共同体的现实，大学和中小学承担不同的社会职责，大学非常重视师范类学生培养工作以及教育理论创新和实际运用，中小学非常重视学校整体水平、学生总体成绩的持续提高。从外在制度体系方面来看，或是从参与进来的各个方面的理性抉择来看，都存在问题，比如制度不够健全、需求得到压制等，尤其是中小学阶段的教师，其被动参与、处于边缘位置等特点较为明显，在整个合作研修关系中的地位不平等，这是导致各种问题出现的根源。因此，他们自然而然地在"合作意义"的界定上产生分歧和冲突，双方合作没有塑造一个共同愿景，其合法性认同度较低，即合作的各参与方难以对合作目标、方式、内容和形式等达成共识，从而导致大学教师参与合作研究的积极性不高，与中小学教师间的关系定位不合理等现象出现。

2. 组织体系和制度机制缺位

大学和中小学教师在合作研修中，遇到的重点问题是制度不够健全，科学化的组织安排不够。这种情况下，由于沟通不够通畅、交流不够高效，两类群体开展的已有合作主要特点是具有伙伴性，主要依靠为数不多的人发挥自身的自觉性和积极性而进行推动，具有较大的不稳定性，缺少制度性和组织化的安排常常使双方的合作陷入困境。合作研修并非简单化、浅层次的，并非某个单位就能够做好相关任务和实现计划目标，也并非完成较浅层次的单纯概念化工作，而主要是参与各方积极主动进行改革。这种情况下，学校已有的各类制度和机制将受到较大冲击,本着提升合作研修效果和水平的目的,应结合实际对各类学校的有关组织体系和制度做出适当调整,使之更加科学和完善,发挥出保障、引导作用,引领参与者全身心加入进来,提升合作研修层次,提升教育教学总体质量。

3. 评价标准和激励机制缺失

目前还没有一套完善的评价学习共同体发展成效的评价标准。从教师角度来看,在与同行进行合作的时候,教师们的发言、参与讨论和实践活动的情况等细节需要有详细的记录。每个共同体小组应至少有一位负责人,其职责是对如何调动教师们的积极性进行深入的思考和精心的准备。从学生角度来看,教师学习共同体发展的优劣,其结果一方面能从教师的专业发展层面评价,而更重要的是以学生成就来体现。然而,评价学生又是一项复杂的工作,因此,建立一套合理评价标准亟待完成。并且,当前评价体系设计下,大学老师实现晋升或者在所从事的领域站稳脚跟,都和研究成果有着直接关联,他们主动到中小学校开展实地探究的热情并不高。此外,教育主管单位、学校、社会各界等对于中小学教师有着过多的期望,而且构建了完备的评价体系,导致教师群体面对的压力非常大,使得他们分散了真正搞好探究的关注力,削弱了实施钻研的积极性和持久力。如果开展合作探究能够迅速推动教学质量提升,或是能够为自身评价添彩,教师们才会给予关注。通过上述分析可以看到,为加强大学和中小学教师学习共同体发展的有效性,需要出台合理有效的评价激励机制和制度保障体系。

(四)大学-中小学英语教师学习共同体存在问题的原因分析

1. 文化的游离与冲突

很长一段时间以来,大学与中小学的沟通合作一直在跨越不同文化体系方面存在冲突。吴康宁教授将大学文化和中小学文化概括为"学术文化"和"工作文化"。大学文化的理论属性更加突出，更侧重于开展学术钻研和理论探究，老师们的注意力放在以下方面：抽象的理论、枯燥的定义、学科性质、思维方式、研究方法等，强调理论的完备性和逻辑的自洽性，注重多专业、多学科的合作研究，且具有较高的话语地位；中小学"工作文化"则呈现出醒目的实践性和日常性，这个领域的老师们和教学活动直接相关，身处不断发展变化的情景之中，依据科学主义、技术主义的方法和经验，强调理论的实用性、可行性和实践操作能力，但缺乏话语地位且在一定程度上偏于"专业个人主义"的作风。在知识权力层面，系统的、前沿性的大学知识往往碎片化，而中小学阶段的知识和实际联系紧密，实践属性非常突出。将大学和中小学的老师进行组合开展相关合作，必然会遇到文化体系差异的问题，使得大学教师与中小学教师难以进行有效的合作，且形成了一种事实上的中心—边缘的失衡关系。

2. 资源的搁浅与流失

在大学内部，学术型理论研究者与注重实践的研究者之间价值观念的差异较为突出，不少大学教师在追求高学术品位和质量时，脱离了中小学实际，他们对于教师学习共同体和"专业发展学校"兴趣淡漠，参与性不强；而注重实践的研究者是教师学习共同体和"专业发展学校"的积极参与者和推动者。然而，大学的教师评价体系偏重于科学研究、理论创新、成果出版等方面，这显然不利于后者的发展，导致这些"临床"教授调动大学为中小学校教师提供的服务资源十分有限。在中小学内部，存在轻视教育理论学习与渴望教育理论指导两种价值观念的冲突。参与"专业发展学校"以及教师学习共同体的中小学教师只是极小部分，甚至不少教师得不到工作量的豁免和时间上的自由，过重的教学任务和学生升学压力令他们自顾不暇。在这种情况下，教师的关键性实践知识与经验很难实现共享、融合。

3. 政策支持的缺失与乏力

从我国情况看，大学-中小学教师学习共同体主要是由两类学校积极主动开展互动，政府层面给予关注不够、参与热情不高，尚未制定完善的针对性政策措施，仅仅是通过学校层面在积极推进，尚未构建统一规范的制度，没有提供必备的资金支持。这种情况下，合作工作整体上非常紧张，倘若在物质、精神等层面不能得到有力的相关保障，整个合作成效就肯定会受到影响。

4. 评价和激励机制的滞后性与功利性

第一，评价机制。现行的评价机制的弊端存在于以下几个方面：其一，评价内容较少关注教师的专业发展水平。其二，现行的教育评价体系偏重于短期目标，学校评价教师多以学期为单位，易导致教师产生急功近利的想法。其三，目前对教师的评价主要是针对过去情况而展开，重点对以往的教学成绩、研究成果等进行梳理和汇总，并未对将来整体发展发挥切实有效的指引作用。其四，过多地关注教师个体的评价，在广大教师、学科小组、教学研究组织等方面，都尚未构建起科学有效的评价体系。这些问题的存在，制约了共同体深入推进和实施，制约了良性发展和全面进步。

第二，激励机制。当前我国针对学校实际都构建了激励体系，但是存在一些突出问题，主要包括：一是激励体系的建立没有和内在的实际需要紧密结合。当前，大多数激励体系中，较为重视物质层面的激励，而非精神激励，缺乏对学习本身的激励，教师被动、消极地去学习和提高自身的专业素质。二是对知识的传播、交流与共享的激励十分有限。狭隘的教师专业发展观和保守的教师文化的影响以及学科、专业的差异，阻碍了共同体融通知识的效率。三是激励基本无视教师群体的发展。现有激励体系突出个体性，对相关知识和已有经验的传播、共享形成了制约,影响教师学习共同体促进教师专业发展的功效。

五、大学-中小学英语教师专业学习共同体建构的发展图景

上述对我国教师学习共同体在实践合作中存在的困境及其原因的分析表明,存在于大学与中小学之间最主要的障碍来自合作中双方文化与地位的冲突、权力失衡、沟通障碍以及缺乏相应的制度保障,包括评价制度的跟进、激励制度的跟进等。因此,要想实现真正的大学-中小学教师学习共同体的建构与发展,必须进行制度变革,改变应然与实然的张力,它既是一种理念价值追求,也是一种实践改革诉求。

(一)共同体建构的指导思想与目标定位

2012年9月,国务院出台的《关于加强教师队伍建设的意见》中明确规定:到2020年,构建品德崇高、业务水平较高、结构较为科学、生机勃勃、专业技能较高的教师团队,实现整体素质明显提升,思想道德水平高尚,教育教学理念较为前沿,专业理论储备丰富,教学水平较高。同时指出,应结合中小学教师队伍现状,加快完善开放程度高、具备灵活性的教育体系,将师范类学校作为主要支撑,组织大学积极主动加入;强化教师培训机制,提升专业能力和整体素质。

大中小学教师专业学习共同体的总体目标是推动教师群体的专业水平持续稳定提升,促进教师研修和专业发展水平,主要方式是组织大学和中小学校开展良性协作。它是将教师研修定位于共同体的脉络中所形成的团体。身处其中的参与人员,能够切实感受学习的过程,重点是在整个团队中开展合作和提升。由此可见,注重学校可

持续发展、提升教师的教育智慧应为其指导思想。形成学校发展的明确目标、建立良好的运行机制、重视学校的教育科研和课堂教学改革工作，是实现学校内涵可持续发展的主要内容；建立大中小学教师专业学习共同体，形成良好的学校学习环境，构建科学的学习文化是学校可持续发展的外延要求。智慧型教师的教育智慧是教育科学与艺术高度融合的衍生体，是教师在探求教育教学规律、创新教育教学方法、分析解决教育教学问题的基础上长期实践、体悟、反思的作用结果，亦是教师教育理念、知识学养、情感与价值观、教学风格等多方面素质高度个性化的综合体现。它的培养需要教师间的不断交流与合作，因此，构建大学-中小学教师学习共同体是实现教师智慧化的有效途径之一。

大学-中小学教师共同体直接点明了其实际参与主体主要是大学和中小学，共同体的基本目标定位和工作核心，即实施有效的融教学、科研、培训于一体的教师继续教育。作为教育专业人员之间的互动学习，更多是"创造有用的知识"来指导教师教育实践。从共同体自身的组织实施中注重的教育实践性、激发的教师个体参与性、创设的教师群体互动性三个维度分析，可以发现凸显实践性、参与性、互动性的有机融合是大学-中小学教师学习共同体的基本目标定位的特性，以及以整体发展、主体间互动共生和引领为基调的专业基础。因此，结合其指导思想（注重学校可持续发展与强调教师教育智慧化），其目标定位应聚焦于提升教师的教育幸福感、促进教师学习能力的提升、教师实践智慧的改善。

（二）共同体的核心特质

虽然不同学者对学习共同体的分析和解读有所差异，若将其兼容并包、澄沙汰砾，结合大学与中小学教师及学校的差异性和个性化，可以综合提炼出"大学-中小学英语教师学习共同体"的核心特质。

1. 共同愿景,求同存异

转变传统的知识观是构建共同信念的基础,只有意识到实践知识和理论知识的同等重要性,大学与中小学教师才能够结合实际,持续深入地进行反思,不断地更新教学技能。大学和中小学教师学习共同体的构建基于一致的总体发展目标,共同推动专业教学实践的进步与发展。大学与中小学之间形成共同的价值观和共同利益,在教学、学习观念上求同存异,这种和谐融洽的文化氛围激发着教师对合作活动和学习共同体的认同感和责任感,无形中形成群体的共识、凝聚工作上的合力,成为教师发展的动力。比如,美国堪萨斯州立大学和曼哈顿地区围绕解决双方都一致认可的数学、科学和技术学科教师教育准备不足的问题开展了良性合作,其重要前提是双方具有的一致兴趣、共同目标和利益。因为双方都深知:对上述相对不足的学科教学工作进行优化,能够促进专业间的整合,提升教师的整体效能,这是他们关注的一致利益,也是一种广泛认同的目标。

2. 合作研究,扎根实践

合作研究不要求所有教师在合作结束之后都达到同样的目标,而是更多地关注教师在实践中行为的改善。教师通过合作形式开展探究,能够促进学习和经验提升,能够在工作实践开展中学习新的理论和知识。从大学-中小学教师共同体来看,参与者开展以反思自身不足为主的沟通,能够推动他们持续进行协作,从教研和教学有关问题、学生在理论学习和全面发展等方面,开展信息、思想等层面的沟通和共享,伴随展开探究行为,逐步对关键因素进行深入研究和论证,从而形成一种良性循环。大学与中小学教师带着问题意识共同深入各校教室听课,观摩教学与实验,对他人的教学实践进行反馈和评价,共同研究教学方案、教学实践活动和学生学习评估等,依托其他参与者的异质特点,促进自己知识体系的健全、教育认识的提升、专业能力的增强。

3. 异质开放,共享资源

大学-中小学教师学习共同体是异质的多人交往,更多意义上是一种跨群体的交往,而非群体内部的交流与互动。这标志着教师要从自我中脱离出来,和同行开展对等的交流沟通,在知识、精神、智慧等层面进行良性沟通和深度共享,使共享的过程成为教师理解、研究教育的基本资源。共同体中参与者相互之间存在差别,这也是难得的资源。每个人都有自己的学习、教学等历程,有着独特的知识体系、认知体系、思维体系,在教学方式、教学思路、情境架构等方面具有自身特色。在共同体架构下,参与者对对方充满信任、人与人之间高度开放,每个人把自己全部打开,而且也能够进入别人的内部,多种不同思维和认知进行碰撞,达到伽达默尔提及的"视界深度沟通"。

大学中的专业人员、教师和中小学校的老师进行融合,对于各自的知识体系、认知体系等都是一种改进和提升,通过交流和分享,实现了共同发展。(周耀威,2006)所有参与者的视野和认知并非一成不变,这种情况下,参与者能够持续学习,得到提升。

美国社会学家罗纳德·伯特(Ronald Burt)认为:"群体内的思想和行为比群体间更具有同质性,因此跨群体之人会更熟悉另类的思想和行为,从而获得更多的选择和机会。"伯特在20世纪末提出了社会网络分析中非常重要的概念:结构洞(structural holes)。充当结构洞的个体可以把另外两个互相没有联系的人联系到一起,起到一个桥梁也就是中间人(broker)和把关人的作用;它具有信息优势和控制优势,能够获取来自多方面的非重复性信息,并决定各种资源的流动方向。因此,大学-中小学教师学习共同体作为一个专业群体的跨界实践联合体,必须具备三个基本的关系维度,图7-1以此分析脉络揭示了教师研修的交互关系:第一,追求共同的事业(愿景),所有参与者都要具有奉献的高度自觉性,确保另一方利益得到保障;第二,参与者彼此相互介入,合作必须满足各自利益需求,即双方之间要形成差异互补;第三,构建共享的技艺库,必须存在两类组织之间的差异性,相似性越大,则双方共享的东西就越少。

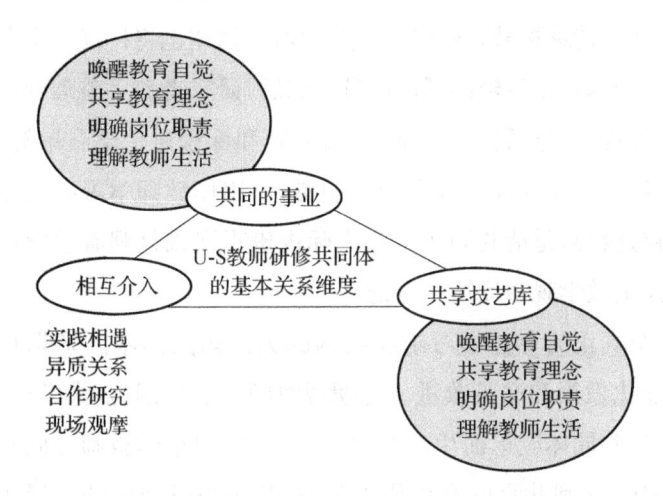

图 7-1　U-S 教师学习共同体的基本关系维度(蔡群青,2017:49)

4. 文化共生,信任尊重

大学-中小学教师学习共同体离不开文化之间的相遇和互动,大学和中小学的文化体系之间存在差异和冲突,这是由于他们各自的责任和侧重存在差异。在异质文化的不断磨合中寻找文化的融合、共创、共生是真正的教师专业自主意识唤醒的表现。大学与中小学教师经过文化上的相互碰撞与交流,加强互动和理解,共建异质互补的合作文化与伙伴关系,才能达到相互融合与协同创新,最终创生出一种能够高效率、高质量促进双方发展的新文化,双方在一种互尊、互动、融合、共生、共赢的文化氛围里逐步实现真正意义上的学习共同体。

5. 持续协作，共赢效能

沟通和研修，并不单单是针对科研成果和有关专业，还涵盖授课方式、教学理念等方面，当前学术层面交流越来越多，研究学习的频率越来越高，教师通过沟通可以充分地进行自我展示，同时能够发现自己的不足和差距，借助彼此交流、深度沟通、共同进步，能够推动自身整体素质持续提升，在此过程中，学习共同体也将持续科学化和发展完善。例如，在凝聚共同体成员共识后，研究者着手整理观课的课程之相关资料，包括授课大纲、教材内容和课程讨论学习单等资料，并安排每周授课内容的教学影片拍摄，以用作教师学习共同体讨论的材料与内容，邀请共同体成员实际进班观课或是观看教学影片内容后，提供教学观摩反馈和讨论。

一个真正的专业学习组织结构的关注焦点离不开知识技能提高、专业化发展和政策改进。为摆脱教师专业化困境，大学-中小学教师学习共同体应运而生。在这里，大学和中小学教师之间是一种平等协作、互利共赢的合作伙伴关系，从中小学教师的发展角度来看，大学教师帮助中小学教师确立实践理念和掌握教育研究新进展来促使他们更新知识技能，明确在设计和实施有效的课堂教学中的角色。从大学研究者的发展角度来看，大学教师深度介入并参与中小学教育教学活动，中小学教师扮演实践指导者、大学教育助手等角色，便于大家更好地了解教学情景中所受的制约和可提升的空间，一方面能够察觉出理论层面的缺点和差距，另一方面可以从实践中汲取相关知识进而对现有理论进行完善和提升。（操太圣、卢乃桂，2007：321）

教师学习共同体的建构应当是以相互承认、相互尊重、"你情我愿"为基础的，而不是一方强迫另一方或者一方依附于另一方。应切实反映相关理念，即教师在参加工作之前和之后的专业发展应该保持统一，推动大学和中小学校在良性互动中实现同进步同提升，从而使得各方参与者共同获益，实现共赢，为后续目标的达成奠定基础。

（三）共同体建构的策略

1. 确立"共识"的教师合作文化观念

大学-中小学教师学习共同体的核心是合作文化的形成，这种文化能够健康发展离不开宽松温暖、高度信任、相互支持、关注学习的整体环境，这种情况下，管理者应该以环境创设为关键，还要帮助教师确立"共识"的核心价值观，那么，所形成的"共识"就成为教师合作文化内容的核心。具体到学校来看，主要外在体现形式包括：教师公开授课的积极性较高，合作开展教学研究的主动性更强。面对教学、科研中出现的问题，并非遮掩、逃避，而是敢于积极主动公开，让大家进行广泛研讨，进而推动问题破解。参与者在教育价值理念、思想认识等方面基本接近，特别是对存在的差别持宽容的态度。合作文化贵在"自然、自愿"，通过这种环境的创设，共同体内的教师超越纯粹个人的反思或者依赖外来的专家，转向教师之间的相互学习，共享经验与专长，增强了彼此的自信和探索实践的勇气，从而促进教师的发展。

2. "跨界学习"与多重资源的引入

教师学习共同体的建构，是一个组织文化变革的过程，同时也是一种多重资源集聚以实现"跨界学习"（boundary-crossing）的过程。有效的教师学习共同体应当克服其单一性，成为一个具有多重智慧、资源的聚合体。因此，"跨界学习"是提升共同体实效的关键方式。在某个领域的边缘，通常能够看到创新、改革的可能；跨越这些边缘之后，就能够更新眼界，对自身行为开展反思和系统观察，对所设定的相关可能进行尝试，推动个人深入广泛地学习（Wenger et al, 2002:153）。从相关探究情况可以看到，通过跨越能够出现第三空间，推动新的理念、技术等诞生，产生边界融合、多方面聚合，认知体系重新建立，进而以实际行动推动深入改革。由此可知，这种从经济发达国家出现、在我国正在迅速发展的教育合作模式有着积极意义，推动教师们增强对学习的重视，加快构建这种学习模式，整体发展空间很大。

3. 建立健全激励与评价制度

（1）激励体系完善

在学校中，激励通常包括两个层面：一是物质层面，二是精神层面，应该使其同时存在。在物质层面，主要是给予奖金奖励、给予科技研发资金支持、创造更多参会和培训机会让老师们进行学习等。心理学有关理论指出，人在物质层面得以满足之后，通常就渴望得到精神领域奖励。为此应该更加注重在精神层面给予奖励，构建良好合作环境，让其获得上级、同行和社会各界的认可和关注。结合实际应重点采取相关措施：一是构建统一愿景，制定清晰的合作整体目标，让参与者能够明晰奋斗的总体方向，提升他们的积极性和热情。二是拓展探究领域和内容，提升工作竞争性，推动广大参与者积极争取，在感受到相关成功感的基础上，增强奋斗热情。三是积极给予鼓励。所有人都渴望得到领导的肯定和关注，大学中参与人员和中小学校校领导要对中小学教师给予关心和关注，深入沟通，给广大教师以激励。四是开展示范。校长是一个学校的领头人，其示范引领效应非常明显，其充分发挥带动效应，能够对身边人和事产生积极影响，对学校整体前进方向形成正面作用。基于此，选择探究精神强、综合素质高的教师，将其树为典型，通过示范带动，引导提升全体教师的积极性和热情，推动他们主动查找问题和不足，加快改进和提高。

(2) 评价体系改革创新

对教师进行评价有着重要意义，站在目的性层面进行分析，主要包括两类：一是奖励和惩罚的方式。核心是给予奖赏或者惩处，结合教师的具体工作实际进行评价，实施解除聘用关系、职务提升或者降低、工作调整、提高或减少工资福利、发放奖励资金等，其不足之处是对已经开展和正在实施的工作进行评价，反馈沟通不够，可能使教师不敢开诚布公，制约了工作积极性，影响了开展探究的热情。二是支持发展的方式。核心是推动教师实现专业发展，注重长远发展以及潜力的拓展提升，参与评价双方之间高度信任，整个环境非常和谐，能够迅速对有关信息做出积极反应，推动教师发展，增强其受尊重感，使他们能够及时掌握相关专业的发展态势，结合自身实际不断丰富和提升。由此可见，这种方式能够有力推动专业加快发展，是管理体系的一大深刻变革。其中，最为核心的是建立评价标准体系。大学、中小学各自有其评价体系。大学重点关注对于学术探究方面发挥的作用，关注撰写和发表的研究论著数量。中小学重点关注课堂授课情况、学生整体成绩，以此对教师整体能力进行评估。当两个类别的老师联合投入工作，开展深度沟通合作，上述相关考评体系就不能适应发展需求。这种情况之下，应该结合实际，重新制订较为科学、符合需要的评价体系。傅树京(2003b)提出建设评价的一级指标，按照其关于评价指标的相关论述要求，可开展教师评价标准体系制订工作：一是参考教师参与的公平性；二是参考教师合作项目的发展性；三是合作方式的多样化；四是合作主要成果的实际效应。通过上述四个方面，对整体发展、教师工作相关状态进行评估，对合作前提、沟通机制、项目研究和设定、结果探究等的评估能较全面涵盖评价内容。

4. 提升管理效能，明晰权责分配

基于全面质量管理理论，学校领导层需要实现由传统的"正三角"管理模式向"倒三角"结构的管理模式蜕变，从参与的角度实现全员化。如图 7-2 所示，传统的"正三角"管理模式是科层制，管理制度严苛、死板，缺乏灵活性及人性化，效率低下。"倒三角"组织结构提倡的是给予服务的理念，强调以"顾客"为中心，将"顾客满意"视为学校管理的核心目标。这是一种体现民主、促进全员参与的组织结构，上层领导提供协助而不是专断决策，其由下而上的决策结构充分考虑到教师与学生的需求，管理行为更容易得到认可和支持，从而提升了管理效能。

大学-中小学教师学习共同体可以对运转中出现的权利、责任方面矛盾进行调节，推动全体参与者朝着一致目标迈进，深入开展合作，提升整体水平。从对权利、责任区分的情况来看，大学教师主要包括下列方面：(1) 引领中小学教师积极开展沟通；(2) 支持他们积极开展自我思考；(3) 对他们的从业阅历和经验进行探究；(4) 围绕教学实践开展系统梳理；(5) 给他们以理论层面的引领和专业层面的支撑；(6) 对他们的意见建议充分听取和吸纳；(7) 精心严格地选定参与项目的大学老师；(8) 积极沟通有关方面，强化文化体系建设。

中小学教师的权利、责任主要包括下列方面：(1) 科学理解开展合作的重大意义；(2) 提升参与积极性和主动性；(3) 积极地发挥自身主体性；(4) 在互动中享有充分发言的权利；(5) 对参与实践进行自主安排；(6) 在具体开展中具有决策的相关权利；(7) 积极参与共同体建设；(8) 对自身承担角色进行调整；(9) 形成良性合作文化体系；(10) 参与者彼此高度信任和开展良性沟通(许超，2012:37)。

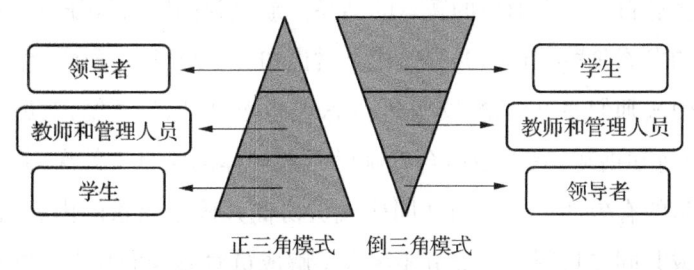

图 7-2　管理模式示意图(蔡群青,2017:53)

(四)共同体建构的实施

1. 基于实践的研修准备

(1) 建立伙伴信任关系

大学研究者与中小学教师要遵从合作信任关系的三要素:民主、尊重、对话。民主的合作氛围是中小学教师成为研究者的前提,民主的过程是思想碰撞的过程,是智慧激发的过程。大学研究者应在合作中充分尊重中小学教师。这包含两层意思:一是大学研究者尊重中小学教师,把他们认定成平等地位的良好合作方;二是大学和中小学的参与者对于对方在理论、具体实践层面的经验和成果,自觉地予以尊重和认可。同时,大学研究者要与中小学教师对话。对话的过程是教师对一个具体教育情境进行反思的过程,双方能够结合自身之前的认知情况,采取积极沟通、良性互动等方式,实现深度融合。在此期间,大学、中小学的文化理念进行了深度互动,双方的认知体系得到变革和更新,拓展了新的知识,创新了新的认知。(周耀威,2005)

(2) 形成共同愿景

大学-中小学教师学习共同体共同的愿景必须具有清晰明确性、实践可行性、长远性和民主性,是参与研修的主体经过思想碰撞、交流融合后自下而上形成的智慧的结晶。形成共同愿景可分为一种阶梯式的发展阶段：首先，共同体成员讨论初步形成共同愿景。学习共同体中教师们通过讨论、交流进行思想碰撞、反思与总结，对愿景讨论、澄清和展望，获得最适合教师学习共同体的愿景。其次，共同愿景实施的有效性反馈。当共同体成员协商并确定愿景的内容后，领导层或共同愿景制定组委员要深入了解成员对愿景的真实反馈和意见，经过整合与修正，其共同愿景才更具民主性、普遍性和可操作性。最后，发展教师个人愿景。在确立了清晰明确的共同愿景后，教师个体应当结合共同体的共同愿景进行评价与反思，进一步拓展具有自身特色的个人愿景，明确其发展阶段，逐渐形成一个与共同体共同愿景相关的"求同存异"的个性化愿景。

（3）创生共同体文化

大学研究者和中小学教师在合作研修中要形成共同的价值追求和研究文化，需要双方以开诚布公的心态、敢于发掘问题和解决问题的勇气进行长期的反复磨合、理解、交互、融通，尤其是要善于将教育理论渗透于具体教育实践和教育实践研究中，构建共同的发展愿景，明确合作研修的努力方向，形成"开放、创新、互动"的共同体文化。

（4）培养团队协作精神

参与大学-中小学教师学习共同体的成员需要根据实践不断补充新的证据和资料，循序渐进地对共同体的发展规划做出调整、更新和完善。教师个体的持续研究与学习、创新精神、协作意识是学习共同体发展的原动力，参与成员要把个人发展目标与共同体的愿景、目标结合起来，共享思想、经验和资源，做到相互协作，共同实践。

2. 研修过程的动态调整

教师学习共同体在组织实施中的实践性定位、个体参与度及群体之间的互动交流都直接影响着教师研修和专业发展的效果。大学和中小学教师在相关实践中需要不断汲取新的理念和思想到合作中来,完善证据与资料,同时,对研究共同体的发展计划和合作规划不断做出调整、更新和完善。共同体建构的实施过程中,只有不断凸显学校教育实践的研究与改进、注重教师个体全身心的参与和反思、强调教师群体的互动交流与共同提高,才能获得充足的发展动力和明确的发展方向,共同体作为促进教师专业发展的教育活动和工作方法才能真正成为教师成长的一方沃壤。

3. 研修效果的时空拓展

教师网络学习共同体是一种以网络协同学习平台为支撑而开展的有组织、有引导的教师自主研修和协作研修方式。它的核心内容是引导教师开展常态化的研修活动,围绕组建研修队伍、培训指导团队、开展研修活动、建设研修资源、制订评价方案、构建研修体系相关运行制度,推动参加人员提升积极性,扩大沟通的领域并向纵深拓展,从而提高研修活动的效果。网络研修可以实现拓展时空的"互动分享",打破时空限制,以平台结合学校开展的教学活动、研修课程,推出论坛主题,让每个教师随时随地参与学习交流,查找资源,讨论问题;赋予教师平等的话语权,每位教师都有发言机会,平等对话;网上交流氛围更加开放、宽松,可以畅所欲言,有利于教师群体的深度交流和互动。

4. 研修组织者的专业引领与服务精神

学习共同体是一个由组织者与参与者共同组成的学习团队。其中组织者不仅仅是大学与中小学的领导者的个体合作,更是在具体的研修实施过程中的主讲教师之间的合作。大学-中小学教师学习共同体更多关注的是具有实践性和实用性的学习,因此,理论知识的学习多是在实践性知识的反思、交流中的不断自然融入和提升。与传统的"传授—接受"单项式专业引领方式不同的是,互动交流滋养式的专业引领活动是建立在学术民主基础上的平等交流研修活动。能够为教师研修活动提供专业信息、实践建议的服务的组织教师,既有来自教学一线且具有丰富经验的知名教师,比如学科负责人、特级教师等,也有教育科研机构的研究者。大学研究者深入中小学,全程参与中小学校教师的研修活动,形成了一种比较稳定的合作伙伴关系。这种协作关系既为中小学教师校本研修提供了高水平的专业支持,同时也为大学和科研机构提供了真实的教育实验研究现场,是一种互利双赢的研修协作实体。大学专业研究者为中小学教师提供答疑解惑是一种专业咨询服务,互动交流活动中专业引领的本质是一种智力服务活动,并不是所谓简单的教师培训。根据咨询活动的不同特点及属性可划分为多个方面。一是根据咨询方式进行细化,包括面谈咨询、电话咨询、信函咨询、网络咨询等;二是根据咨询持续时间长短进行细化,包括临时、某个时期、较长时间等;三是根据咨询内容的组织性进行细分,包括专题性咨询、非主题性咨询等;四是按照参与对象进行划分,包括个别咨询、团体座谈咨询等。因此,设立"名师工作坊"充分发挥知名教师的示范引领作用,选择具有较高素质、年龄结构较小的教师参与,由优秀教师引领,持续进行深入探究,使研修学习活动能有条不紊地开展,促进教师不断提高专业素质。重点对课标、教材等给予高度关注,明晰存在的突出问题和不足,以课题或项目为主线,建构教师的新课程知识体系,提高教师的理论水平,通过开展探究和争论,活跃思维和深化认识,推动参与者提升探究能力。全体参与者坚持课堂改革实践探索,以课例实验为载体,重点探索课程改革中教师行为的转变、学生学习方式的改革、新课程资源的开发、整合和发展性课堂教学评价。同时,聚焦如何在学习共同体中实现教师课程领导的问题,学校教研组可以通过适当地改造"国家课程改革的新观念"以适应本校情境,为教师带入个人经验、彰显自己的专业身份、发挥课程领导力提供空间。实践证明,通过"名师工作坊"组织教师开展研修学习,推动他们和优秀教师直接进行深度沟通,提升他们的学习能力、探究能力、实践能力、梳理归纳能力,促进教师学会学习、学会研究、学会实验、学会总结。

首先,选择优秀人员作为"种子"。采取组织学习培训、开展测试等方式,在各个地区推选的教学骨干、先进教研工作者、大学研究人员等群体中进行精心挑选,确定能够担当主持人选的初步范围。

之后,对粗选人员进行集中培训。挑选专家等优秀人员构成主持小组。如在继教网承担的小学数学教师工作坊项目中,每省组建两个工作坊,每个工作坊组成如下:一是坊主,包括小学中从事实际教学的老师1人、研究人员1人、大学教师1人;二是学习人员,约包含300人。

最后,组织开展研修,主要是由上述选定的人员积极开展。

从课程来看,一是由专家提供,重点对教学实际中的关键问题进行关注,引导作用强、针对性突出。从"种子"教师来看,采取自主方式开发、坊主推荐等途径,针对实践中遇到的关键问题给予资源支持,常见的包括开展反思、对课堂授课情况、教学活动案例、微型课等进行实际记录。借助互联网平台实施远程培训,虽然双方不在同城同地,但是能够直接对话,听取权威人士的理论指导,同时在教学实践中迅速落实以推动教学质量提升。

(五)共同体模式的超越性

1. "我和我们"式的共同体关系

"中心—边缘"图式中对流动性的追求实质上是角色转换而非关系转换,无法消解不平等关系的再生产。因此,一个成功的教师学习共同体的构建不是单一地将参与者聚集在一起的过程,不是对"中心—边缘"图式中学习共同体关系的追求,亦不是对"中心—边缘"中流动的角色转换的追求，而是一个需要通过关系构建，相互认识，协同发展的过程，并在此过程中彼此建立一种伙伴关系、协商关系。雅斯贝尔斯将交往视为人存在的基本方式，一个人和他人不断交往才显示其存在(涂成林，1998：91)。人与人通过交往构成了一定的社会共同体，这是人活动的舞台，并以此为基础开展各类活动。海德格尔认为人的世界是共同的世界，人在世界中就是与他人共同存在(海德格尔，1987：146)。芬维克(Fenwick，2007)基于活动系统理论将这种关系诠释为"行动者、实践和系统组成的松散的网络，这一网络不存在中心，唯一存在的是主体、话语、任务和工具之间的持续的、混杂的互动"。由此可以推出高质教师共同体的一个特征，即教师相互之间强有力的纽带必须与同样有力的自我保护措施保持平衡。这样的共同体是以共同体秩序和自由为基础的，既坚决维护共同体纽带又坚决保护教师的自主性。为了达到良好的平衡，教师共同体所需要的运动关系不是从一个"以我为中心"的关系转向一个"以我们为中心"的关系，而要转向一个强调"我和我们"的深度交互式共同体关系。

教师结合自身对于知识的认知，不断地开展教学相关实践，同时积极拓展新的知识。根据这种知识、教师等认知，共同体不断进行调整，并非全部由专业人员组成，而是全体参与者全部进行构建，大学研究人员和中小学基层老师，应该积极参与到具体教学活动中，对理论和相关知识进行拓展，以此为基础获得发言的相关权利，这是共同体创建的根本路径，通过这种方式能够提升其整体水平。

2. 从认同到"承认差异"

当前，"认同"的根本含义被混淆，很多时候使用不够准确，针对是不是需要对客体进行"承认"，并没有开展判定就运用该词进行定义。"承认"表现出了主体掌握有主导位置，"认同"就并非是这个含义,而是指受到外界压力后进行确定,是对差异的无视或有意忽略,群体、组织、自我等层面的认同,全部反映出对某些领域的排斥性。群体认同带有鲜明的强制特征,是由共同体赋予人的,它在不同的群体间制造对立。在这种认同关系中,追求统一需要以个体主体性的缺失为代价。组织认同把世界营造成竞争的战场,而自我认同则呼唤出普遍的斗争。认同由支配层面来产生,同时又延伸出支配层面问题。当差异被承认之后,合作得以推进,当平等观念得到大家深度认可时,从不承认差异这个角度来看,假设大家都认同,那么其外在体现就是相互间积极帮助;假设大家都不认同,那么其外在表现就是相互间发生矛盾或者引发斗争。因此,合作是非支配性的,它反对一切支配性的行为。只有在承认差异的基础上进行大学-中小学教师学习共同体的建构,在去除差异时会采取较为温和的方式,而且不会采取支配行为对存在异议的对方进行压制,才不会排斥某一方的价值观念和文化取向去谋求认同与合法性。如此,在大学-中小学教师学习共同体中,当合作成为共识时,差异将成为合作的动力而不是合作的阻力,这种共识,即承认差异、保护差异和包容差异的民主过程,是从属于合作的,是服务于合作之目的的共识。这样的共同体将实现对教师差异的普遍承认和包容,在共同体建设中,应该采取积极服务、主动沟通的理念,而不是进行管控;应该采取和谐共处的理念,而不是盲目追求一致;应该加快构建合作相关机制,而不是构建控制机制,形成以同质促进、异质互补的原则为基础建立起来的智慧共同体。

3. 超越边界的交互生成

莱夫(Lave)和温格(Wenger)认为,共同体中的教师研修学习是一种社会参与,具体而言,就是"合法的边缘性参与"(Lave & Wenger,2010)。利特尔(Little)对教师共同体开展了相关探究,认为参与的作用是：教师参加实践活动带有公开性，相互能够公开进行良性沟通；开展良性沟通，积极参与实践，并进行优化；他们主动参与和良性沟通具有规范性，对他们的学习、实际行动产生实质性变革(Little,2001)。从上述分析来看，研修活动应与教学情境、具体时间、工作环境紧密关联，只有通过参与教学实践，方可让自身对教学活动更有见识。这是不可否认的一点，学习情境不断拓展，学习方式也在不断变革，由丰富经验、积极主动参与逐步调整为更加注重跨界。

以共同体来看，教师研修学习处在整个边界内，大学和中小学老师联合开展的学习主要处在边界区域，跨越了教研组、学校等共同体的传统边界，穿梭于边界地带实现个体生活和组织实践的转型。大学与中小学教师合作学习中，其边界不再局限于某个共同体内部，而是已经拓展到各类共同体交叉的地带，也称之为"边界地带"(boundary zone)。在这个区域，各类共同体互相交叉，各类活动体系交织，各种组织体系也出现交织，身处各个共同体的参与者能够进行接触和互动，他们直接进行了关联，搭建了联系的纽带，知识得以进行移动，创新能力得到增强，各类活动实行良性沟通，参与者能够对自身相关设定实施严格审查，各种不同的观察领域、思维理念和实际活动之间互动和沟通，这种情况下，一方面会展开互动或者紧密整合，另一方面会带来矛盾并引发相关问题。因此，跨越边界可以是深度学习的源泉。(王晓芳,2015)

具体到学校中的教研小组来看，参与主体主要包括组长、广大教师，他们开展集体备课，同时结合实际情况建立有关制度，明确相关职责，其根本目的是实现教学总体目标。从大学-中小学教师合作研修来看，两个种类的群体积极寻找一致目标，即教师专业发展水平实现进步，教学水平逐渐改进，以此来推动构建新的体系，形成以同质群体为基础的学习共同体向以异质群体为基础的学习共同体发展。全体参与人员设定了课例探究，相关制度、有关职责同步出现变革。

4. 突出理论(者)与实践(者)的相互融通与转化

在大学-中小学教师学习共同体的实践中,以"成事成人"为学习共同体的核心价值观,提高研修活动的实效,加速研修文化建设。在大学-中小学教师学习共同体的功能指向上,该融通与转化表现在两个层面:第一,在理论者或实践者个体上,实现教育理论与实践的融通与转化,即通过学习共同体,个体对理论有创新性的体悟、对实践有拓展性的解读,将它们内化成自我内在的教育观念与理论,并在进一步的实践变革中转化为实际的变革行为,从而实现个体自我的理论与实践的更新。第二,理论层面、实践层面进行深入交流和积极转化,双方不断沟通和深化探究,推动新的理论和实践在参与者中传递,并且慢慢成为新的理论体系和实践指导;理论与实践两个群体的日常也持续发生变动,相互之间实现了融合,实践者的理论层次得到提升,理论者的实践性得到增强(郑鑫 等,2015)。由此可见,教师开展跨界学习的突出特点是对话过程体现出横向拓展性,由于突破了边界限制,对不同活动体系进行了关联,在几个不同活动体系间进行转换等,知识结构得到优化,实践能力得到提升(Engeström,2007);教师更多地参与到外界的不同实践,以此为基础自身能够针对外界丰富领域开展积极思考(Levine,2010:109);共同体发生影响,已经不局限于由理论指导实践,或是由实践推动理论提升等单一性模式,而是发展为相互间的良性互动和深度融合。

(六)共同体的跨界机制

大学-中小学教师学习共同体的参与主体是多方面的,模式也是多元化、多样化的。若使教师跨越学校共同体活动系统的无形和有形的边界,实现大学与中小学教师研修的联结关系,需要借助中介或跨界机制:一是边界物件,二是跨界者或经纪人。亦可谓,连续的跨越边界可以通过中介者和边界物的参与和具体化来创造。其一,边界物的典型特征是能够解释区域的灵活状况(interpretive flexibility),这样就能够参与到世界各个领域或者各种共同体中,给相关方面提供工具支撑,便于他们对具体实践、相关定义进行认知。(Star,2010)例如绩效评价手册和课堂设计的开发和运用、课题探究和实践中的听课、课程评比、准备授课等,广大参与者都能够借助于此进行相互学习、沟通和认知。其二,大学与中小学教师学习共同体的伙伴关系的跨界者,突破了自身所在的体系、文化理念等相关制约,朝着一致的远景目标而积极付出,做出更多努力。跨界者可以是教师自身,可以是教育行政机构或者教师(教育)专业发展机构,或者学校中的校长、副校长、教研小组负责人、学科负责人等领导层。跨界能力的本质在于情景化、抽象化和"再情景化"之间的转换,即跨界者将相应的知识应用于新的情境的能力,也是理解、转化、整合和融汇多重话语实践的能力。(Walker,2007)。

六、大学-中小学英语教师专业学习共同体建构的机制保障

大学-中小学教师专业学习共同体建设的最大障碍是缺乏有效合作,主要表现为合作基础的缺失与合作层次较低等,这既有制度问题,也是一个文化问题。为改变这一状况,可以形成对一系列教育基本问题"共有的理解"、工作文化与学术文化的融通等方式建设真正的教师学习共同体。

(一)内驱生成机制

1. 创生文化:英语教师学习共同体的培养基础

在大学-中小学教师专业学习共同体中,参与者通过开展教学实

际工作不断进行学习,其思想观念、思维方式、价值认知、态度倾向、行为方式等方面得到持续完善和提升,综合起来就是整体文化的创生活动。从国内和其他国家来看,共同体发展到今天,面临的突出问题是如何保持其发展的可持续性。(Stoll,2007:7)这种可持续的属性显示在以下方面:第一,在整个学习共同体中,师生的主要目标是加强学习,明确持续发展的走势,提供有力动力支撑;按照目标引导,构建良好环境,推动参与共同体的活动。可以说,这个过程具有双向特点:教师首先非常认可和支持共同体设定的整个目标、相关具体实践活动,在不断落实的同时,对其自身设定的目标适时修订和完善,使之和整体目标、价值观实现统一。(Wong,2010)简而言之,当一个共同体可以称为"学习"共同体时,一方面意味着广大教师也具备了共同体所具备的文化孕土、结构属性和整体愿景;另一方面也意味着其整体目标主要是推动师生两个群体的共同进步,教师在不断创生文化、开展相关活动、互动交流和沟通的同时,对目标进行持续调整和优化,持续参与实践活动、开展沟通交流、对经验进行反思、批判以及受到整个环境潜移默化的熏陶,反映出学习共同体的动态学习特性的目标。通过以上阐释可以认为,教师在学习共同体中研修实践的本质颇具文化适应(enculturation)、沁润与创生的特性,提升了对于教学专业知识、技能相关的教学实践意蕴的理解,深化了教师身份与职业的认同感。(王晓芳,2015)

2. 权力解放:英语教师学习共同体的动力源

如果教师能够通过多种方式参与到所在学校的相关重大事项决策中,其思维会更加活跃,破解当前难题的思路会拓宽。作为扁平型组织的教师学习共同体,其中没有绝对的领导者,更多的是组织者和参与者。当权力实现了多方共享,教师相关地位得到认可,相关知识能够更好地掌握,同时能够主动参与进来。

"赋权增能"的意义正在于,当整个环境都认为教师是专家的情况下,本人的工作积极性提升,主体意识得到强化,更多的潜力得到挖掘和发挥。合作是非支配性的,也是反对一切支配性行为的。从权力的属性看,支配肯定是权力所决定的,但是权力并不一定全部体现到支配。支配从本质上来讲,就是权力发挥作用所致,也是其相关意志的最终表现,权力及其意志在实现契合的情况下,就会对支配产生决定性作用。为此,我们应该通过相关举措,将权力从其自身的意志中进行剥离,或是对这种意识进行消除,这种情况下,权力相关属性和效应就会出现根本变革,不再对支配产生相关作用,由此得到了解脱。同时还应看到,我们不能单纯地为制约权力而积极探求相关方式,应该结合需求,将权力和服务进行有机整合,提升领导力的服务属性,在权力运行中融入更多合作的意识和理念。基于上述分析可以得知,权力是开展合作的重要条件,而不是进行支配的基础和支撑。具体到教师群体合作来看,通过赋予相关权力、提升相关能力的举措,使得他们享有对决策的参与、共享等权力,提升他们进行合作的积极性,以便提升合作的实质内涵。

3. 教师流动:英语教师学习共同体的充能域

站在教育发展层面分析,学习共同体主要是教师教育和科研两个维度上的合作,在教育、学校管理、学校改革等维度的合作比较少见。(林海亮 等,2013)那么,教师流动不失为一种创生大中小学教师专业学习共同体的发展路径。也可以说,大中小学教师专业学习共同体追求大学、中小学教师理论联系实践、跨越理论与实践二元对立的价值取向必然要求教师流动机制。空间的流动性消解了"中心—边缘"图式的教师关系,教师不在"中心"和"边缘"进行对象性的移动,而是大学教师与中小学教师共同进行关系性流动。教师流动需突破义务教育阶段的束缚,使大学教师更多地参与到其中,实现教师在大学和中小学之间的双向互动流动,生成以促进学生学习、成长和教师专业发展为核心,伴随教师角色和教育场域融合共生的大中小学教师学习共同体。

(1) 中小学英语教师的流动

第一,加入大学的教学实践与探究。一些中小学校老师能够以兼职形式被大学聘用,或参与大学里教育学专业研究生、小教专业硕士生的学位论文开题或答辩活动,或参与大学人员主持的重大科研项目并在其中发挥自身擅长领域方向的重要作用(杨小微,2011:19),逐渐融入大中小学教师学习共同体并参与研究创新活动。

第二,参与大学进修。顾明远教授曾提出"要重视教育硕士专业学位的推广和建设"。这种全职学习效果会比在职更好,可以实现教师职前、职后接受教育培训的衔接,尤其是为那些想要深造却苦于没有时间的教师提供了机会。

(2) 大学英语教师的流动

第一,对中小学教师给予帮助。从过去情况看,大学教师多以研究者身份加入,这既是大学教师的专长,也是中小学教师所欠缺的。但这种合作并不深入,由于大学开设专业具有与中小学课程的一致性和对口性,大学教师应做支持教师,走上中小学讲台去教学,去了解真实情景下中小学生的心理和发展需要。

第二,参与中小学管理工作。在参与管理工作的过程中,大学教师深入教育实践,了解中小学日常管理、协同制订中长期规划、建设特色校园文化等工作,发现更多问题,有利于扩展自身的研究视野,改进研究方式。

(3) 流动时间、流动人员和流动量

流动时间应弹性设置,1~3年为宜,具体可依教师个人意愿决定,通过强制方式达到一致。在不对各个学校实际活动产生干扰的基础上,分成不同批次进行流动。人员安排上,大学重点安排师范学校的老师,中小学重点安排年龄结构的老师、业务骨干。此外,其他不同学校老师也积极吸纳。

(二) 结构运行机制

1. 搭建大学研究者与中小学教师之间的沟通平台

学校开展教学活动时,构建学习共同体,涵盖教育领域专业人士、教研人员、相关老师等群体,同时构建相关机制,实现由统一目标引领,对各类资源进行高度共享,开展联合探究,最终实现整体进步。按照计划,组织教师和研究者进行研究交流,并将合作研究成果运用于学校教学实践,整合优质资源,使大学多学科教学科研教师创新团队成员按照中小学教研室的方式组成学科工作组,分学科深入中小学教研室(钟瑞添 等,2007)。以 X 中学为例,结合实际组建教研组,重点开展整个学校课题探究的督查,与大学和本校参与人员积极沟通,将教育专家、本校教师的理论和实践进行深度整合,提升合作整体效果。由于大学研究者团队通过深层介入教育教学实践,中小学校结合实际,定期安排广大教师、研究人员开展不同层次的沟通交流活动,选取实际课堂作为对象,对其存在的问题进行分析并形成改进和提高的具体举措。同时,中小学校积极解放思想,对参与进来的大学研究人员明确相关的职务,比如任某班的副班主任等,让他们参与到学校的实际教学工作中来,进而推动他们更好地和教师开展沟通交流,通过解决问题,共享心得体验,增进彼此间的深度了解。此外,学校结合实际情况,可以建立依托互联网的相关平台,发送电子邮件、建立论坛等,使参与者之间能够更加便捷地沟通,实现团队与个体、团体与团体之间的良性互动,降低时间和空间上的局限性,从而更加及时有效地解决问题。

2. 规范运作程序,明确权利和义务,民主决策

首先,政府结合实际,出台有关政策措施,促进大学-中小学教师

学习共同体更加规范和科学地发展。比如,地方教育机构结合学校发展实际,以充分尊重参与者为基本前提,选取能够进行联合的大学和中小学校进行合作,指导他们按照法律法规有关规定,签订较为规范和完善的协议,明确各自的权责。当地教育主管机构参与者的权利和责任主要包括:(1)帮助两类学校构建良好的合作关系,推动进入实质性阶段;(2)给予相关的资金保障,确保相关工作扎实推进;(3)在物质层面给予相应支持,为活动开展创设便利条件和良好环境;(4)结合中小学实际情况对评价体系进行改革;(5)结合实际需要构建完善的激励体系;(6)对合作进程进行督促,确保整个合作效果与质量;(7)对合作有关方面提出清晰要求;(8)构建完善合作、管理的有关制度。

其次,大学英语教师与中小学英语教师要根据地方和学校的实际需要制定灵活而高效的管理办法及共同管理的体制。明确各自的职责,细化各自分工,在合作项目、课程设置、具体实践等层面形成明确机制,对合作中出现的相关问题和状况进行妥善处置,推动合作规范进行。实际情况下,开展合作时权利与责任方面肯定会出现交叉,对这些方面也应该引起高度重视,并逐一明确,以便推动整个目标任务完成。从实践情况看,交叉的方面主要有:(1)合作的整体目标一致;(2)对课题名称、整体目标、具体实施等进行积极沟通并确定;(3)一起深入探究并形成具体探究方案;(4)明确合作整体目标;(5)对合作所取得成果如何表述进行研究;(6)完成探究整体报告。(许超,2012:39)

第三,实施民主决策并持续落实,这具有积极的意义:一方面能够吸纳多方面的智慧,另一方面能够提升广大教师主动参与的积极性。现实情况下,双方应该对有关方面开展积极沟通并集体做出决定,这些方面包括:一,整个项目最终决定;二,工作实际具体开展;三,课程选定;四,教学方式;五,相关评价,等等。在意见未能达成一致的情况下,有关方面应组织会议进行广泛沟通和充分酝酿,最终形成共识和一致意见。这样做,能够提升决策的民主水平,而且能够充分结合各自的实际情况进行合作。

此外,还应组织各种层次和类型的交流会议,让参与者都能参加,对相关资源积极交流,探究合作途径,提升各自的认知程度,推动合作持续广泛开展,最终取得实际效果。

3. 构建共同体的运行机制

在我国目前的教育体制下,如果缺乏教育行政部门的支持,单纯依靠教师群体或学校之间的运作,是很难取得良好的效果并得到推广的。富兰(2004:286)对其做过辩证性论述,即高层的政治力量一方面能够通过加压方式推动地方加快改革进程,另一方面能够积极创设相关环境推动地方改革更加符合要求。从上到下的压力传导、从下到上的动力推动,彼此都不能离开。因此,需要教育行政部门积极介入参与,通过"政府牵线、高校支撑、中小学搭台、教师导演",构建"高校—地方政府—中小学"三位一体的教师学习共同体模式。上述行政方面作用主要通过子系统进行深度沟通的形式,借助参数来体现,其必将成为大学-中小学教师学习共同体建构发展中必不可少的"第三股力量"。

从上述分析可知,依托共同体实现该模式发展,参与者既有大学研究人员,又有中小学的广大教师,还有当地教育主管机构工作人员,他们进行深度沟通,共用各类资源,推动研修各项工作实施。从活动情况看,重点涵盖下列方面:一是建立小组,二是设定有关问题,三是研究制定相关项目,四是开展实践活动并进行深度分析,五是积极交流和进行反思,六是对评价情况进行反思,七是对成果进行分享。上述方面都在共同体中实施,而进行研修最为关键,是各类活动和实践的核心,最终推动参与者提升教育理念,丰富教育知识,推动专业领域实现发展。问题由政府提出的问题、大学关注的问题、中小学面临的问题、培训中达成共识的问题四个部分组成。政府、大学、中小学共同协商、达成一致的基础上将所确定的问题作为一定时间段内所要完成的主要任务。项目设计,即围绕着合作研修任务形成若干个项目,主要包括课程项目、指导项目、发展项目、研究项目、特色项目、品牌项目等。实践探索,就是把各个合作项目在深入研究的基础上形成行动方案,并具体落实到合作的各个环节和时间段中去。对话反思,就是在合作研修项目过程中,对各个项目和整体合作方案落实情况进行讨论研究与反思,进一步做出动态调整。评价创新,就是在合作研修项目结束时,对各个项目和整体合作方案落实情况形成创新性评价报告。成果共享,即大学和中小学教师共享合作成果,学习共同体建立共同体发展档案袋,完整记录和反映共同体形成轨迹与发展历程,为后续的分享留下宝贵的参考资料。

(三)制度保障机制

从大学-中小学教师学习共同体的改革来看,突出机制在教育人方面的价值以及改革的整体效果,通过机制的变革,推动思想层面的变革、价值体系层面的变革、实际行动方面的变革,最终推动文化层面的变革。在此期间,学校结合实际需要,对机制进行持续优化和健全;构建开发程度较高、各个学科进行融合的机构。这些行政性教研组织与非行政性教研组织相互交融、开放互动,逐步使研修文化得到转型,走向合而为一的共同体研究。

1. 建构人文化的发展性评价体系,完善英语教师绩效考核制度

(1)建立人文化发展性评价机制

随着竞争的持续推进,以周期为阶段的考核越来越受到重视,教

师据此在参加培训、选择工作等时做出判断,并开展社会交往。国内大学长期以来形成了较为完善的评价体系,主要是对优秀进行奖励而对拙劣进行惩处,其理性程度较高,但过于关注技术层面因素,有其不足之处,就是对于教师人的属性关注不够,对于情感层面、个体层面缺乏重视,没有充分关注大学教师的特性。按照这种机制,合作文化必然受到制约,对于结果过于重视,而对过程不够关注,导致同行之间恶性竞争,引发各类冲突。还应该看到,教师具有其特定属性,将其工作全部进行量化而开展考核,这与教师的特定性相违背,甚至走上不科学发展的错误方向,这种情况下,开展良性合作就失去了基础,也不能取得任何效果。教育主管机构应该结合需要,对大学及其教师的评价体系进行修订,突出服务属性,把科学研究、教学工作、开展实践等紧密融合起来,老师要主动深入实践中去,和其他同行积极探究,推动专业实现提升,推动学校教学工作实现提升。发展性评价的突出特点是推动教师专业加快发展,以开展评价为手段,掌握教师们当前的实际状况,并结合个体的自身特性,给予个性化帮助,或者为其进一步学习创造良好环境,推动教师群体提升整体素质和工作能力,推动他们实现专业水平提升。从评价方式来看,主要采取当面交流、上课观察、放松式沟通等方式,查找教学活动中的问题和差距,结合这些状况制定优化的建议和措施。评价的最终结论和奖励不进行关联,目的是推动广大教师积极主动参与,改进他们的综合表现,推动专业实现提升。这种评价体系构建了积极参与的浓厚氛围,使得同行不再对立、矛盾得到缓解,推动了他们更加良性的沟通和互动,推动了合作文化的构建,创设了和谐共处的良好环境。

构建合作文化,一方面离不开人文管理的先进思想,另一方面离不开推动其发展的科学评价体系。这种评价体系将文化理念放在突出位置,对其给予高度关注,对合作文化方面相关要求积极关注,评价由外部性调整为内部性、由辨别式调整为发展式。在此基础上,构建诚实守信的文化环境,采取积极沟通、共同目标等评价方式,构建良好文化体系,推动合作共赢、集体进步。通过上述分析可以看到,这种评价体系能够推动合作文化不断优化和提升。

(2) 完善学校内部教师绩效考核制度

结合大学实际情况,教师考核机制应通过推动学生专业持续提升,进而推动教师群体专业得到持续提升,加强对于教师教学实际情况考评,推动他们增强工作热情,更加主动地参与到中小学教学各个环节,通过合作推动问题破解。对于中小学教师的考评,应该关注和大学进行合作的相关方面,强化对实习学生的帮助和服务,将提升实习水平列入考评重点。通过机制完善,推动具备条件的教师积极主动地开展指导工作。(滕明兰,2008)结合实际,可以建立研究人员机制,对于科研素质较高的教师,压缩其承担的教学工作,让他们集中精力继续开展研究工作。具体到大学中,研究人员的科研能力通常较强,教学任务也相对较少,仅为其他人员的50%。大学老师科研通常能够得到奖励,但中小学老师主要是因学生成绩而受到奖励。为此可以进行调整,把教师科研方面的业绩纳入考评机制,在职级提高、评选先进、评选优秀中发挥作用。还可以给予高质量的科研成果相关奖励,激发他们的工作热情。从社会层面来看,应对目前的评价体系进行调整。从学校以及教师层面来看,应对评价体系进行改革和创新,进一步增强他们的工作热情。例如,很多教师参与实践活动任务较重,导致高质量论文较少,应对评价体系进行调整;在政策层面明确,应把科研、实践等业绩摆在同等重要位置。倘若未构建科学机制,整体效果就难以提升。制度体系不够完善,有可能削弱主体性,制约了合作质量。通过上述分析可见,应该对外部机制和内部激励进行有效整合,使其达到平衡,进而推动共同体整体质量得到持续优化和提升。

2. 建立多学科教师教学队伍，实现学术文化和实践文化的互动

(1) 构建实力较强的理论和实践协调推动的教师团队

在大学和中小学的深度联合中，对教师进行培养提升，主要是集体力量发挥重大影响，大学在理论层面给予支持，学校内部和外部的相关方面进行整合，推动教师队伍实现良性发展。学校制定、完善一系列制度；建立向社会、专家开放的组织和学科组之间的异域组织，如专家导师团、骨干教师的"智慧社"、青年教师的"TY社"、多学科教师共同参与的"星空论坛"等。这些行政性教研组织与非行政性教研组织相互交融、开放互动，逐步使研修文化得到转型，走向合而为一的共同体研究。一是在中小学中选择高素质教师到大学兼职，把学校教学中的宝贵经验传送给大学。二是在大学中选择高素质专家和研究人员组成创新组并深入中小学实际工作。结合学校实际情况，以学科为依据，分成若干小组，开展实质性教育研究工作，从理论层面提供指导和引领。通过上述措施，实现大学、中小学校优质教师资源的高度整合，形成实力较强的团队。

(2) 健全以英语教师工作坊为主体的教师专业发展制度

教师工作坊是推动专业发展的一项机制，主要以大学的强大理论作为支撑，具有积极意义，能够最大限度体现优秀教师的带动效应，推动整体专业水平提升，推动高端资源的最佳利用。主要是选定某个优秀教师进行主持，安排大学研究人员或者教育界人士帮助和指引，组织多个层次教师参与进来，共同学习、深入探究。其内部架构主要包括四个方面：一是指导人员，重点是大学里的教师、教育研究人员等，主要发挥引导和推动作用；二是主持人员，重点是优秀教师，主要承担研究设定活动主题、推动活动正常开展等任务；三是协同人员，重点是相关学科领域的优秀教师，主要是帮助主持人员开展相关工作；四是参与者，重点是各个地区、学科的教师以及师范类学

校本科学生、研究生等,重点是积极主动参与相关学习和探究活动。从外部制度支持来看,需要提供方案设计和过程性的追踪评价等方面的智力型制度支持。作为教师专业发展的学习共同体,教师工作坊有着积极影响,可以唤起广大教师的内在激情,最大限度体现优秀教师帮助其他同行发展的带动、示范效应,对教师的专业成长产生强烈的聚合力及影响力。

(3) 大学和中小学英语教师建立充分信任的关系并开展积极合作

在合作中,参与者应该全面了解其他人员的能力,并最大限度地运用。通过开展各类深度沟通和交流,人们能够清晰地看到其他人员的综合素质和魅力,更明晰自身的实际需求。参与者各有所长,所起的影响也各不相同,为此,各类活动都应努力构建充分信任、高度尊重的良好环境。大学与师范学校的参与人员应该尊重中小学的参与人员,认真学习教学实践工作的精华。他们应是共同体关系中具影响力而真诚的诤友,他们的影响力来自高远的视野和解难的能力,他们的诤言是基于敏锐的实践触觉和辩证理性的批判思考,他们的真诚源自内心之仁善。中小学参与人员应放开胸怀,虚心听取大学与师范学校参与人员的建议。只有构建良好关系,所有参与者才能实现深度沟通和共同发展。

3. 建立灵活、规范的管理制度,强化财政支持与时间保障

第一,建立灵活、规范的管理制度。具体包括:第一,按照共同体涉及的承担任务学校的实际情况,由参与方对该校的内部机制进行修订,明确专门的老师负责此项工作。第二,结合全体合作学校实际情况,建立轮值性质的权利组织,选取能够真正从整体发展来认识事物的沟通人员,按照约定的相关事项,对平时的相关工作进行处理。第三,针对学校内设立的相关教学组织,参与方应构建相应小组,与

之进行对接并开展良性沟通,共同推进合作深入实施。

第二,确保大学与中小学教师学习共同体建设所需的经费投入。同时,确保这些经费用于共同体运行、管理、评价及所需资源的开发等。教育行政部门和政府在大学和中小学的拨款项目中设立教师继续教育专项资金以及合作项目专项拨款。比如,创造教师参加培训的条件,购置相关书籍,给予积极负责、业绩良好的教师相关奖励。

第三,教育管理机构要结合实际,在时间上给予保障。具体到共同体实际情况来看,一是明确学习时间的规定,教师必须达到一定时间要求;二是结合教师这个职业的独特属性,对研修学习进行科学设置,确保不与正常教学发生冲突。

4. 注重社会公众的参与,实施有效监督、评价和质量跟踪

一是注重质量水平的评估机制建设。所有参与者都应该对自己、对社会各界切实负起责任,主动接受来自各个方面的监督,虚心听取他们的评价意见。合作开展推进中,应按照相关评估标准,构建与之相对的评估架构,动态性做好评估工作,确保相关目标能够如期完成。第一,从相关机制与各个参与方来看,结合各种层次的实际,按照国家和有关部门明确要求,提出相应的职责要求和相关标准,主动向社会各界公开。第二,强化评估方式相关探究,采取有关举措搜集和梳理信息,对实践整体效应进行论证,将评估相关结论及时公布。此外,专业发展学校应切实发挥自身作用,支持广大家长、政策研究人员、企业等积极担负各自职责,发挥自身作用以影响所在地的相关政策。

二是完善监督机制,包括组建较为健全的主体,制定相关标准,强化有关反馈等制度建设,推动自律和他律协调联动,构建合力(孙士婷,2012:27)。在学习共同体中,重点是有关的制度体系和措施,通过这些制度发挥监管、推进效应,能够推动整个合作活动良性运

转、全体参与者积极工作、提升合作效果。由监督主体根据相应体系开展评估，同时就有关情况实施报告和反馈，对共同体整体发展产生相关作用，推动整个合作水平提升。

总之，大学-中小学教师专业学习共同体作为教师专业发展的重要途径，自20世纪以来已受各国高度关注，并进行了多种发展模式的长期实践探索。我国以共同体的建构问题为研究中心，通过剖析、借鉴美国大中小学教师专业学习共同体、分析教师学习共同体的实践模式及经验，总结出相应的结论。这些结论虽然为我国大学-中小学教师专业学习共同体的建构提供了借鉴，但不容忽视的是这些机制植根于美国社会和教育的特有土壤，其项目本身存在的问题及我国的特殊国情决定了我们不能简单地移植美国模式，而应在借鉴其成功经验的基础上，探索适合我国大学-中小学教师专业学习共同体的新形态。

我们应进一步明确教师专业学习共同体的整体目标和任务，形成较为科学的组织模式，并完善其可持续发展的价值理念策略；旨在解决目前我国大学-中小学教师专业学习共同体在实施和发展成长中遭遇的困难与问题，进一步明确带有自身特点的整体运作理念、具体操作模式、组织体系和推进机制，推动参与进来的各个学科、各种经历、各具所长的老师的技能能够在现有基础上得到进一步提升，实现让整个教师队伍总体综合技能实现提升的目的。在实践探索中，积极推动两类群体沟通合作构建为共同体，使他们主动学习教育领域有关知识，进行架构提升，成为教育智慧的共同分享者和创造者，让自身在知识创新与智慧共生中完成自我价值的实现，从而将教师的专业成长和发展从外在的需求转化为一种内在的自发性需求，有效提高教师专业发展水平。大学-中小学教师专业学习共同体既是一种基本理念与价值追求，也是实践改革的应然诉求。对于教师发展而言，不仅要吸收其基本理念，引导教师学习共同体组织的发展，推动其群体专业发展水平的提升,更重要的是要付诸行动,用共同体的标准、规范来建构与发展学习共同体,激发学习共同体组织形态的创新。否则,学习共同体的建构可能流于口号,陷于空泛,停留在理念层面,难以付诸实践。

　　大学-中小学教师专业学习共同体的建构和完善是一个漫长且复杂的实践过程,然原始见终之处在于其建构之成效得到质性的提高,促进教师专业发展,推进我国教育教学改革的纵深发展。

第八章

大学与中小学英语教师合作促进教师专业化发展

一、英语教师专业化发展基础分析

进入21世纪以来，各国政府都意识到，教育质量的提高在很大程度上还是取决于教师队伍的质量，所以拥有高质量的教师和教师教育是各国综合国力竞争评判标准的一个重要依据。各国政府纷纷采取措施，期望培养出优秀的教师，推进各国自身教师的专业化发展。

19世纪末，美国的教育家杜威创办了实验学校，目的是为师范生受教育的过程中提供在实地学校进行实习教育的机会，同时也让中小学教师到大学课堂里学习各类课程，这其中就孕育了大学与中小学合作的思想。

随着教育改革事业的发展，越来越多的大学与中小学联合起来，为促进教育理论与实践的发展而共同努力。其中，英国的"以中小学为基地"的教师培养模式和美国的"专业发展学校"是大学与中小学合作最为典型的两种模式，都是为了让师范生在接受高等教育后能够更好地胜任教学工作。我国学制改革借鉴美国经验以来，综合大学和师范院校纷纷设立"实验中小学"或"附属中小学"，通过这种形式在一定程度上建立大学与中小学合作关系。

社会不断发展,各国的教育家开始意识到仅仅对师范生的培养并不能适应社会的快速发展,开始关注职后教育。这是大学与中小学合作的第二个阶段。提倡中小学教师除了教学以外,还要从事教育科研工作,自此真正拉开了大学与中小学合作研究的序幕。教育界强调大学与中小学的合作来源于期望和认识的两个变化:一是期望进行多方参与的、合作的教育变革方式来变革当今的教育;二是期望通过提升教师整体素质来改进学校教育的质量。希望通过合作过程中的互动,将外部的政策引入学校自身的改进,为学校改革带来新的发展契机,中小学更希望大学来帮助自身教师进行职后教育的变革。把学校的发展加入持续的、开放的新环境中来面对挑战,实现教师教育与学校的共同发展。在推进教育系统的变革中,大学与中小学的合作已经成为课程建构和教师发展的重要策略。接下来,笔者将对大学与中小学合作的必要性以及现有模式进行分析。

(一)必要性分析

1. 满足双方的利益需求

大学与中小学是一种相互依存的关系,中小学对教师的培养需要大学教师的理论帮助和实践指导。同时大学进行科学研究,提高学术内容的真实性,也需要得到中小学校的实践支持。大学与中小学合作可以满足双方的需求。合作关系的建立将为中小学教师在信息化环境下转换自身角色、改进教学手段和教学模式提供最新的途径和资源。同时中小学教师在大学老师的影响下,学会重新审视自己的教学实践方式及手段,在教学中加入新思想、新知识、新技能、新的发展思路和研究方法。而大学研究者也需要充分运用中小学这个实践场所,把自身的研究结论运用到中小学教学的实践中,以实践验证理论知识的价值,在真实的课堂中获得相关的实践证明,验证结论的准确性和适用性,获得完善自身研究的第一手资料,为改革相关的学术研究提供帮助,使得大学的研究不再是理论的空谈,不仅仅是盲目地引进外国的新技术、新方法。大学与中小学的共同利益将在合作中得到充分的体现。

2. 推进基础教育改革

在新课改的要求下,基础教育需要构建一个开放的、具有特色的课程体系,以提高课程适应性。目前,我国的基础教育大多还是延续传统的教育过程,以班级授课制为主,教师教授知识,以闭卷考试来衡量学生的成绩,这与培养优秀人才的理念是不符合的。我国的基础教育需要改革。大学在与中小学合作过程中,能够给基础教育注入新鲜的血液,对中小学培养人才的方式提供指导,为基础教育课程带来变革,有效指导教师课堂教学的实施,使基础教育与大学教育、现代社会不脱节。

3. 改革教师的教育

大学与中小学建立合作关系,能够对教师教育的内容、形式与管理的改进提出建设性的意见。为教师搭建职前职后一体化的教师教育体系,使教师不脱离教育的轨道,掌握教育的新要求。大学教师作为专业研究者,对教育的理论不乏独特的见解,但一味做学问,并不把教育理论加以验证,最后有可能导致教育理论功用的丧失。而中小学教师站在教育教学实践第一线,积累了丰富的实践经验,对于如何教学,如何激发学生学习有着自己的教学思路,但对于获得新知识、新理念、新技能有困难,对如何从事教研,如何通过反思来提升自己的知识和专业水平,还需要相关的指导。同时,大学与中小学建立合作关系,可使大学教师改变目前的职后教师专业发展方式,在学会教学以外,树立做研究的思想,提高终身学习的能力。中小学教师则对大学培养师范生的方式有明显的指导作用,帮助师范生完成教育后适应教学岗位。

（二）英语教师专业化发展现实性分析

1. 促进教师专业发展的时代所需

近年来教育改革不断推进，对教师的专业素质提出了更严格的要求，教师专业化发展已是顺应时代进步的必需品。在教师专业发展的时代情形下，国内出台相关举措以提升教师整体专业素养。2018年9月教育部出台的《关于实施卓越教师培养计划2.0的意见》中明确提出：到2035年，师范生的综合素质、专业化水平和创新能力显著提升，为培养造就数以百万计的骨干教师、数以十万计的卓越教师、数以万计的教育家型教师奠定坚实基础。由此可见，教师整体专业素养的提升已引起了政府相关部门的密切关注，是我国教师教育改革的目标(文素俭,2012)。

在推动教师专业发展的进程中，不同领域、不同年级之间的教师相互帮助、共同合作具有非常重要的意义，教师之间组成共同体是双方共同进步的重要合作方式。在20世纪八九十年代国际"教育行动研究"思潮的作用下，我国大学与中小学逐渐形成合作的趋势，双方合作、互帮互助、协同进步，大学与中小学共同搭建的教师专业学习共同体应运而生。但教师的专业成长并非是一个自发进步、逐渐成熟的过程，而是需要大学-中小学教师专业学习共同体内部形成教师之间互帮互助的和谐氛围，促进双方教师互相学习、共同成长，加强教师的反思意识，推动教师专业成长，增强教师整体专业素养。虽然双方教授对象及教学方法有着较大差别，但共同体的形成有助于融合两个不同的教师群体，促进互相沟通、共同发展，最终达到双方互利共赢的局面。因此可以说，大学-中小学教师专业学习共同体的形成是提升教师专业素养的关键路径，是社会进步的需求。

2. 满足双方互惠需求的重要载体

当今教育领域存在大学与中小学教育分离的状况,尤其是大学教育理论与中小学教学实践脱离,该现象严重影响教学理论和实践状况的改善。20世纪末,国外教育界普遍认为,应在大学与中小学伙伴关系中移入互惠因子,以克服大学教育理论与中小学教学实践不对接的状况。专业学习共同体内成员互相合作、协同进步,共同组织满足双方需求的教学、研究活动。由此可见,大学-中小学教师专业学习共同体主体间的互惠协作能有效满足参与者的互惠需求,从而提升教师自身的专业成长。

大学-中小学教师专业学习共同体为其内部成员创设了有效的合作机制,是促进参与成员协同进步的重要载体,避免大学与中小学长期处于分离的状态,实现大学教育理论与中小学教学实践彼此互融。通过在大学-中小学教师专业学习共同体内进行教学、研究活动,合作研究中内部成员积极交流,分享体验,共同解决教学实践困境,成员间互帮互助,实现双方共同成长的目标。它能帮助大学教师正视大学文化脱离教学实践的状况,并有助于大学教师超越大学课堂去影响学校文化,最终推动大学文化进步(Beckett,2011);它还能帮助中小学提升教师教育理论知识及教育教学技能,逐步增强中小学教师的自我反思能力,优化自身的知识系统,推动自身的专业成长,切实达到提升学生学习成绩及塑造学校文化的目的;它还能让教育硕士在参与大学教师与中小学教师共同探讨教学现实困境、开展科学研究活动的过程中,提升自身专业素养。通过以上分析可以发现,大学-中小学教师专业学习共同体有助于满足双方互惠需求,并最终帮助参与主体提升专业素养,使双方共同进步。

3. 英语教师教育改革的现实需求

共同体在发展过程中可谓问题重重。首先,合法性认同较低。

共同体的运行在某些因素上取决于内部成员是否在发展目标、合作内容、参与形式等方面达成一致的决定。大学教师与中小学教师所处文化范围存在差异,大学教师更为注重师范生的培养效果、教育理论的突破以及科研能力的提升,而中小学教师更为关心学生分数的高低以及学校整体的上升空间。由于参与主体所处文化氛围不同,在共同体发展中难以形成一致的共同愿景,从而导致大学教师、中小学教师融入共同体的参与度欠佳,双方参与过程中必然会出现意见冲突的状况。其次,异质资源依赖感较弱。参与主体核心利益难以实现,主体间异质资源依赖较弱严重制约双方合作主动性。故而解决共同体面临的障碍在于实现大学教师与中小学教师双方利益最大化。最后,尚无健全的保障体系。大学-中小学教师专业学习共同体运行中尚缺少有效的组织保障,这是亟待突破的主要障碍。两类群体开展的活动主要依靠个人关系开展,合作方式具有较大的不稳定性,极易引起合作不连贯、合作终止现象的出现。

二、大学与中小学合作促进英语教师专业化发展生成机制

大学与中小学合作促进教师的专业发展已有百余年历史,现实困境之一在于合作主体对合作促进教师专业发展的必要性与可能性缺乏清晰的认识。为此,有必要运用组织间合作关系成因的动态整合分析框架,对大学与中小学合作促进教师专业发展的生成机制加以解释分析,以期达到厘清认识、促进合作的目的(陈紫天 等,2014)。

大学与中小学合作,又可称为院校合作、U-S 合作、大学-中小学伙伴关系等,是整合大学与中小学的资源优势互补,在平等互惠的基础上,对学校改进、教师教育、教育研究等共同行使权利和承担责任。本研究中的大学主要是指师范大学(学院),中小学主要是指普通公

立中小学。

观念决定行为,在大学与中小学合作进行教师教育的过程中,合作主体首先要解决的就是在观念上明确为什么要合作,即理解合作的生成机制。合作遇到的众多问题之一,就是各参与方对合作促进教师专业发展的必要性与可能性尚未达成共识,从而影响了合作的实际成效。理论的价值在于能在一定程度上解释与解决实践中遇到的问题。大学与中小学合作本质上是异质教育组织之间的合作,所以,探讨大学与中小学合作促进教师专业发展的生成机制需要从组织间关系切入,运用组织间关系理论进行分析。然而,现有的研究多数基于一种或几种组织间关系理论,解释大学与中小学合作促进教师专业发展的生成机制存在一定的局限性。运用整合动态的组织间关系成因理论框架,分析大学与中小学合作促进教师专业发展的生成机制,可以从更广阔的理论视野推动研究从"不在此山中"走向"一览众山小"。

(一)组织间合作关系成因的整合动态分析

组织间关系(interorganizational relationships)是指出现在两个或两个以上组织之间的相对持久的资源交换、流动和联结(达夫特,2008:200)。依据资源依赖性和潜在的利益冲突,可以将组织间关系划分为竞争关系、合作关系、合作竞争关系以及共生关系(李焕荣等,2007:10)。当前,交易成本经济学、资源依赖理论、战略选择理论、利益相关者理论、组织学习理论、制度理论以及组织生态理论等被广泛应用于组织间关系的研究之中。对组织间合作关系的形成动因,基于不同的理论视角会有不同的解释,为全面审视组织间合作提供了多元化的思考空间和分析维度。

交易成本经济学认为,组织间通过合作可以降低组织的生产成本和交易成本。资源依赖理论将获得互补性资源和进行活动视为组织间合作的核心纽带。基于战略选择理论的视角,组织间的合作可以增加组织的竞争能力或适应能力。利益相关者理论则认为,通过组织间合作可以谋求所有利益相关者利益的最大化,同时降低环境的不确定性。从组织学习理论的视角出发,组织间合作的动力是可以从合作伙伴那里吸收尽量多的知识,降低组织学习的成本,提高组织的竞争力。在制度理论看来,为获得和提高组织的合法地位,组织必须参与组织间关系,遵循社会主流标准,适应制度环境。组织生态理论认为,为实现整个生态系统的共同进化目标,组织间建立了相互依存与共生的关系。

每一种理论都有其自身的局限性,都不足以全面解释组织间合作关系的成因。组织间合作关系的建立通常是多种因素综合作用的结果,一些学者开始尝试对以上理论进行整合。根据各自构建的理论,上述多种理论可以整合到一个概念连续统一体中。交易成本经济学和资源依赖理论是对组织间合作关系形成的经济学解释,而制度理论则体现了行为科学对组织间合作关系形成的影响。组织学习理论很大程度上是一门行为学科,其中包含经济学成分。战略选择理论主要以经济学传统为基础,但逐渐在吸收包容行为理论。利益相关者理论起初是处理关系问题的,但现在这一领域的学者开始频繁地转向经济学视角。而组织生态理论则代表了生态学层面,它将组织间合作关系建立的着眼点由促进个体组织的生存提升到促进整个生态系统的共同进化层面。(马永斌,2010)

目前,有学者开始从动态的视角提出,组织间合作关系成因的理论基础会随着组织情境的不同而发生变化。合作建立之初可能为了降低成本和资源共享,故基于交易成本经济学和资源依赖的视角;随着相互认同的不断加深、合作主体的增加、合作内容的丰富以及由短期合作变为长期联盟,从而转向基于战略选择、利益相关者或组织学习的理论;伴随合作范围的扩大、合作功能的拓展以及合作影响力的增强,越来越需要制度理论与组织生态理论的解释。

(二)促进英语教师专业发展生成机制解析

埃尔斯特(Elster)认为,机制是指两个事物间可能存在的因果关系。大学与中小学合作促进教师专业发展的生成机制,即为促进教师专业发展,大学与中小学进行合作的因果关系。(周雪光,2003:16)教师专业发展是指教师作为专业人员,其专业素质不断发展和完善的过程,主要通过职前培养、入职指导和在职培训三条途径实现。教师专业素质主要由四个方面构成:教育思想、知识结构、能力结构和专业情意。教育思想分为教育认识和教育理念;知识结构包括文化基础知识、学科专业知识、教育科学知识和实践知识;能力结构即教师应有的娴熟的从事教育教学工作的基本技能和能力,具体表现为教学组织能力、语言表达能力、课程设计能力、班级管理能力、教育研究能力、理解他人和与他人交往的能力、教育机智;专业情意涉及专业精神、专业情操、专业性向、专业自我。(经柏龙,2008)教育思想和专业情意的认知层面、除实践知识以外的知识结构、能力结构中的教育教学基本技能与一些能力可以通过理论学习和职前培养获得,但实践知识、班级管理能力、教育机智以及教育思想和专业情意的形成则必须在真实的教育教学情境中,通过主体的实践、感悟与反思方能达到。教师的专业发展需要理论与实践的有机结合。

本研究中的教师主要是指实习教师、中小学教师和大学教师教育者(即从事教师教育教学和研究的大学教师)。教师位于不同层次,处于职业生涯的不同阶段,教师专业发展的内容、形式和侧重点各异。实习教师应注重理论知识在实践中的应用、实践知识的体悟、各种教育教学技能在中小学场域中的运用与培养。中小学教师专业发展的重点在于教育教学与专业知识的更新,最新教育教学技能的掌握,教育教学经验的总结与反思实践能力的培养,教育教学研究能力和管理能力的训练与提升以及教育智慧的生成与发展。大学教师教育者专业发展则应侧重于面向中小学实际的教师教育教学与研究能力的提升。

中外大学与中小学合作促进教师专业发展经历了从大学单方主动到大学与中小学双向互动,再到互利共生三个发展阶段,依据组织间合作关系成因动态整合分析框架,分别有着不同的内在机理。

1. 大学单方主动合作生成机制的组织间关系理论分析

大学与中小学作为不同层次的教育组织,资源各异。大学拥有先进的教学设施、开阔的学术视野、齐全的学科门类、雄厚的师资力量,大学教师教育者长时间进行教育理论研究,掌握教育理论前沿。中小学具备真实的教育教学情境、丰富的教育事实、有待解决的教育问题,中小学教师教育教学经验丰富,具有一定的教育智慧。可见,大学理论性资源、研究性资源丰富,中小学资源的实践特点突出。在促进教师专业发展方面,大学的理论性资源与中小学的实践性资源优势互补。从资源依赖的视角出发,促进教师专业发展,大学与中小学走向合作是一种必然选择。

美国在19世纪末由大学创办的实验学校,既是教育研究与实验的场所,也是培养新教师的地方。由于家长为保证孩子能上大学而反对"实验主义"的宗旨,20世纪40年代,主办实验学校的大学很少为实验与研究提供经费。20世纪60年代,学生数量的激增导致对教师需求的增长。教育学院迅速扩张,但是其下属的实验学校无法满足众多师范生的实习需要,因而越来越多的师范生只能进入公立中小学进行见习和实习(丁邦平,2001)。从交易成本经济学视角审视这一现象,大学与中小学合作比在大学内部建立层级结构更适合,可以使新教师和教育科研成果的生产成本与交易成本最小化。所以,大学主动寻求中小学伙伴,建立教育教学实践基地,开展师范生的见习与实习,是一种理性的选择。

在我国,由于社会历史原因和特有的国情,传统中小学教师的在职培训和教研一般由教师进修院校包括省、市级教育学院、教师培训中心和县区级教师进修学校及各层次教学研究部门负责,大学很少介入。

"长期以来,我国师范院校是教师教育的主要承担者,师范院校依赖中小学提供教育实习场所,与中小学之间的关系是一种典型的'资源消费'关系。"(尹小敏,2011)大学主动联系中小学安排师范生实习,并主要由中小学教师负责指导;中小学完全处于被动地位,而且积极性不高,甚至很不情愿接收实习生。同时,在这一阶段开展的合作研究中,中小学教师并没有以研究主体的身份实质性地参与研究,多数情况下只是充当了调查研究的对象。其根源在于,虽然大学与中小学的资源互补,但此阶段只是大学单方依赖中小学的实践性资源,中小学对大学的理论性资源和研究性资源并未形成依赖,双方合作的意愿不同步,合作目标不一致,地位与权利也不平等,大学是合作的受益者,中小学只是大学教育实践与教育研究的基地和服务者。

2. 大学与中小学互利合作生成机制的组织间关系理论分析

近年来,教育研究范式由纯理论的学术研究取向,转向在真实问题情境中具有反思特点的行动研究。于是,教育研究者纷纷走出"象牙塔",深入中小学,与中小学教师一起亲历教育发生的过程,观察教育现象,分析原因,思考现象所反映问题的实质,提出对策,解决实际问题,实现了理论与实践、行动与研究的结合。同时,教师教育改革呈现职前培养实践化、在职培训校本化、职前职后一体化特征,改组和重建承担中小学在职教师培训的教育学院,整合教师职前教育与在职培训资源,强调以中小学为基地,大学与中小学共同承担教师教育职责。另外,基础教育课程改革要求教师角色的转变,中小学教师从教学理念、态度到教学行为都要做出根本性改变。正是在这样的背景下,涌现了一批旨在集教育研究、教师教育与学校改进为一体的合作项目。此时,大学与中小学之间的合作具有双向互动性,彼此合作需求迫切,意愿强烈,目标一致,资源利用高效。

教育改革往往由政府发起并主导,所以,各国地方教育行政部门开始介入大学与中小学的合作,并提供了一定的资金与政策支持。国外自20世纪60年代起就已关注和研究如何通过政府的力量加强大学与中小学的合作,使其合作伙伴关系成为一种普遍化、制度化的教师教育模式(庞丽娟 等,2011:1)。在我国,1995年,上海"新基础教育"研究所成立,区政府与研究所签约承诺,每年拨专款开展实验研究。区教育督导室将各实验学校开展新基础教育研究的情况纳入办学水平评估;区教师进修学校在探索校本培训的过程中,指导各实验学校将实验纳入校本培训(武云斐,2012)。

一方面,大学为中小学的教师在职培训、校本课程开发和教育实践问题的解决提供理论和方法支持,提供仪器设备、信息资料等物质资源的支持,同时发现研究课题,实现自身科研成果的应用与验证;另一方面,中小学为大学教师教育提供教育实践与教育研究的基本条件与技术支持,同时促进了自身教师队伍素质的提升。依据资源依赖理论,这一阶段大学与中小学对彼此资源的依赖高度契合,真正实现了优势互补,所以,双方均选择积极主动建立合作。

组织间关系的发生不是随随便便的,它们总是在一定的环境下、一定的情景中,并且基于一定的原因(斯威德伯格,2003:156)。外部环境发生重大的变化,身在其中的组织为了生存与发展,必须采取相应的行为以适应新的环境。从战略选择理论视角考察,中小学为了适应基础教育课程改革的新要求,增强竞争优势,迫切需要大学教育理论研究者的专业引领与支持,更新教育理念,转变教育教学行为,适应新的评价标准。大学为了开展教育行动研究,获得丰硕的研究成果,实现教育科学研究的领先,提高师范生的培养质量,增强本校师范生在就业市场上的竞争力,主动走入中小学开展合作。

从利益相关者角度来看,地方教育行政部门、大学、中小学、中小学生、实习教师、中小学教师与大学教师教育者同为大学与中小学合作促进教师专业发展的利益相关者,地方教育行政部门主动协调,提供保障,促进大学与中小学顺利合作,可以提高学校办学质量和学生培养质量以及参与合作的教师专业素养,推动教育改革的成功开展,促进教育事业的繁荣与发展,实现各方利益的最大化。

以中小学为基地,中小学教师与大学教师共同指导实习教师,合作开展教育研究,构成一个学习共同体。其中,实习教师通过与大学教师教育者、中小学教师以及其他实习教师的沟通,将"在教中学""在合作中学""在研讨中学"有机结合起来,有助于掌握实践性知识,提升教育教学实践能力。中小学教师通过合作指导实习与开展研究,可以促进对自身教学的反思,提高教学能力与科研能力。大学教师教育者深入中小学发现问题、搜集案例,有助于开展行动研究和案例教学。从组织学习理论出发,学习型组织中的每个参与者都能从合作伙伴那里获益,降低了学习成本,推动了合作的开展。

3. 大学与中小学共生多赢合作生成机制的组织间关系理论分析

目前,美国的教师专业发展学校在政府的支持下已达到1 000多所,是美国主要的教师教育模式之一。1989年,修改后的英国师资培训课程标准明确提出,高校与地方教育主管部门和中小学的合作必须列为对教师教育课程进行职业有效性审定的重要内容之一。这些政策有力地推动了英国大学与中小学的合作教育研究,促进了教师专业素质的提高。在我国,随着人们对教育在社会发展和国家竞争力中地位认识的提高,倡导大学为基础教育提供服务的理念成为共识。2001年,首都师范大学教育科学学院与北京市丰台区教委在共同建立的丰台教育发展服务区启动了国内首批教师发展学校的建设。此后,合作的区域相继扩大到石家庄市、唐山市、广西壮族自治区的部分中小学。2007年,东北师范大学与东北三省共建"教师教育创新东北试验区",积极探索"师范大学—地方政府—中小学合作"的教师教育模式。在教育行政部门的推动下,大学与中小学正努力突破旧有的各种限制,实现长期、稳定的联盟关系,伴随区域拓展,影响力不断增强,呈现共生多赢的特征。

制度环境的合法性,是指一个组织在其规范、价值观和信仰的环境系统中的行动被认为是合意的、恰当的和适宜的一般看法(邵兵家,2005:110)。制度环境会对组织产生压力,使得组织倾向于采取合法行为,努力符合社会的主流标准。确保组织生存的一个战略得到环境的认可,如果参与组织间关系成为其他组织普遍的做法,那么组织为了生存,也将参与组织间关系。目前,"教师教育创新试验区"已在全国推广,各地尝试通过大学、教育行政部门、中小学三方合作促进教师专业发展,即可视为在教育改革的大环境中,大学和中小学为了各自的生存与发展而采取的一种合法性行为。对于制度趋同性的产生,迪马久(DiMaggio)和鲍威尔(Powell)提出了三种机制,即强制趋同性、模仿趋同性和社会规范趋同性(迪马久、鲍威尔,2007:28)。强制机制,是指组织必须遵守各级政府制定的政策法规。在教育行政部门主导下的大学与中小学合作促进教师专业发展一定程度上可视为一种强制趋同性。模仿机制,即模仿成功组织的经验和做法。首都师范大学创建的教师发展学校,在学校改进、教师专业发展、教育研究等方面取得了累累硕果,成为各地效仿的典范,即可视为模仿机制在起作用。社会规范机制则是一种组织内部的合法性,来源于专业培训、组织领域内专业网络的发展和复杂化。华东师范大学"新基础教育"不仅建立了校际合作共同体和学科教学研究共同体,还形成了专业素养较高的研究团队。可以说,"新基础教育"项目的成功得益于社会规范机制作用的充分发挥。

共生关系意味着参与者为了各自利益的实现而在平等的基础上互利互惠。能够建立共生关系的两个组织需要有一定程度的异质性,目标需要有利于实现双方的自我利益,双方必须足够无私才能够保证双方自我利益的实现。组织生态学理论对于共生关系的分析,有助于我们澄清大学与中小学合作促进教师专业发展的本质。大学与中小学作为教育系统中的不同教育组织,双方共同促进教师专业发展,这既是大学教师教育与中小学教育互相依赖的必然选择,同时也有利于教师教育质量与基础教育质量的共同提高。师范生的职前培养有赖于中小学的实践情境、中小学教师与大学教师教育者的共同指导,中小学教师的在职培训依赖于大学的知识与技术资源、自身的教学反思以及与大学教师教育者合作开展的行动研究,大学教师教育者的专业发展在基于中小学实践情境的合作指导与教育研究中得以实现。基础教育的质量关键在教师,教师教育将为基础教育培养和培训师资作为宗旨,教师教育的水平决定了基础教育的水平(马宝娟 等,2011)。要改进教育制度的某一部分,就必须改进整个教育制度。按照组织生态学的理论,大学与中小学合作促进教师专业发展有利于推进整个教育生态系统的共同进化。

总之,大学和中小学的合作是基于双方的共同利益诉求,追求教育理论与实践相结合,教育教学与科研相统一,共同促进实习教师、中小学在职教师和大学教师教育者的专业发展。大学与中小学各自拥有场域优势,双方在资源共享、优势互补前提下的合作,能够为促进教师的专业发展创造有利条件。

（三）现有合作模式分析

大学与中小学合作开展的形式有多种。大学与中小学合作的模式基于不同的分类标准也划分出很多类型。基于大学与中小学合作中以人员结构划分的合作模式可分为教师专业发展学校、咨询合作方式、一对一合作方式以及基于信息化平台的合作方式。

1. 教师专业发展学校

教师专业发展学校是指高校和中小学之间建立伙伴关系,以中小学为基地,大学与中小学合作建设共同研究的一种方式。它不是一所新的学校,而是在原有学校的基础上与大学合作的一种方式。此种模式由大学发起,基础教育作为研究基地、培训基地和教育实践、实习基地。

2. 咨询合作方式

咨询合作方式主要是指通过函授、定期的理论知识讲座等方式进行的合作方式,实质上是大学主导的执行模式,采取施予、教授、示范和实施等策略展开。一种形式是中小学教师到大学接受继续教育,通过短期培训和考试获得相应的学位和证书。如教育硕士的培养,是大学开展的对在职教师进行继续教育的典型。另一种形式是中小学聘请大学教师担任专家,定期来学校指导教学和管理的合作方式。还有一种方式是中小学聘请大学教师去中小学做学术报告,或邀请大学教师对相关的教师进行短期培训,培训内容多数情况由中小学指定。

(1) 咨询合作方式的优点

能够让大学教师切身指导中小学教师的教学,在观摩教学的过程中,及时发现问题、解决问题。让中小学教师短时间内感受大学教师的理论思想,产生研究的欲望,这种合作方式大多对中小学教师更有利。

(2) 咨询合作方式的不足

第一,教师专业发展易流于形式。大学教师到来的时候做做样子,一旦离开就会按照原先的模式来教学。

第二,时间、资金的限制。受时间和资金的限制,大学教师不会定期来学校做管理。

第三,中小学教师的收益是短暂的。在短时间内中小学教师能擦出智慧的火花,但投入教学实践,会忘记或放弃。

3. 一对一合作方式

一对一合作方式是指大学教师以一对一的形式,或者小团体的合作形式进行的一种合作,通常有二种情况:一是大学教师拿到研究课题,去中小学中开展实践研究,与一个或几个关系较好的中小学教师进行合作,中小学教师及其学生通常作为研究对象,提供研究场所。二是指中小学教师中部分教师申请到研究课题,邀请大学教师作为指导老师,指导并参与课题研究。此种模式强调双方协同合作,致力于解决双方在实践中遇到的共同问题,是一种较为亲密的大学与中小学伙伴关系。

(1) 一对一合作方式的优点

第一,提升了课题研究的意义。大学教师与中小学教师能够真正地、深入地做学术研究,使大学与中小学教师的专业发展得到较好的落实。

第二,更新教育观念。能够让大学教师对中小学实践教学有更深的研究,使中小学教师接触到最新的教育理念,改变课堂教学模式。

第三,大学与中小学关系比较密切,往往这类的合作双方都有着不俗的交情,可以保证合作的顺利进行。

(2) 一对一合作方式的不足

首先,往往受益的可能只是大学或中小学一方,为了自己的研究实施相应的策略,只是为了研究而改变,失去了研究的意义。

其次，片面的提升，可能这种受惠只涉及合作团体或个人，并不能带动群体的发展，处理不当还极有可能产生相反的结果。

三、大学与中小学合作促进英语教师专业化发展需解决的问题

目前大学-中小学教师专业学习共同体面临着如何深入的问题，为解决双方合作中面临的思维方式差异、核心利益难以实现、合作关系较为紧张、组织保障条件缺失等困境，应在明确困境背后原因的基础上，双方从搭建合作基础、明确合作核心、正视合作关键、建立合作保障方面探寻适合大学-中小学教师专业学习共同体的发展道路，以期为其他遇到类似问题的共同体提供参考意见。

（一）发挥合作内生力量，以共同发展目标为合作基础

1. 树立共同的合作愿景

若想保证共同体的平稳运行，必须在其成员间形成一致的愿景。大学教师与中小学教师从行政主体上来说，隶属于不同的教育行政部门，双方进行教学、科研工作必须基于共同的合作愿景，形成促进教师专业发展、实现学校特色发展的合作目标，这是推动合作有效运行的内生力量。大学教师与中小学教师切实基于共同合作目标，组建成真正意义上的大学-中小学教师专业学习共同体，双方才能充分利用教育理论优势和实践技能智慧，发挥积极作用推动共同体发展。共同体合作目标的形成需要大学教师与中小学教师改变合作中形成的不平等关系。双方基于促进教师专业发展的视角反思自身合作行为，进而在共同体内部沁生出依托合作目标的共同愿景。学习型组织理论的五项修炼内容中"共同愿景"启发合作主体应在教学、科研方面达成高度共识，包容彼此不同的观点，不断增强双方合作认同感

和责任感,激发群体合力,促进教师群体专业发展。整个合作过程中,双方共同达成的合作目标并非一成不变,可依据实际情况不断整合。具体整合过程体现为:教师需要高度赞同共同体的整体目标、相关教研活动的实施流程,在开展活动、互相交流过程中,不断调整自身设定的分目标,使其与总体目标相协调(Wong,2010:131)。中小学教师具备现实功利的分目标,大学教师追求理论研究的价值,但这些分目标都应服务于总体目标,基于总体目标不断修正、完善以促进教师专业发展、实现学校特色发展。按照此过程形成、落实关于合作目标的共同愿景,有助于双方在展开教学、科研活动过程中接纳双方不同的观点,增强双方合作中的认同感和责任感。例如,美国的堪萨斯州立大学与曼哈顿学区最初是围绕各自利益、兴趣展开合作,希望解决大学与学区面临的数学、科学和技术学科教师教育不到位状况。伴随着合作的深入开展,改进学科教学有助于促进学科整合、提升教学效果,逐渐发展成双方彼此认同的合作目标。(达林-哈蒙,2006:92)由此可见,双方树立一致的愿景所引发的内生力量,是推动大学教师与中小学教师共同合作的基础。

2. 营造和谐的文化氛围

营造和谐的文化氛围是大学-中小学教师专业学习共同体稳步发展的另一重要基础。在蕴含内生力量的和谐文化氛围熏陶下,大学教师和中小学教师可以在共同体内部共享观点、交流经验、平等探讨。和谐的文化氛围在共同体内部体现为大学教师与中小学教师间地位平等、资源共享。双方之间彼此平等有利于教师间踊跃探讨问题、交流思想,资源共享能切实实现大学教师与中小学教师间异质资源互补。在合作过程中,如果成员间没有形成地位平等和资源共享的良好氛围,就无法推进共同体内形成自然合作文化,致使共同体难以有效运行。若要实现大学教师与中小学教师间地位平等、资源共享，这就要求双方实现权利共享，即正视对方所具实力，充分利用他人不同的理论知识和实践技能，以平等的方式共同商议、解决教学实践问题。在大学-中小学教师专业学习共同体内部需要避免大学教师的话语霸权，倡导以平等的姿态与中小学教师共享彼此的想法和经验，让中小学教师切身体会到大学教师对其的尊重，在合作中具备更多的参与权和话语权，为共同体的发展贡献自身的实践技能智慧。双方在平等交流、资源共享过程中，中小学教师会以关注教学反思、发挥实践智慧为促进自身专业成长的重要任务，大学教师同中小学教师开展交流的过程中也会探索提升自身专业质量的合法路径。可见，形成融洽的文化氛围是推动教师成长的重要因素，有助于实现教师整体的进步和组织的稳步运行。

（二）解决双方利益冲突，以实现双方利益为合作核心

1. 注重利益调整的核心作用

正确的利益关系有助于推动成员间建立稳固联系，从而切实保证组织平稳运行。注重利益调整是维持大学-中小学教师专业学习共同体有效运转的核心作用，使大学教师与中小学教师在合作过程中获得更大的利益，从而调动双方教师的参与积极性。大学教师与中小学教师在学习共同体内都是扮演独立人格的利益主体，双方在付出支付成本的同时，希冀能在共同体内部获得相应的报酬。双方都倾向于选择以较低的支付成本参与共同体，不愿以高于自身支付成本的代价参与合作。若支付成本与所获收益恰好持平，双方保持中立的态度，参与合作的积极性仍处于较低的状态。大学教师与中小学教师开展合作的过程中，大学教师希望通过合作满足教育硕士"双导师"制的培养需求，强化教育硕士培养质量，这是大学教师参与共同体的核心利益所在；中小学教师希望借助大学教师的理论优势

及信息资源,促进自身专业成长,改善教育教学管理现状,进而提升学生学习成绩。双方异质资源不对称时,中小学教师在大学-中小学教师专业学习共同体中的内部核心利益难以获得保证,影响合作有效性。因此,若要保证大学-中小学教师专业学习共同体顺利发展,需要切实发挥利益调整的核心作用,尤其需要密切关注中小学教师的利益需求。

2. 构建合理分配的利益格局

构建合理分配的利益格局是调整双方利益的关键所在,是大中小学教师专业学习共同体发展中不可或缺的关键一环。生态哲学观共生循环的观点启示构建大学-中小学教师专业学习共同体应注重统筹协调原则,妥善处理好利益主体间的异质资源关系,有助于建立一个利益合理分配的共生格局。为了达到共同体主体间互利共赢的理想状态,必须切实兼顾各主体间的利益分配。要想形成分配合理的利益格局,一方面,需要充分挖掘各成员的合作潜力。大学教师与中小学教师合作的过程中,需要高度重视各利益主体的合作潜力,最大限度挖掘彼此的资源优势,实现主体间异质资源的依赖对称状态,使各利益主体在共同体中获得最大利益,以此充分调动双方的参与积极性;另一方面,需要制定合理的利益分配原则。通过制定利益分配原则,使大学教师和中小学教师在参与过程中获得合理的利益,即支付成本与获得利益处于合理分配状态。学习型组织中的每个参与者都能在共同体内实现自身核心利益,既降低学习成本,也推动合作的开展(陈紫天 等,2014)。大学教师和中小学教师构建教师专业共同体希望获得强化教育硕士培养质量、改善教育教学管理现状以及提升学生成绩等核心利益,该核心利益并非依靠其中一方的力量就能实现,需要双方合作完成。双方核心利益的满足要求共同关注对方利益,主体间相互理解和交流,以期实现双方优势互补、主体获益、协同发展的状态,增加双方参与积极性。因此,构建合理分配的利益格局成为大学教师与中小学教师合作的核心动力,是调节双方行为方式的调节器。

（三）明确双方扮演角色,以双方合理定位为合作关键

1. 中小学教师在共同体内发挥研究主体的作用

中小学教师在大学-中小学教师专业学习共同体内应发挥研究主体作用,而非扮演"被指导者"角色。中小学教师作为直接接触一线教学工作的实践经验者,首先,应加强独立反思、自主研究意识,不过度依赖大学教师的引领和指导。在直接体验教学实践的过程中,中小学教师应对所遇障碍详细记录和剖析,有助于改善教学方法、培养教师观察、思考能力。中小学教师同大学教师开展合作过程中,应克服被动性,积极主动与大学教师互动、沟通,准确表达自己所持意见及看法,以研究者的立场客观分析、借鉴大学教师的指导性意见,增强自身研究意识,实现自身专业成长。中小学教师一方面应从大学教师那汲取专业智慧,另一方面必须坚守专业自主性(庞丽娟 等,2011)。

其次,中小学教师应将真实的教学实践情境作为开展科学研究的立足点,在实践中反思,坚守"从实际中来,到实际中去"的研究理念,实现研究与工作相契合的状态。中小学教师的研究题目应是重新审视固有的教学理念及方法,探索新的学生适应的教学方法或解决具体的教学实践问题,充分将理论性的研究课题与教学实践相结合,而非盲目顺从大学教师的研究课题。于中小学教师而言,如何从教育教学实践中挖掘相关的研究题目,可谓是研究中难以突破的障碍。

最后,中小学教师应加强理论学习,了解理论的作用,注重研究

方法的学习。中小学教师开展的以改进教育实践为主要目标的科学研究,若缺少理论知识的支撑必然缺乏深入思考,难以有效改善实际教学情境。中小学教师应了解理论知识的作用,依据自身研究课题进行针对性阅读,并将自身的理论成果运用于实践中检验,以便推动实践活动的开展。研究的开展有助于加深中小学教师对理论知识的理解,强化中小学教师理论联系实际的意识。中小学教师了解理论作用的同时,应着重学习并掌握必要的研究方法。大学教师掌握着科学、系统的研究方法,中小学教师应以端正的学习态度向大学教师学习,重点关注研究方法的类型、使用条件、优缺点等,为开展研究打下良好基础。

综上所述,中小学教师作为研究主体,应正确定位与大学教师间的关系,双方平等交流、互相沟通,加强自身的理论学习,澄清对理论知识的正确认识,为开展科学研究打下良好基础。中小学教师自身也应积极应对新时代的变化,努力朝向研究型教师发展。

2. 大学教师在共同体内扮演促进者的角色

大学教师借助知识结构和研究方法方面的优势,能为中小学教师带来科研方面的服务。为了有效发挥大学教师在大学-中小学教师专业学习共同体内的促进者作用,首先,大学教师应了解学校及中小学教师的发展目标,引导中小学教师进行教学方面的研究,达到教育理论与实践情境相对接的状态。为了确保大学教师能为中小学教师的专业成长及学校发展提供建设性意见,大学教师需要深入了解学校及中小学教师的发展目标,将实践情境融于科学研究中,进而解决中小学教师教学实践中面临的问题。

其次,大学教师应为中小学教师研究能力的提升提供适宜的帮助,促进中小学教师自我反思。由于中小学教师研究意识较为薄弱,难以发现实践情境中存在的教学实践问题,急需大学教师为其提供科研方面的服务,增强中小学教师的研究意识。大学教师作为专业学习共同体中的促进者,应为中小学教师提供必要的解决问题的方法,合理利用相关条件提升中小学教师反思意识,使中小学教师由实践经验层面上升为理论认识层面。中小学教师在该过程中的转变并非一蹴而就,而是一个时日长远的转变过程。大学教师为中小学教师的转变提供帮助时,应注重专业引领的适宜性,提出稍高于中小学教师研究能力的要求,切忌过度帮扶,养成中小学教师一味依赖大学教师研究思路的习惯。

最后,大学教师应以平等的姿态同中小学教师展开交流,达到教育理论与教学实践相互补充、共同发展的状态。社会建构主义理论强调个体同他人的交流过程,有助于扩充自身已有认知结构,主动形成自身对事物新的看法。由于大学教师与中小学教师思维方式存在很大差别,双方交流过程中可从对方身上取长补短,达到主体间异质资源互补的状态。为了促进双方有效沟通,大学教师应合理定位自身角色,避免话语霸权,不以"专家""权威"角色深入中小学实践,而是以"引领者""促进者"身份同中小教师展开平等对话。合作主体在平等交流、互助共享的和谐氛围中开展合作、共同成长,有利于实现教育理论与教学实践的充分融合。

综上所述,大学教师作为共同体的有力促进者,应在明确学校发展目标基础之上,充分发挥自身理论优势,凭借对理论研究的热爱,对提升中小学教师的反思意识及科研能力给予适宜的帮助,最终目的是帮助中小学教师形成自我反思、自主研究的思维习惯。

(四)建立切实合作机制,以组织规范运行为合作保障

1. 建立政府参与的外部合作保障机制

师范学院与其实践基地校组建的教师专业学习共同体是基于双

方利益需求自发建立的合作组织,虽然长期发展中已形成以基地平台为抓手的管理体制及以比赛活动为依据的激励制度,但仍然缺少外部的合作机制保障专业学习共同体稳步发展。基于我国目前的管理体制,大学-中小学教师专业学习共同体运行中若缺少政府力量的介入,单纯依靠大学教师与中小学教师间的合作是很难维持和发展的。因此,应建立政府加入的外部保障机制,推动共同体运行。政府参与主要体现为借助行政力量推动合作研究顺利开展,发挥政府的领导、支持作用,为组织提供制度支持和运行保障。

其一,借助政府自上而下的力量,高度重视双方之间的合作,成立专门的合作部门,保证双方合作全面、有效开展。英国的教师教育伙伴合作模式及美国的教师专业发展学校之所以取得成功,取决于政府的参与和支持(王丹,2009)。政府的力量是确保双方展开教学、科研活动的重要保障。政府应高度重视大学-中小学教师专业学习共同体在提升教师教育质量方面的重要作用,鼓励双方合作开展相关教学、研究活动。基于政府的重视和推进,大学、中小学及教育行政部门应共同成立由大学教师、中小学教师、教育行政管理人员组成的专门合作部门,该合作部门借助政府自上而下的推动作用为合作主体搭建互相交流、共同学习的平台,明确界定双方在共同体内应享有的权利及承担的责任,有助于解决合作主体间平行管理的困扰,切实保障大学-中小学教师专业学习共同体顺利发展,为大学教师与中小学教师间的充分合作创造条件。

其二,政府通过制度设计,推动大学-中小学教师专业学习共同体建立制度化、规范化的管理模式。一方面,政府通过制度法规规定中小学教师具有参与教师教育工作的义务,从宏观层面为双方合作营造保障氛围。解决目前部分条件好的中小学不乐意接受师范生实习的问题,某些学校担心师范生教学水平较低影响教学质量,未能为师范生提供锻炼教学实践技能的机会(滕明兰,2008)。政府从制度层面加强中小学教师参与师范生培养,有利于保证基地校为师范生提供相应的实习条件及任务,切实增强师范生对未来教师行业的适应能力。另一方面,政府应完善教师评价制度,建立人文化发展性评价机制,发挥评价导向功能,注重全方位提升教师专业发展水平。人文化发展性评价机制关注教师的个体属性,主要依据教师的不同特点、不同阶段展开评价,使教师系统掌握自身的专业发展水平并做出相应的针对性调整,最终提升教师的专业发展水平。于大学教师的评价制度而言,政府应调整师范大学教师的评价标准,突出其服务特性,增加大学教师一线教学实践经历的考核比重,同等看待实践成果与理论研究,将理论研究、教学实践紧密融合在一起,采用质化研究与量化研究相结合的多元评价方法,从而调动大学教师深入中小学实践的积极性。于中小学教师的评价制度而言,应关注双方合作的相关内容,加大中小学教师科研成果方面的比重,同时评价机制中应增设教师教育内容,支持和鼓励中小学教师参与科学研究和教师教育工作。由此可见,借助政府的宏观导向作用,从制度层面明确规定科研和实践同等重要,使两者达到平衡状态,有利于带动合作主体参与共同体的积极性,进而推动大学-中小学教师专业学习共同体整体质量不断优化。

2. 形成合理规范的内部组织运行机制

政府参与的外部合作保障机制为大学-中小学教师专业学习共同体的发展提供了制度支持和运行保障,但大学-中小学教师专业学习共同体的发展同样需要组织内部合理规范的运行机制。形成合理规范的运行机制能切实调动参与主体的积极性,为共同体向高阶有序自组织状态演化创造条件(张景斌、朱洪翠,2015)。合理规范的运行机制包括详细完整的进出机制、充足的时间和资源保障机制、畅通的沟通机制、全方位的监督激励机制等。详细完整的进出机制是保证大学-中小学教师专业学习共同体内活动顺利开展的重要环节。若组织成员无法享有自由进入与退出权利,共同体运行过程便缺少生机与活力,致使合作主体的参与积极性降低。同样,当双方进出行为过于无障碍时,双方合作期短,稳定性无法保障,预期合作效果也未能达成。经实践证明,基于私人关系构建的大学-中小学教师专业学习共同体往往因缺乏法律法规的约束,可能导致合作因参与成员的调动被迫暂停或提前终止。因此,为保证大学-中小学教师专业学习共同体有效发展,必须将合作主体参与教学与研究活动过程中的进入与退出行为落实到法律法规层面。关于合作成员进入共同体的规定,大学教师与中小学教师在参与共同体活动之前应签署双方认同的协议,协议中应明确规定项目参与成员、各成员享有的权利及承担的责任、完成合作项目所需时间、合作项目的完成目标及实施流程等,并明确强调合作项目的开展不因参与成员的变更暂停或终止。关于合作成员退出共同体的规定,协议中应确立相关的退出条款,明确列出具体的针对未承担相应义务的惩罚措施,杜绝参与成员随意退出行为的产生。大学-中小学教师专业学习共同体发展中建立详细完整的进出机制,主要目的在于解决合作冲突,防患于未然,确保双方合作成效。参与大学-中小学教师专业学习共同体事务为组织成员增加了额外的工作负担,因此需要充足的时间、资源为组织运行提供基础保障。时间投入方面,双方时间安排必须严密规划,给予教师充足的时间参与共同体活动。为了保证合作有效性,大学教师和中小学教师应以满足双方发展需求为出发点,共同规定合作次数及时长,以免影响合作质量。例如,针对课题研究、教学设计等问题,共同体应定期组织参与成员开展相关方面的研讨。通过访谈了解到目前大学教师和中小学教师面临时间方面的障碍,大学教师课题任务较为紧张,中小学教师日常教学工作、评比活动繁忙,大学和中小学应适当缩减教师日常工作中行政上非教师专业成长方面的事务,以保证教师拥有充足时间投入共同体开展的教学、研究活动。资源保障方面,完善中小学教师资源信息库,为中小学教师进行科学研究带来信息方面的服务。例如增加中小学图书馆内关于教师行动研究方面的图书资源,为教师提供科学研究方面的服务;中小学同大学教师合作建立教师信息分享资源库,中小学教师能从大学教师分享的信息资源中获取研究资讯,掌握最新研究动态。畅通的沟通机制是推动共同体有效建设的前提。建立有效沟通机制是为了保证大学教师与中小学教师间沟通顺畅,充分发挥合作主体的理论优势及实践智慧。大学-中小学教师专业学习共同体内应成立由大学领导和中小学领导组建的合作领导小组,该领导小组主要负责合作计划、合作内容、合作方式、合作时间及次数等,为促进双方有效交往搭建良好的合作平台。共同体运行中应充分发挥领导小组协调、保障作用,组织大学教师分学科深入中小学各教研室,双方共同成立学科工作室。学科工作室产生的研究成果运用到中小学实践中,可实现教育理论与教学实践的深度融合状态。结合大学教师深入中小学一线的实践情况,合作领导小组应依据双方共同拟定的合作计划及合作方式,定期组织不同规模的研讨会,针对中小学教师教学研究及课堂教学中现存实际问题展开探讨、分析,发挥双方合作的群体合力,并最终提出建设性解决方案。为了充分保障双方沟通渠道更为顺畅,大学教师和中小学教师应结合共同体实际状况,依托互联网便利平台,探索相应的沟通方式,切实保证双方平等交流、密切交往。如通过电子邮件、博客、BBS等方式解决双方面临的时间、空间方面的交流障碍,促进双方便捷地解决实际问题。基于网络信息技术平台的搭建,双方乐于以直言不讳的态度提出自身真实看法,敢于直面教学实践问题,推动双方高效地展开合作研究。

  全方位的合作监督激励机制是维持组织长期有效运行的根本保障。大学教师与中小学教师间的合作属于协商性合作(滕尼斯,

1999)。该合作具有回报延时性及不稳定性,且各合作主体间利益相互牵制,若利益相关者内部发生利益冲突,则该协商性合作关系易遭受冲击。为了保证双方合作实效,共同体内部构建全方位的合作监督激励机制必不可少。建立全方位的监督激励机制,是解决大学-中小学教师专业学习共同体发展中面临障碍的重要手段,有利于检测共同体的运行效果。全方位合作监督激励机制应结合合作主体的道德约束、组织规定的协议约束、社会力量的公众约束全方位监督共同体的长远发展。合作主体依据自身道德标准反思、自省自身行为是否符合对方合作需求,反思合作过程中发现的问题、总结经验、规划后续工作,以此维持双方互利互惠、平等和谐的合作关系,有利于吸引更多大学教师及中小学教师参与合作。基于合作主体自身道德标准的监督机制,共同体内部应依据双方合作的现实状况制定相应的组织协议,协议中应明确规划确保双方核心利益实现的合理期限,若其中一方未达到预期效果,可向合作领导小组提出退出合作的申请并有权提出补偿。除此之外,通过社会公众的舆论作用对双方合作行为进行外部监督,借助第三方力量规避各种"内卷"带来的评价失衡问题。综上,健全的监督激励机制以自律和他律相互联动的形式,全方位监督合作过程并反馈合作效果。该机制的形成能切实推进共同体平稳运行。

四、大学与中小学合作促进英语教师专业化发展的方式

(一)促进英语教师自主发展和全面发展

模式的设计为教师提供个性化、专业化服务。首先,让教师具有专业学习的自主选择权,教师能在自我提升内驱力的动机驱使之下,结合自身所教学科的特点,自我塑造,自我评价,在不断的反思中发

展完善实践智慧。要让各位教师成为自身发展的积极建构者，自觉地进行职业规划，自觉撰写教学反思，主动进行资源共享，自觉与他人进行交互等活动。其次，不同科目、不同教师的教学理念发展需求不同，所以在发展过程中，需要针对不同的需求提供个性化的帮助。在平台的构建中希望达成不同学科的老师主动进行发展的愿景，使老师不再只是拥有本学科的教学知识，而是学会做个全面掌握知识的人。教师专业发展是一个持续、动态的过程，在这个过程中，教师要不断丰富和完善自身专业知识，不断提高教师的专业技能，使教师的隐性知识不断更新与优化。

（二）注重英语教师间的横向交流和合作

横向交流又称为平行交流，是指一个组织机构中职权地位相对等同的群体之间的交流。横向交流的群体之间目标一致，经历相似，更能从彼此身上找到需求点，沟通效率更高，实现学习共同体的群体发展。目前的网络教学平台更多的是以教师个体学习为主，笔者在担任网络继续教育学院的辅导员时发现，老师们都渴望寻求一个平台，构建一个与同伴共同探讨的教学平台，让他们学习到更多的知识，这样获得往往比教师个体学习要更多。

（三）提供优质资源共享功能

学习资源是教师进行学习的最主要来源，大学与中小学合作必须为教师专业化发展提供充足的资源，使得教师在参与过程中能够找到所需要的资源。同时，要保证资源的优质性，优质的教师专业化资源能让教师站在更高的层面开展教育教学的实践工作。另外，提供教师资源共享功能，使教师能够共享自己的学习资源。目前的网站普遍是由网络管理员来添加资料，而网络管理员的精力是有限的，很多好的资源不能够共享出来。同时，网络资源是丰富的，但也是冗余的,网络学习资源往往质量良莠不齐,教师的职业决定着教师对信息资源的质量要求相对较高,但教师有繁重的教学任务,往往不愿意多花费精力查找资料,他们往往对视频资源更感兴趣,所以要为教师提供优质的学习资源特别是视频资源的共享。

(四)激发英语教师共享资源

根据心理学的共享心智模型,在合作过程中,设备、技术、团队任务、团队交互、团队成员都是影响教师共享的主要因素,这与网络平台的设计是不谋而合的。图8-1中的高、中、低代表的是影响个体共享的稳定性,越高说明越稳定,对教师进行共享的影响越小。

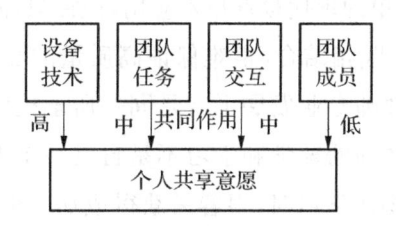

图8-1 共享心制模型(杨镜,2014:32)

由图8-1可以看出,设备和技术是四个因素中比较稳定的,也是教师共享的前提。在构建大学与中小学合作共同体的过程中,一定要提供稳定的设备和技术,如统一的网络页面、稳定的平台等。团队合作的任务和团队交互是四个因素中处在中间位置的影响因素。在学习中,有着共同的目标才能激发学习者的合作共享,交互更是网络设计中永恒的话题,好的交互才能激发学习者的学习动机。在建构合作模式的过程中要明确研究主题,设计最优的互动模式。团队成员的不稳定性最容易影响学习者的共享行为,所以要使相同兴趣和经历的学习者建立学习共同体,形成一个稳定的交流圈,激发学习者的共享意愿。

五、大学与中小学合作促进英语教师专业化发展的模式构建

教育过程中大学与中小学合作促进教师专业发展有很多形式的活动，但合作往往流于形式，导致合作无法长久进行，无法为教师专业化发展带来新的变化。人们在反思传统的大学与中小学合作模式的同时，呼吁新的专业发展范式的出现。同时，丰富且能带来便利的信息技术并没有被运用于提高教师专业化发展以及大学与中小学的合作。

目前网络下的教师专业发展平台多数也仅是资源的简单共享。学习者观看视频和文本资料，视频是专家介绍教师的基本品德和基本知识，或者是简单的现代教育技术应用，往往只停留在专业知识层面，很少与教学实践相结合，很难保证高质量的支持服务与交流互动。现有的区域教师专业发展平台是同一所学校的交流，已经显示其局限性。因为教师的教学和学习不是自己一个人的教学，当教师通过自学和他人协作学习时，很容易获得成功。根据调查问卷数据分析可以看出，同行互助和专家指导是教师获得专业成长最需要的两种形式的帮助。

对大学与中小学合作现状及教师专业化现状和需求的分析发现，传统合作中大学与中小学"协同合伙"层面的合作无法解决中小学在教师专业发展中以各自利益为出发点，缺乏长效合作机制等缺陷，利用普及的网络技术和先进的信息技术，可解决教师专业发展过程中教师资源发展不平衡，以及教师专业发展过程中缺乏专家指导等问题。图8-2为实现信息化环境下大学与中小学教师合作开展教师专业化"教、学、研"合作活动的互动理论模型。其中"教、学、研"合作活动理论模型中的"教"指教师的教育教学实践；"学"指教师的理论知识水平和专业技能提升；"研"指教师的教学研究和教育科研。

三者是全面提高教师专业化而紧密结合在一起的、相互促进和互相影响的组成部分。

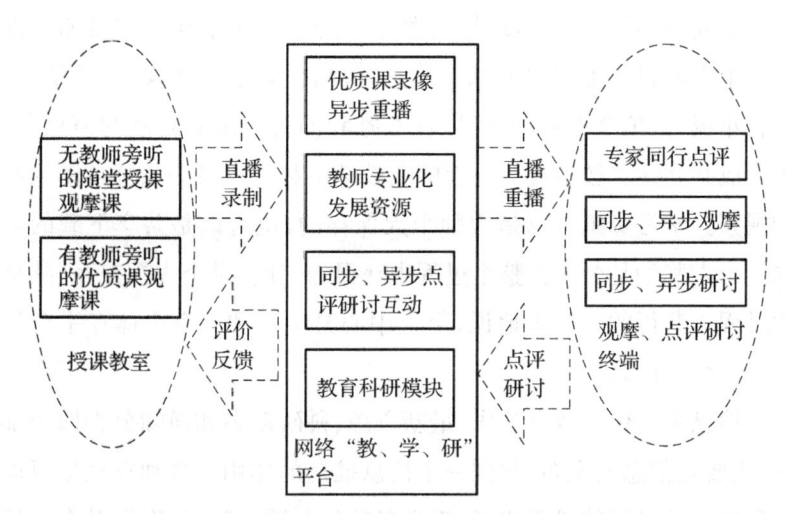

图 8-2　"教、学、研"合作活动的互动理论模型（杨镜 2014:31）

本模型主要由"授课教室""网络'教、学、研'平台"和"观摩、点评研讨"三个部分构成。"授课教室"的课堂教学过程是"教、学、研"活动中观摩、研讨的对象。活动的主体既可以是中小学教师，也可以是大学教师。中小学教师可以录制自己的教学视频，并邀请大学老师或同行来观摩，而大学教师也可以录制自己的优质课或教学资源给中小学教师观摩学习。具体实施的办法是授课教师搭建视频会议系统，通过网络可以连接构建相同系统的教师进行观摩研讨。

"网络'教、学、研'平台"是教师进行合作的网络平台，在这个平台中，教师可以观看自己的授课视频，或者专家、同行的教学视频。同时，可以获得大量的教师专业化资源来学习和进行教、学、研，是"教、学、研"的主体部分，"观摩、点评研讨"则是"教、学、研"平台中利用互动工具进行交流的部分。接下来，笔者将对大学与中小学"教、学、研"合作模型中教师教学、研究和学习三方面的功能进行具体分析。设计的过程包括四个主要模块:个人中心、信息公告、资源中心和学习团队。

个人中心包括个人资料、教学视频、学习资源和个人奖励四个部分。个人资料是指用户的基本信息,包括任教学校名称、任教学科、任教年级等;填全资料,就可以让专家和同行了解到自己的信息,便于形成共同体。教学视频是教师在教学中利用点录播系统自动录制的视频。学习资源可以是教师个人保存的,也可以是共享下载的资源。个人奖励是个人在整个过程中获得的奖励,是个人在交互、共享的过程中获得的。简单地说,个人中心是记录和保存个体在平台活动的一个记录。

信息公告包括教学公告、最新资源、科研动态和通知公告四个部分,主要是信息的发布,起到一个信息推送的作用。教师在这里可以看到国内外最新的科研成果,教学名师的上课视频、教案以及个人记录等。同时,也可把最新的资源推送在主页面上供教师观看。

资源中心包括公共资源、共享资源、上传下载区域和互动四个模块。公共资源指平台中管理人员上传的学习资源和学习工具等,如管理员添加的关于学科的名师教学视频、教案等,是不能更改的视频,共享资源是老师们共享的教学视频、教案、好的学习工具,如知识管理工具、教学多媒体工具、其他实用小工具等,目的是提供给大家相互学习,上传下载区域是教师进行交互的一个重要区域,可借助集体智慧使自己的隐性知识得到丰富和升华。互动模块式交流评论模块,是对自己和别人的教学视频、教案等的评价,是吸取精华的一个过程。

学习团队包括教学团队、科研团队、专家团队和管理团队四个部分。教学团队是指形成一个关于教学的小团体,由相同学科或者不同学科组成,主要由专家型教师领导,是对新手教师指导的一个指导团体。科研团队是在网络上形成的一个科研小团体,一般组内成员较少,大家围绕一个研究主题进行合作。专家团队在这里起着引导和解决疑惑的作用。管理团队,主要是对整个系统的维护和对教师技术问题的解答,是第三方的保证系统,对整个合作提供基本保障和监督功能。

观摩、点评研讨则是"教、学、研"平台中利用互动工具进行交流的部分,贯穿于整个的学习过程中,使教师们能够获得多种形式的交流方式,并选取最适合的方式与同行和专家进行互动。

接下来,将对大学与中小学"教、学、研"合作模型中教师教学、研究和学习功能三方面专业发展进行具体分析。

(一)功能分析

1. 英语教师教学功能模块

"教、学、研"合作活动理论模型中教师教学功能模块分为两个部分。一是利用视频会议系统对无教师旁听的随堂授课观摩课和有教师旁听的优质课观摩课进行录制和同步实时互动。另一部分是利用网络"教、学、研"平台对录制的教师授课进行异步点评或利用网络工具进行同步探讨,从而达到教师教学能力的提升,见图8-3。

首先,搭建视频会议系统,在上课的教室中搭建好视频会议系统,把授课教室、点评终端、大学终端、中小学终端连接起来。当教师授课时,启动系统,输入自己的账号,就可以直接自动录制本次教学的整个过程,并且自动导入网络"教、学、研"平台中。教师课下可根据自己的账号去观看和下载教学视频。

其次,使用视频会议系统搭建教学录播系统。教师平时可以自主选择无教师旁听的随堂授课录制,这样录下的视频是教师按平时授课的状态进行的,录制的教学视频比较真实。当教师在观看视频时,可以直观地看到自己的教学过程。当教师需要其他教师听课或

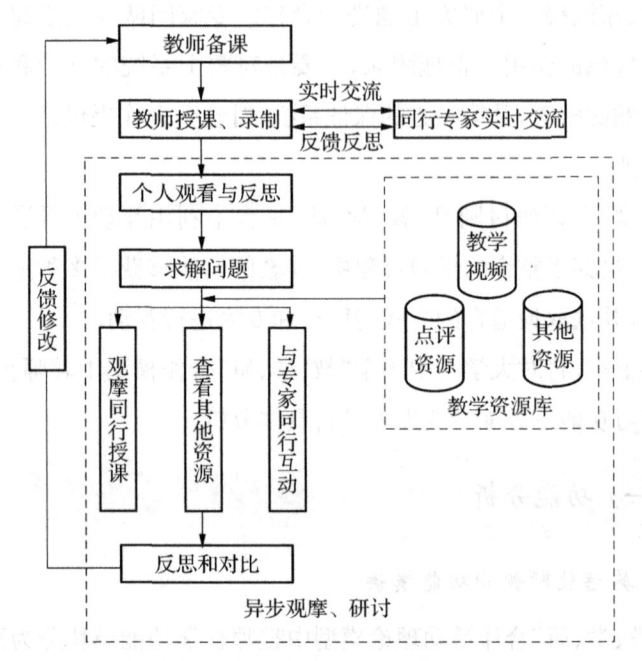

图 8-3 基于网络"教、学、研"教师教学功能模块图(杨镜,2014:37)

者上公开课时,或者当专家或同行处于一个合作团队时,录制视频就可以全面记录现场的状况,便于教师反思和学习经验。当专家或同行不能亲临授课教室时,开启视频会议系统,就可以把加入这个网络合作团体中的学校连接起来,让身处不同地理位置的大学老师、中小学教师同步观摩课堂教学,并听取专家和同行的即时解说、答疑,从而实现各地教师、专家的异地同步观摩及同步研讨。

网络"教、学、研"平台为教师专业化发展提供了丰富的教学资源。教师教学分成三个部分,第一部分是教师授课的教学备课。教师可以根据自己的教学实际情况自行设计,也可参与网络平台中的集体设计。教师可以利用资源进行独自备课,也可以在平台中组建集体备课小组。大家相互查看,并给予指导,促使群体共同发展。第二部分是实现同步交流、研讨。第三部分是异步观摩、研讨。下面将对第二、第三部分进行重点探讨。

(1) 同步交流、研讨功能

大学教师和中小学教师加入视频会议系统后,通过录播系统上课,专家和同行就可以同步观看直播的视频,并针对教师教学过程边观看边点评和解说。授课教师当场听取专家同行解说,并且可以向专家同行提问,与同行交流、研讨。授课教师听取专家和同行意见的同时,反思自己的教学过程是否存在不足。这种方式实现了实时与同伴交互的有效交流形式,并且打破时空、地域的限制,减少人力财力的浪费。这是一种教师教学能力提高的有效方式。

具体的实施过程为:首先开启视频会议系统,以公司开发的视频会议系统为例,系统里面单击右键,新建会议,输入会议名称,将地址簿里面的与会者拖到中间界面,当状态显示成功连接时,就可以互相通话。实现同步研讨,并且系统将自动录制视频,导入到相应的信息化平台中。

(2) 异步观摩、研讨

异步观摩、研讨是教师提高教学能力的另一个重要的办法。因为实时同步的时间比较难统一,利用视频会议系统开展教学活动的同时,会议录播系统会自动同步录制各路信号,记录整个教学过程中的活动,并整合自动保存到相关的网站中。

教师可根据自己的账号观看视频。在观看视频的同时反思自己的教学,发现是否有需要解决的教学问题。当教师发现自己的教学问题后,可在平台的教学资源库中寻求解决的办法。如观摩同行授课、查看其他相关资源,寻找与自己相似的教学视频和教学案例的解决办法。这时,若老师还没有解决疑惑,可以把自己的教学视频整理发布到网络平台上,邀请专家同行查看,并在网络平台上实时与专家和同行在线互动。或者查看专家和同行在视频下的留言、评论,找出可行的教学手段和方法来改进自己的不足点,并不断反思修改和完善以后的教学。

总的来说,大学与中小学"教、学、研"合作活动理论模型教学部分可以让部分观摩教师走进课堂实地观摩,也可以在不打扰授课教师、学生的情况下开展常规观摩课活动。可以让参与教师选择同步观看观摩课视频和异步观看优质课录像两种观摩形式,并以不同方式参与交流、互动。教学功能中保留了传统教学的集体备课、研讨的特性,也满足自主学习的个性化需求。本模型的最大特点是可以实现教学活动与课堂教学相分离、同步观摩与异步学习并存、有组织性的集体教学与个体自主学习相结合。本模型提出的大学与中小学"教、学、研"活动方案符合长期、定期开展的条件,是促进大学与中小学教师教学专业化发展的有效途径。

2. 英语教师科研功能模块

网络"教、学、研"平台教师科研功能模块,主要是针对教师科研能力的提高。我们的调查发现,中小学教师最想提高的五个能力,即教育理论素养、学科专业知识、学科专业技能、科研能力、信息技术实用能力的比例分别为26%、17%、22%、30%、5%。可以看出中小学教师已经逐渐意识到科研能力的重要性,但中小学教师做科研的难处也是显而易见的。首先是工学矛盾,这是困扰中小学教师最大的难处。其次是前沿理论和技能认可的难度。中小学教师在教学岗位中,如果没有专家或者同行的指导,很少去关注相关学科的前沿知识或者理论,也不愿意接受新技术。笔者在做网络辅导员的过程中访谈过很多老师,他们大都觉得技术不能优化他们的教学,新理论也不适合教学。究其原因,他们说无从下手去做这些研究,学校要求他们进行课改,但他们又得不到帮助与支持时,干脆拒绝进行教改和课改。

再次,中小学教师学习资源存在难获得性。教师做研究都需要丰富的教学资源。虽然目前网络中有很多资源,但好的资源往往设置使用权限,如好的课件下载需要积分,好的文章下载也需要钱财等,这些往往阻碍了中小学教师的专业化发展。与此同时,大学老师尤其是教育学家在做研究的时候,理论研究很完善,但接触不到实践教学的一线,从而无法验证理论是否有效,导致理论成了一纸空谈,不被接受。本模型的设计构想主要是利用网络平台提高中小学教师科研能力,增加大学教师理论的实践深度。包括两个功能模块,第一部分是提高教师个人科研能力;第二部分是形成科学研究共同体,提高小组内教师科研能力。

(1)教师个人科研功能模块

教师的科研能力是急需解决的一个问题。提高中小学教师的科研能力是目前中小学教师专业化的重点,同时,提升大学教师科研实践水平也是高等教育改革的必然趋势。平台中教师个人科研能力的提高主要是指教师个人或者一个小团体科研能力的提高,具体如图8-4所示。

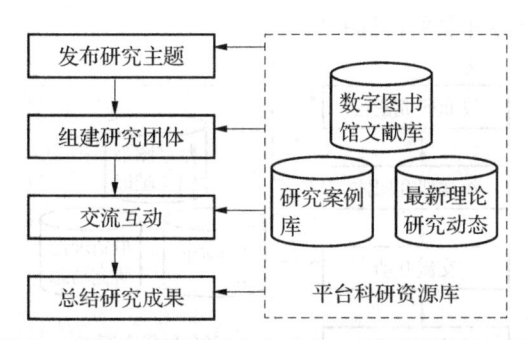

图8-4 基于网络"教、学、研"教师个人科研功能模块图(杨镜,2014:40)

首先由教师提出研究问题。问题的提出有两部分来源:一是由大学教师牵头,发布最新的研究动态、研究思路以及学习资源。中小学教师在观看的过程中找到自己想研究的点或者问题。二是中小学教师在专业发展过程中发现自己的研究兴趣或者想要解决的问题。

制订研究计划。教师可以参照网络资源或者向大学老师和同行咨询,获取研究的可行性分析以及研究所需要的资源,共同分析研究的价值,并在整个研究过程中寻求帮助。

实施研究。教师实施自己的方案,在实施的过程中可以不断地邀请专家和同行来同步观看或者异步交流,探讨研究过程与研究主题是否有偏差。与专家或同行不断修改和完善研究方案,以达成目标。

总结研究成果。教师在平台中总结并分享自己的研究成果,并列出研究中的问题,提供给其他同行进行观摩和借鉴。

大学教师的个人科研能力提高,主要是大学老师在平台中找到自己实践的教师或教师团体,并在实践过程中,运用自己的理论指导中小学教师教学,验证自己的理论可行性。

(2)教师群体科研功能模块

教师群体科研功能模块是指平台为相同兴趣的科研共同体提供了开展科学研究的功能,其目的是使大学与中小学老师共同研究某一主题,提升科研水平,见图8-5。

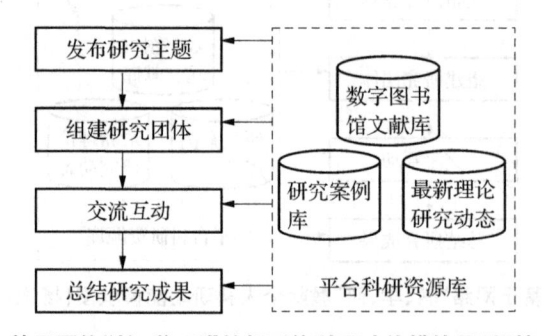

图8-5 基于网络"教、学、研"教师群体科研功能模块图(杨镜,2014:41)

首先发布研究主题。主题的来源有两个方面。一方面是大学教师牵头,发布自己最新的研究课题,在平台中建立自己的科研小组,吸引相同兴趣的同行或中小学教师参加,组成能够为教师实践提供便利条件的中小学群体的网络科研共同体。另一方面是中小学教师在浏览最新的研究成果、研究动态时，对某一内容产生兴趣，进而自发形成群体，开展相关的理论与实践研究。在研究过程中邀请相关专家进行指导，在群体的研究过程中，一般大学教师都担任指导者的角色。

组建研究团体。相同兴趣或者需要的教师组成研究团体后，对团体的研究过程有一个明确的计划，确定研究目标，分工协作实施计划。

交流互动。在研究的过程中，团体内部的人员共同探讨研究过程与研究主题是否有偏差。也可与专家或同行交流，不断修改和完善研究方案，以达成目标。

总结研究成果。教师在平台中总结并分享自己的研究成果，以及研究中的问题，提供给其他同行进行观摩和借鉴。在研究过程中，共同体内的成员互相帮助，协作完成某一个课题。

总的来说，在教学研究的过程中，首先双方教师通过平等交流协商、共同研讨设计解决方案。依靠大学与中小学教师的集体智慧来解决问题，进而提高教师的科学研究水平，促进教师专业发展。大学教师具备丰富的教育理论基础和获取新知识及新技术的优越条件，能立足一定的思想高度全面审视问题，拥有分析问题的能力，能够在合作过程中敏锐地发现问题以及运用相应理论解决相关问题，拥有及时把握相关问题的能力，因而能给予中小学教师新的教学思想理论、新的学科知识、新的教学技能、新的媒体技术、新的发展思路和研究问题的策略及方法等。大学教师通过与中小学教师的合作可以更好地感知教育实际场景，验证教育新思想、理念、技术的适应性和有效性，从而增长实践的智慧。中小学教师也能通过与大学教师的合作，在实践中学会用科学的、理论的系统方法来解决问题，反思自己已有的知识，需要获取的知识，使吸收的显性知识转化为自己的隐性知识,学会审视不同的学术和教学观点,激发自己的创新精神。双方教师通过网络"教、学、研"平台互动合作,能取长补短,通过合作者之间的资源共享来活跃思维、分享成果,进而提高学术研究水平,攻克学术研究难点,或者提高教学与教学研究效率,更好地实现专业技能的提升,在教学中充分发挥自身的创造精神,进行创造性的教学,使课堂结构更趋合理。同时教师个人在和教师群体、专业人员之间的交流讨论中,是以网络"教、学、研"平台为依托,能够实现在平等、和谐、开放的网络环境中进行跨越地域和时空的交流与互动,共享教学信息与教学资源。教师通过网络"教、学、研"平台可以获取相关的教学资源,及时了解教育教学思想最新动态,及时掌握新技术的使用方法,下载全面教学资料,发布反馈意见。教师可以在网络上建立共享合作空间,能即时更新、储存、利用、分配和分享教学内容或信息,便于实时交流,便于教师获取所需的资源,分享教学和科研经验,探索未知问题。网络"教、学、研"平台应用于备课、教学案例、科研等教育教学活动中,能够吸取经验来优化课堂教学、学习先进的现代教育技术整合学科课程,为自己的教学提供便利。

3. 英语教师学习功能模块

网络"教、学、研"平台提供了提高教师理论知识水平和专业技能的教师学习功能。在整个模式中,教师开展教学或科研的任何一项活动都是一个不断学习的过程,如教师观看视频、交流互动、共享资源都是教师学习的过程。

首先,教师在平台里可以观看自己的教学视频,根据教学视频进行自评,并整合教案、课件等相关资料作为完整的教学资源,发布至网络教学平台,这个部分主要是老师自身的学习。

其次,开展异步观摩研讨活动为中小学教师创造学习、交流、反思的机会。大学专家和中小学教师观看"教、学、研"活动录像,分析相关的教案、课件,并参与讨论。这有利于中小学教师本人反思学习过程,总结学习成果。同时,教学活动的视频录像也为没有能够参加活动的教师提供了宝贵的教学资源,让他们也能够"身临其境"地在活跃的氛围中进行学习。在听观摩课的同时,可以听到专家的同步点评;在学习教学经验的同时,可以听听同伴们对相关问题的观点,有利于提高教师利用网络自主学习的动力和效率。这不仅丰富了本校师生之间的学习,也扩展了院校之间的学习。可以说,利用网络"教、学、研"平台开展的中小学教师异步观摩研讨活动符合中小学教师的学习、交流需要,是对同步观摩研讨活动的有力补充。组织异步观摩研讨活动可以实现教学、教学资源的整合、利用、丰富、再利用的良性循环,实现教师隐性知识升华;同时,让更多中小学教师参与到教学活动中来,为没能够参与同步教学活动的中小学教师创造了共同学习、研讨的机会,满足中小学教师自由选择学习时间的需求;而且,在满足教师集体研讨需要的同时,适应中小学教师个体个性化学习需求。

最后,中小学教师在观看录像之后发表个人的独特见解,并在阅读他人留言之后重新获得深度启发。在观看活动录像之后,中小学教师可以利用留言板、聊天室等网络交流工具与同伴进行交流。教师可以发表自己的见解、感想,也可针对其他教师的留言提问或给予评价。而教师围绕视频资源的评价、对相关主题的讨论,都是对原有视频资源的有力补充。中小学教师在使用教学资源的同时,无形间更新、补充、完善了原本的教学活动视频资源,教学资源被赋予了新的活力,而不断更新的学习内容都可能为其他教师带来更多的知识或思路,或引发新一轮的思考与学习。对教学资源的良性循环使用将为中小学教师网络"教、学、研"提供动力和支持。

教师在教研过程中学习教育科研就是教师自主学习的过程。一方面,教师在平台中浏览最新的科研信息,结合自己的教学找到研究的主题,在分析研究的可行性基础上,找到研究方法。在实施研究的过程中,教师学会鉴别资源、利用资源来为自己的研究提供帮助,这是一个自主学习的过程。当研究结束时,教师整理自己的研究内容、研究方法、研究结果发布至平台上供其他教师学习,这是一个分享学习的过程。

另一方面,教师在平台中,利用互动工具与专家和同行进行交流,学习他们的研究思路、研究方法,内化为自己的隐性知识。借助集体智慧来完善自己也是一个学习的过程。教师在发表自己的见解、感想和评价的过程中提高自己的科研水平和理论水平。

(二) 特点分析

1. 促进英语教师专业化发展

教师专业发展是模式的主题。基于网络"教、学、研"平台,教师获得了教、学、研三方面能力的提高,在独立学习和同伴协作学习的过程中,完成教师教学、研究和学习三位一体。大学教师基于学校进行课题研究,能够在实践中研究、反思和检验自己的教育研究结论。中小学教师在与大学专家学者交流合作中获得了教育教学及科研方面的帮助和指导,使自身的教育信念、教学水平、教学方法等不断受到挑战,通过自我反思、自我批判和自主学习来提高自身的专业水平。

2. 减少英语教师负担

基于网络"教、学、研"平台的教师打破距离限制,合作更加便利、灵活。地理位置偏远或是时间有限的教师就可以选择利用个人电脑接入网络"教、学、研"平台,只需要利用文字或借助普通的摄像头和麦克风就可参与交流互动。而同一个地区的教师可以聚集到分会场进行面对面的集体"教、学、研"活动,并利用投影仪、高清摄像机,借助网络"教、学、研"平台与异地教师同步交流。因为不再受地理位置的限制,教学活动组织方式更加多样化,教师们无须听课、调课,长途奔波,集中到一个教室里观摩、研讨,这大量节约了中小学教师"教、学、研"活动的费用,减轻学校、教师工作负担,使在中小学教师之间长期开展交流、学习活动成为可能。

3. 打破时空限制

本模型提倡课堂教学与"教、学、研"活动分离,在教学过程中,能够在不影响正常教学的前提下,实现专家异地同步点评。教师现场听课,教师紧张、学生拘谨,影响正常教学活动,这是传统"教、学、研"活动难以克服的弊端。而利用网络"教、学、研"平台就可以实现课堂教学同教师观摩活动在空间上相分离。在授课教室里,会议录播系统可以在获取教室全景图像的同时,自动跟踪主讲教师及发言学生。这样,对于授课教师来说,避免了现场听课教师引起主讲教师注意力分散的弊端,学生更可在不知情的情况下自然学习;同时,点评端的教研员、专家则可进行同步解说、点评。而在分会场内,参加观摩课的教师们可以在同步观看教师授课和学生学习情况的同时,及时就相关问题与同伴、专家进行交流。这样的观摩课活动,不仅减轻主讲教师与学生的心理负担,保障正常的教学效果,而且专家点评更加具体到位,同时可以让观摩教师不受拘束地交流,有利于提高专家点评的有效性和观摩活动的交互性。

研究的过程也避免了传统的大学与中小学必须在同一地点、同一时间的合作。双方可以在课下或平时时间利用平台进行探讨,共同解决研究过程中的问题。一方在实施的过程中,只要记录相关的问题发布至平台,就可以解决。

4. 促进合作学习

通过网络实现平等的交流,促进教师相互学习、互相帮助。以往，当授课或研究结束后，多数是专家或者骨干教师进行总结、点评或介绍个人优秀的教学经验，其他普通教师只能作为听众，缺少话语权。而通过网络"教、学、研"平台，可以实现各个接入端的视频、音频、屏幕、课件等多路信号的同步传输，中小学教师、大学教师以及教育专家可以在"教、学、研"活动的各个阶段，进行一对一、一对多、多对多的交流，他们拥有均等的发言机会，平等的话语权。而且利用网络的交流比起面对面的交流，能更有效地缩小教师之间的心理距离，让教师摆脱台上台下"对峙"的顾虑，经过慎重思考后更敢于发言，发言更具有力量，真正实现专家引领、同行互助的教师专业化发展形式。总之，基于网络"教、学、研"平台的中小学教师观摩研讨活动可以从真正意义上实现中小学教师之间的交流互动。

5. 提高英语教师的共享心智

网络平台中丰富的交互手段和资源的有效共享使得教师更加有意识地学习，尤其网络学习圈中的教师都是同一区域同一学科的教师，这样更具有优势。首先，他们对本地学科的教学教材有着共同的经验，对教师的相关政策也很了解，能激励他们相互了解，从而更容易相互分享经验。其次，合作过程中的资源是开放的，教师们获得资源比较简单，同时，在获取别人优秀的学习资料时，自己也会进行分享。另外，平台的激励机制也可以使他们在学习的过程中根据满足自身需求的心理因素，激励教师的共享。总体来说，网络平台实现了教师改革的动力，从而帮助教师获得成功。

基于大学与中小学合作的"教、学、研"活动模型是教师专业发展比较理想的"教、学、研"实践模式，它通过理论与实践相结合的合作与对话，实现了在职中小学教师和大学教师的共同发展。首先，它在"改进中小学实践"问题上，强调大学教师与中小学教师共同成长的过程。网络"教、学、研"活动以教育教学实践中产生的问题为起点，着眼于问题解决的实践性研究。因此,开展网络"教、学、研"活动的直接目的,不是生产知识,促进理论的发展,而是要解决实践中遇到的问题。其次,在"合作关系"问题上,强调大学与中小学在互相尊重、互相影响的平等基础上共同发展。大学与中小学合作不再基于自身利益诉求,将对方视为自己研究的工具,而是共同发展、共同创造的高效率伙伴合作关系。

因此,大学教师与中小学教师的合作关系更加开放、平等、公平,超越了大学与中小学双方自身文化的局限,改变以往排他的观点,从而形成彼此之间紧密的、相互依存的、真正有利于对方发展的合作,为推动大学与中小学合作深入发展提供了切实的保障。学校和教师都希望通过"教、学、研"合作活动使教师得到更好的专业发展,共同探究,共享资源,分享经验,交流心得,营造较为开放的环境氛围,建立一个可持续发展的学习群体。总之,笔者认为,网络"教、学、研"平台将理论提升、自主批判反思、同伴互助和专业引领有机结合在一起,充分发挥了现代信息技术与网络的优势,可以实现中小学教师、大学教师、教研员、教学专家共同参与活动,有助于提高网络"教、学、研"的效果,促进中小学教师"教、学、研"互动,实现中小学教师协同发展。网络"教、学、研"平台集教学、科研、管理工作一体化,实现信息化、数字化和教师教育的紧密结合,建立开放灵活的"教、学、研"合作模型。

六、信息化环境下大学与中小学合作促进英语教师专业化发展

(一)基于信息化平台的合作

1. 中介合作模式

中介合作模式是在学校的组织下,通过网络为教师培训,通过观

看专家录像讲座,同时对培训中存在的难点疑点通过微博、站内信交流等实时交流工具进行交流的一种大学与中小学合作方式。

(1) 中介合作模式的优点

政策引领。这类合作往往受国家的政策引领,合作开展的范围比较广,参与的人也比较多。

学习资源丰富。在学习的网站上,拥有大量的电子教材、视频和文档,为老师提供学习的多方面材料。

多种方式互动。网络为老师的互动提供了多种互动的途径,比如通过站内信、群、讨论区、微博邮件等多种方式进行互动交流,使交流的效率得到很大的提高。

避免外出产生的人力、财力的浪费。在繁重的教学任务中,很多老师不愿意外出培训,但又想得到专业发展,更愿意在网上学习。

(2) 中介合作模式的不足

受上网条件和环境的限制。很多教师都有自己的电脑,但往往一个人的时候很难尽心学习。还有很多教师尤其是老教师对网络的应用能力差,具有抵触心理。

不适应网络学习方式。很多教师完成教学任务以后,利用休息时间来看视频,往往很难适应网上学习方式,部分教师觉得网络是用来休闲的,让他们安静地观看视频往往做不到,对于网络作业也很少动脑筋去想,往往复制粘贴就算交差,没有达到预期的效果。

工学矛盾。这是普遍存在的一个问题,在网络合作学习中,很多教师会因学习任务过重而放弃,如果没有政府以及学校的强烈要求,很多人都会放弃。

与专家交流困难。在学习中如果真想与专家交流是不太容易的,现在的网络培训可能与利益相关,往往对教师专业发展的效果不是太好。

2. 区域合作平台模式

区域合作平台是指区域教师在网络上建立的学习共同体,教师们在平台上交流信息,共享资源,并运用站内信、论坛等交流工具进行交流的一种大学与中小学合作方式。区域性大学与中小学合作平台有助于大学与中小学双方专业化的提高。

(1) 区域合作平台模式的优点

政策引领。合作受政府的政策引领,合作开展的范围比较广,参与的人也比较多。

共同发展。实现一个区域教师的共同发展,教师们能够展现集体智慧,形成有机的合作整体。

教师自我发展意识强。每位教师都是平台的主人,有参与的热情和动力,可记录自己的"教、学、研",与同行分享。

激励机制。这类平台往往有激励办法,使教师能够投入研究中去。

(2) 区域合作平台模式的不足

合作往往是为了某个研究或某次研究而建立的,不能长久存在。在调查的过程中我们发现,在研究的期间,平台的活跃性很强,但过了研究的期间,平台就很少能够继续下去。

首先,目前大学与中小学合作的形式有一定的效果,对教师专业成长在短时间内也有一定的帮助。但共同的一个问题都是很难延续。如何保证大学与中小学合作的有效性是学者应该长期关注的结果。其次,对教师专业化发展能力的提升没有一个明确的范围。最后,通过分析我们发现,虽然信息化环境下大学与中小学合作给教师专业化发展带来很多支持工具,但除了网络培训和区域教师专业发展平台,其余的平台很少运用到,这对大学与小学教师的合作是不利的。

《教育信息化十年发展规划(2011—2020)》提出建设智能化教学环境,提供优质数字教育资源和软件工具,利用信息技术开展网络校际协作学习,提高信息化教学水平。逐步普及专家引领的网络教研,提高教师网络学习的针对性和有效性,从而促进教师专业化发展。以信息技术手段构建信息化环境下的大学与中小学合作模式,以促进教师教学、研究、学习三方面的教师专业化发展。

(二) 大学-中小学合作促进英语教师专业发展策略

本研究中提出的网络"教、学、研"模型是比较理想主义的构建模型。在实际活动开展中肯定有很多困难。"教、学、研"模型有三个主题:第一是大学与中小学合作,第二是教师专业化发展,第三是网络教学研平台,如何保证三者的顺利开展是需要解决的问题。

首先,大学与中小学合作是两个不同对象的合作。两者在文化、背景、地位方面有着很大的差异性,培养学生的目标也不一样,导致合作的困难有很多,相关学者已经对其做过研究。有研究者认为,在大学与中小学合作中要尊重原有经验,尊重合作双方原有的体系结构以及发展目标,相互体谅合作双方的文化差异,把差异当作合作中的动力,平等参与双方的活动,使合作双方在一个融洽的环境中完成目标,获得共同发展。也有研究者认为,在合作中要遵循平等交流与对话的原则、大学教师不能妄自尊大,掌握合作过程中的话语权,中小学教师也不能妄自菲薄,一味去迎合大学教师。在实施的过程中首先要探讨大学与中小学有效合作的策略,才能使双方合作,共同促进教师专业发展,共同从事教师教育,这样才能保证大学与中小学的共同发展。

其次,大学与中小学的教师专业化发展目标不相同。中小学教师对教学实践比较在意,绝大多数缺乏教育科研意识,怕变革、怕影响升学率、怕领导责骂、怕家长抱怨。同时,有些教师头脑中存在一些错误的观念,认为搞科研只是教育理论工作者和教育专家的事,往往对做研究存在很大的排斥心理。他们觉得做研究对自己的教学没有太大的帮助,自己最大的发展就是带出成绩好的学生。现行制度下,学生的成绩直接与中小学教师的利益、职称相挂钩,所以他们不愿意进行教师专业化发展。大学教师也同样排斥。他们的教师专业发展受现存的评价制度制约,专业化发展的过程中考虑的是研究的成果和发表论文的数量和级别,是否能够提高职称,在中小学合作中指导中小学教师,帮助他们提高科研或教学对自己没有用处,或者在指导过程中经常以"专家"自居,合作的态度不积极,导致双方合作失利。

再次,网络教学研平台是在网络中进行的教学研究,网络学习本身就有其困难性。网络的诱惑很大,不少教师也只是把网络作为一种娱乐的工具,很难在生活中用心学习。要保证平台能够顺利开展各项工作,必须提供合理的设计机制。

如何保证大学与中小学合作,更好地促进大学与中小学合作,促进教师专业化发展,调动双方参与合作的积极性,以及合作的有效性,是急需解决的问题,构建全面的合作机制,也是十分必要的。为保证"教、学、研"合作平台的顺利开展,需要从政策制度、资源建设、合作有效性、激励制度等出发,构建相应的策略,保证活动的有效开展。

1. 加大政策支持和经费投入

(1) 加大大学与中小学合作的政策支持

大学与中小学开展合作研究作为推动我国教师专业发展及实现教师教育新突破的重要途径,政府应给予高度重视和大力支持,鼓励并组织开展相关的理论和实践研究,制定并颁布相应的政策和制度,推进大学与中小学的合作研究向着制度化、规范化的层面迈进。这些年来,政府对中小学的专业化发展颁布了很多政策,如中小学参加校本研究的次数、参加网络培训的次数等,推动了教师专业化发展的热潮。浙江省颁布浙江省中小学教师专业发展培训规定以后,每位教师每五年为周期,参加规定学时的教师专业化发展培训。目前已经保证每一位教师进行专业发展,也取得相应的成绩。所以说政府政策的支持是合作顺利开展的有力支持。政府要进一步完善大学与中小学合作、教师专业化发展的政策,加大合作促进教师专业化发展的力度。

(2) 发挥教育行政部门和领导职责

政府在大学与中小学合作的过程中起带头作用。如根据中小学校实际发展情况,在尊重双方意愿的情况下,选择条件匹配、需求相符的大学与之结合,帮助其签订合作协议。政府和各级教育部门应投入精力来加强对大学与中小学合作的研究,可以通过开展试点研究,先鼓励一部分大学与中小学合作。根据合作的结果来推动地域的合作。同时,政府也可作为行政监管部门,监督解决大学与中小学双方合作过程中发生的不愉快,或者在需要协商的问题中起调解的作用,使大学与中小学合作朝着有利的方向进行。

大学与中小学合作的领导者也是非常重要的。在合作的很多问题上,如果没有领导的支持,很多计划都可能落空。特别是中小学老师,如果没有学校领导的支持,他们可能不会去主动改变,所以中小学的领导一定要有长远的发展计划,能够以长远的眼光来看待问题,有组织和协调以及调动教师积极性的能力,能够领导和组织教师进行合作研究,给予参与的教师时间、经费以及一切所需的保障。大学的领导者也要鼓励参与合作的教师,并在相关的职称评定、奖励中给予优先考虑。

(3) 加大教师专业化发展经费投入

经费是大学与中小学合作的一个永恒的话题。充足的资金保证才可能使大学与中小学合作成功。大学或者中小学教师很多因为缺乏科研经费，导致好的研究方案、研究途径被搁置。调查发现，目前国家对大学中理工科的研究投入经费比较多，对从事教育研究的投入则比较少；对于中小学教师的在职发展投入、在职教师科研经费投入相对来说也比较少，这往往使中小学老师放弃了研究的想法。加大对教师专业化发展的经费投入，给予大学与中小学经费保障，是大学与中小学工作顺利开展的前提。同时，中小学教师教学任务繁重，升学压力大，要保证合作的精力和时间勉为其难。加上没有政策性的独立经费来源，中小学老师往往会放弃做研究的想法。所以首先要加大对教师专业化发展的经费投入。

2. 切实促进大学与中小学有效合作

(1) 明确双方职责

大学方面要切实发挥"专业引领"作用。大学应组织高水平的专门研究力量，充分发挥专业引领作用，就中小学校、教师实践中的实际困惑进行多学科、多层次的帮助，为教育教学实践具体问题的解决提供强有力的研究支撑和专业引导。同时，在合作中，要尊重中小学教师原有的文化背景，从辅助者的角色出发，引导中小学教师重视自己的教师专业化发展。中小学教师要学会更加主动地反思、学习，不能过分依赖大学专业研究人员的专业引领和推动，要主动对自己的教学研究进行思考，主动寻求发展的机会。大学和中小学教师实现两者相辅相成的合作。

(2) 需要共同的目标

大学与中小学合作必须建立在共同的目标之上，如果没有共同的目标，肯定会造成双方合作的流失。我们的大学选择与中小学合作时不能只考虑自己的利益，中小学老师也不能只考虑合作给学校带来的眼前利益，比如提升学校的知名度、获得政府财政支持这么简单，双方都要从长远的利益出发来考虑是否有必要合作。合作必须建立在相互学习的基础上。大学与中小学双方的合作是基于自愿的合作，彼此之间将建立起信任关系，对彼此的专业发展有共同的追求。现在很多的合作都是指派人员来参加，这样往往会使很多老师失去合作的兴趣，强制只会增加更强烈的抵制情绪，这样的合作就不能算有意义的合作。不管是政府、大学，或者中小学企图在教师专业化过程中靠外力来促进发展都是没有意义的。让教师制定专业发展的目标和活动往往具有持续决定的作用。

（3）保持良好的关系

关系决定合作的长期性。有志同道合的关系往往更能成功。在研究的过程中，如果大学以专家权威的身份支配或控制中小学，对中小学教师意见"听而不闻"或者带着实验方案到中小学去验证自己的结论，中小学被动地接受大学的支配与控制，或者觉得自己低人一等，那么合作必然导致失败。只有合作双方开展平等的合作交流，有着融洽的合作关系、平等的身份、开放的学习环境，才能使双方获得发展。大学与中小学双方共同制定计划、共同实施方案才能使合作持续进行下去。

（4）完善管理机制

建立完善的管理机制，保证合作的有效进行。调查发现，我国大学与中小学合作常常处于无序、松散或停滞的状态，归根到底是因为行政干预力度不够、规章制度不健全，导致合作无章可循，无章可依。有的教师可能在合作的开始阶段比较有热情，逐渐地就不再参与合作。所以必须建立完善的管理机制，管理大学与中小学合作过程中的一切事项，给参加合作的教师提供保障。在教师出现消极状态时给予及时的引导，规范合作中的人员安排，使每一位教师都能履行职责，确保合作计划顺利进行，合作的活动顺利开展。

3. 完善激励评价机制

(1) 建立有效的专业化发展激励形式

心理学研究表明,当人处于激励匮乏的环境时,仅能发挥小部分的潜力,如果激励充足,则能发挥很大的潜力。在学校管理体制方面,激励对于教育界来说是非常重要的,实现教师专业化发展最基本的条件就是教师专业发展的激励机制。首先,教师在专业化发展方面受到的约束条件比较少。教师是否参加对他们的教学和生活都没有影响。其次,教师面临着很严峻的工学矛盾问题,很多教师由于繁重的教学任务以及家庭琐事往往无法完成自己的专业化发展计划。所以要建立完善的教师专业化发展机制,激发教师内在发展的动力。激励机制能提高教师工作的效率和质量,促进教师专业发展。激励措施一般分为物质奖励和精神激励两种。主要是以物质奖励为主,因为教师们面临着很严峻的工学矛盾,所以物质奖励远比精神激励要好。在日常层面,学校和政府可以建立专项的资助制度,如教科研专项资助经费,或者给予参加的教师优先职称评定的政策来激发教师的专业化发展动力。

在平台可以设计积分机制,例如对于教师进入平台、参与互动交流、共享学习资源、完成任务、完成科研成果等都给予一定的积分,积分与教师日常的工资、职称相挂钩。教师们凭借有效积分可以参与专项经费的申请,获取物质奖励。

当然精神激励也是非常重要的。对做出一定贡献的教师、专家给予表扬,并给予一定的荣誉称号,如科研能手、协作之星等称号,可以鼓励上述人员继续努力参与专业化发展。

(2) 建立合理的教师专业发展评价体系

在大学与中小学的合作研究中,需要构建科学合理的评价机制,采用不同的评价方式,激发参与者的热情和积极性,以求最大限度地提高研究的成效。要解决目前大学与中小学合作研究中存在的诸多问题，真正促进教师专业化发展，就要全面合理地对教师进行评价。采取不同层次的评价制度来对教师参与专业化发展的过程进行评价。在评价过程中，应根据不同层次教师的特点制定不同的评价标准。如对大学教师与中小学教师分开评价，因为大学教师与中小学教师关注的重点不同，参与研究的时间也不同。大学与中小学教师内部的评价标准也不同。对经验不丰富的教师要以鼓励来促使开展评价，提高他们的积极性。在合作的过程中，要以发展性评价来对教师的各方面进行评价，包括动态评价，如实行电子档案袋评价，在教师整个专业发展的过程中，建立教师专业化发展档案袋，实行互评、自评和他评相结合的评价方式共同评价教师的专业化发展，全面评价教师的每一个成长过程，而不只是对专业化发展结果进行评定。

(3) 健全激励制度

激励制度是教师进行合作的一个基本的保障制度，是教师在进行合作过程中的一个支持服务。完善对教师的激励制度和管理制度，可以有效保证大学与中小学进行合作，充分利用双方的优势来开展教师专业化发展活动。

大学与中小学教师合作所获得的资助资金本来就比较少，难以调动足够的人力财力资源。中小学教师教学任务繁重，学生升学压力大，本身保证合作的精力和时间就很难。如果激励的制度不完善，会影响教师的发展意愿。

首先，制定完善的激励制度政策，使每一项活动的开展都有章可循。其次，发挥第三方权利监督作用，确保每一项激励制度都能有效地对教师产生作用，每一项的费用支出都透明化，都有理有据，做到制度化、公开化、公平化和透明化。切实完善的激励机制能提高教师工作的效率和质量，促进教师专业发展。

4. 完善平台功能

上述策略的提出,是以大学与中小学合作以及保证教师专业化发展为基础的,笔者构建的大学与中小学合作模式中最重要的一块是网络教学研平台,双方教师的学习主体是在网络"教、学、研"平台中完成的。教师在平台中利用平台的教学资源和学习资源,利用互助手段来完成自主学习和协作学习。所以提高平台中教师的学习兴趣和学习动力是非常有必要的,可以保证平台的合作顺利有效地进行下去。

(1) 提升教师的信息化素养

网络教学研平台是教师在网络上开展教学研修的平台。网络为教师提供了多种交互工具、丰富的学习资源、多种手段的教师知识管理工具等,实现教师校内和校际、区域、全国甚至全世界的交流,在方便教师专业发展的同时,对教师的信息素养也有非常高的要求,所以首先必须提升教师的信息化素养,使教师能够有效地利用技术手段来获取自身的发展。

首先,教师要具有运用软件的能力,能够熟练地运用网络中提供的工具软件以及资源的下载和上传。其次,教师要具有信息获取的能力,学会筛选资源,在丰富的教学资源中快速找到自己所需要的资源。再次,教师要有处理信息的能力。在平台中我们提供了很多的信息技术手段和信息,教师需要学会整合信息技术,加工信息,利用信息,获得终身学习的方法。最后,在合作过程中,切实提高教师的信息化教学能力。我们调查了解发现,教师的信息化教学能力普遍不高,对信息化教学的认识不够,导致很多中小学的信息化设备都是摆设,是为了应付上级领导的检查所设。所以要提升教师的信息化教学素养,充分利用信息技术手段来提高其素质,完成专业化发展。

(2) 构建良好的网络环境

网络环境是指影响网络学习的全部条件,包括网络技术的支持及各种教学研活动参与要素的关系和活动规范,还有网络教研理念等其他方面。网络教学研活动必须要有网络平台的支撑,它是进行网络教研的基础,直接关系到教学研活动的效果和质量,所以一定要构建良好的网络学习环境。首先保证要有统一的页面、稳定的运行平台,具有简单易操作的特点。这是平台构建的基础条件。其次,网络平台中学习的气氛也要融洽。要构建平等对话,防止大学与中小学教师因为文化、背景等理念的不同而不愿意合作。

(3) 完善教学研资源的建设

第一,提供多种形式的教学研资源。

学习资源是教师进行网络学习的基础,教学资源的丰富程度是影响教师网络学习的一个重要因素。在构建的过程中,需要提供大量丰富的教学和科研资源给教师学习,使教师的各项学习和研究都能找到所需要的资源。

平台中为教师提供多种形式的教学资源。构建丰富的网络"教、学、研"教学资源库,除了教师上课自动录制的教学视频资源外,还加入名师的授课视频、教学设计,教学随想以及其他与教师教学相关的教学资源,成为相关学科文本资源、视音频资料、多媒体素材资源等的集合体。平台中科研模块也是一个非常重要的部分,教师获取科研资源有难度,例如好的论文库都需要积分下载,积分又需要钱买,尤其对中小学教师来说,获取研究资源有一定的难度,可在平台中提供丰富的论文资源、图书资源等。另外,平台中也提供研究方法、研究思路等资源,供教师们自行查看和借鉴,以节省时间,缓解工学矛盾。

第二,激发教师资源共享动力。

共享才能获得发展。如果所有的老师都关起门来做自己的研究,那是很难有大的进步的,在保证合作模式顺利开展的过程中,要激发教师资源的共享意愿。

首先，提供资源共享的便利性和快捷性，如提供上传和下载接口简单易操作，使大学与中小学教师不会因为技术的问题阻碍他们的共享意愿。其次，提供资源共享的奖励。奖励在网络平台中起着很重要的作用，当老师愿意共享时，平台立即给予正反馈，使教师觉得自己的资源能够被大家认可，付出也能够得到回报，从而激发教师共享的动力。最后，激发教师自主共享意识，平台中要保持积极的对话，使教师们在一个和谐共进的环境下学习，激发教师自主分享的意愿。

第三，完善平台资源管理功能。

平台中有着丰富的教学研资源，如果这些资源随便堆在一起，教师查找起来势必很不方便，所以平台中的教学资源需要按学科、年级进行分类。使同一年级同一学科的教学资源放在一起。平台的科研资源按照研究的主题进行分类，方便教师们的查找。同时平台具有自动搜索的功能，方便教师快速找到自己所需要的内容。平台中共享的内容也要及时更新，并可以针对不同的教师进行内容推送，如可以自动把教师的内容推送到教师的个人中心，供教师查阅。

建立资源管理，在合作过程中对资源再建设，进行资源的重组、分类和规划，对资源的质量把关，避免重复无用的资源在平台中出现。规划资源的存储位置，使资源能够有序分类，便于查找，同时，也能对教师上传资源的类型、形式等给予指导，避免老师因操作不当而带来负反馈，影响老师的共享意愿。

第四，完善平台交互功能。

交互是平台中另一个影响教师学习的重要因素。这是一个专家引领、同行互助的平台，已经规定了平台的互动交互功能。在平台中要完善互动交互功能。网络教学交互模型将学习者在网络中的交互分为操作交互、概念交互和信息交互。操作交互是指人与平台的交互，平台的设计要简单，让使用者能够快速上手。概念交互是为了使学习者能够简单便捷地查找到所需资源，在资源内容的组织上，可以利用知识管理工具，如概念图、知识地图、思维导图等组织内容，以研究和教学的模块化形式来组织。信息交互是为了使教师们共享资源、分享经验、讨论交流，提供资源共享区域、讨论区、留言板等手段。信息交互是人与人的交互，上面已经说过，平台构建的是专家引领、同行互助的模式，在平台中为教师们提供一对一、一对多，以及团体交互的功能，如站内信、邮件等实现个人与个人、团体的互动，讨论区实现多对多的互动。交互是个体知识建构的过程。教师能够根据平台的资源、平台教师的集体智慧来建构教师的个人知识，完善教师的知识。

第五，完善平台评价激励机制。

在网络"教、学、研"活动中，对积极参与网络"教、学、研"活动的教师要给予适当的奖励。平台设计积分机制，当教师进入平台，参与互动交流、共享学习资源、完成任务、完成科研成果等时都给予一定的积分，积分的数量与教师的行为相对等。当教师完成低层次的互动，如登入平台，与专家同行互动或者发表一次有效的评论时，给予数量比较少的积分。当教师完成中层次的互动，如共享教学视频资源，分享科研成果时，就获得相对较多的积分。当教师完成高层次的互动，如完成一次公开课教学、完成一项科研，就给予最多级别的积分，而这些积分都可以与现实的物质奖励、职称奖励挂钩。

平台为教师建立电子档案袋，在平台的个人中心就可以看到教师一段时间的教学研成果，开展教师的教学研评价。

大学与中小学合作是一个长期的过程，合作不论以何种形式都必须彼此互相尊重，共同探讨，设计协商自己的专业发展计划与需求，这样才能互惠互赢。大学与中小学有效伙伴合作关系的建立需要双方长期的交流与交互，共同设定合作的目标、拟定解决问题的方案以及确定双方合作的时间和人力、财力等。教师专业化发展需要领导的支持以及自身终身发展的意识。由上面的讨论可以看出,在今后的研究过程中,政府一方面应提供更多的合作渠道和合作经费,为合作双方提供机会和监督管理,以保证合作活动有效顺利地进行。另一方面需要建立和完善合作的研究机制,保证合作的质量和效果。大学与中小学合作是一个持续发展的动态过程,必须经常反思与改进,从多方面切实入手来加强合作。

教师专业化发展是教师终身学习的一个过程,教师要有终身学习的意识,才能激发自身的内驱力,获得自身的专业发展。教师只有不断发展才能适应社会对教育的要求,适应社会对人才的需求。除了要求教师的自我发展意识,相关的领导也要制定教师专业发展的制度,并发挥带头的作用,共同保证教师专业化发展的顺利进行。

第九章

大学与中小学英语教师合作
——理论与实践的结合

一、大学与中小学英语教师合作研究的必要性及当代意义

（一）大学与中小学英语教师合作研究的必要性

1. 教育改革的必然趋势

21世纪是知识经济时代，更要把教育摆在优先发展的战略位置。时代的诉求和全球化教育改革的浪潮要求我们必须对原有的教育模式进行改革。而教育改革与学校教育变革实为一体之两面，教育改革的美丽蓝图最终都要落实到学校层面。自20世纪80年代以来，除国家范围内的几项重大教育改革之外，由各地方教育行政部门、各中小学校甚至民间教育机构开展的教育教学改革也是层出不穷。大学与中小学合作研究作为基础教育改革的手段和方式迅速发展起来，我国各地也出现了不少以促成学校教育质量提升为目的而开展的大学或其他教育研究机构与中小学的合作研究。

大学与中小学开展的合作研究强调机构或组织的变革，即不单关注大学专家与教师之间的合作，而且关注大学与中小学这两类不同组织之间的变革，希望通过这种制度性的变革为教师改变与学校

变革营造一个支持性环境(Goodlad,1994)。但在合作中,双方需注意调整好各自的角色和责任,通过开展行动研究、合作探究共同推动我国的教育改革。

2. 推动学校变革和教师专业发展的重要手段

学校教育作为教育制度的重要组成部分,在当下越来越受到重视,学校教育的改革也备受瞩目。学校变革与教师发展往往需要外界力量的促动,大学恰恰承载了这一"促进者"的角色,大学专家作为专业理论知识和研究方法的拥有者,能够通过科学研究帮助中小学教师解决其实际教育教学问题,在平等交流、共同合作的进程中,促进教师对自己的教学过程、教学方法进行反思,推动教师的专业发展。古德莱德生动地描述了大学与中小学之间的相互依赖关系:"学校若要变革进步,就需要有更好的教师。大学若想培养出更好的教师,就必须将模范中小学作为实践的场所。而学校若想变为模范学校,就必须不断地从大学接受新的思想和新知识。"(苏智欣,1994:342)大学与中小学开展合作研究作为推动学校变革和教师发展的重要手段,以学校或其教师为主要改革对象,学校教育教学质量的提高和教师专业的成长不仅是大学的责任,也是中小学的责任。加之,当前教育界提倡"教师成为反思型研究者"并鼓励教师做行动研究,中小学教师由于受教育理论知识、研究水平及时间精力的制约,行动研究是最适合其采用的研究方法。教师在同专业研究人员进行合作研究时,以自己真实的教学情境作为实践依托,通过对自己教育教学行为的反思及同合作者的交流沟通,学习新的教育理论及研究方法,促进其教育教学质量的提高和自身专业化发展。

3. 理论与实践融合的桥梁

当代中国教育理论的发展与教育实践变革正处于发展的关键时期,促进理论与实践融合可能是摆脱理论发展与实践变革困境的突破口,而长期以来,由于教育研究传统所形成的教育理论与教育实践之间的沟壑,只有教育理论研究者与教育实践工作者携手努力,才能逐渐弥合(张景斌,2008)。而大学与中小学进行合作研究正是为教育界中两个主要但又长期分离隔阂的部分,即教育理论与教育实践、教育研究者与教育实践者之间搭建了一座"桥梁"。在合作中,理论研究与实践以一种"双螺旋"的结构紧紧缠绕在一起,共生共长,理论与实践本非对立物,二者是相生相长、紧密相连的,理论来源于实践又指导着实践,实践在理论的渗入中不断调整又丰富着理论。

大学研究者具备丰厚的教育理论基础和运用理论研究问题的能力,可以站在理论的高度对中小学教师在教育教学及科研方面进行帮助和指导,而中小学教师拥有真实的教育教学情境和丰富、鲜活的教学实践经验,除为大学研究者提供实践的"场域"外,还能充盈大学研究者已有的教育理论,使之更加丰满、生动。他们在真实的教育情境中研究教育,通过对教育实践的观察、参与、体验、思索,以自己对教育的感悟和对实现教育的追求,构建着"活的教育学"(张景斌,2008:88)。大学与中小学开展合作研究既是理论研究的过程更是实践的过程,在合作研究中,大学里的研究人员作为理论专家,要真正走进学校,走进课堂,针对中小学教师在教育教学实践中所存在的问题和不足,双方在平等的交流互动中促进教育理论的更新和教育实践的变革,引导教育理论与实践走向融合。

(二) 大学与中小学合作研究的意义

大学与中小学的合作研究堪称教育理论与实践的完美结合,在国内也受到不少学者的关注和支持。陈桂生认为合作研究实现了"互补与互惠",我们可以分享教师的教育经验,从他们鲜活的实践中找到新的理论生长点;教师可以分享我们的研究经验和理论资源,使自己的研究更加规范,论证更加充分可靠(陈桂生,2003:311)。操太圣、卢乃桂(2007:4)希望建立大学与中小学之间的伙伴协作关系,双方基于中小学教师的教学实践,由大学专家提供切实而及时的专业指导,以帮助一线教师提升自身的专业技能,进而达到提高教育整体素质的目标。

  大学与中小学开展合作研究是基于合作双方各自的价值诉求及对建构理论与实践融合的渴求而开展的,是于双方均十分有意义的研究。于大学研究者而言,他们一般被视为理论的持有者和创生者,拥有丰富的教育理论和专业的教育研究方法;而理论只有在付诸实践的动态发展过程之中,经过实践的检验、滋养及丰富,才能焕发生命的活力并实现自身价值,缺乏科学客观的实证研究作为基础,其理论必然是苍白无力。在中小学所提供的真实的教育教学情景和实践研究的"场域"中,大学研究者同中小学教师进行对话、交流和合作,中小学教师丰富、鲜活的教学实践经验充盈并丰润了大学理论者的教育理论,同时也为大学科研注入新鲜血液。于中小学教师而言,教师由于在教学实践中会遇到种种教学问题和困惑,渴望了解问题产生的原因并寻求解决途径,教师在长期的教育实践中积累了丰富的实践经验和大量的研究素材,但他们往往不善于发掘提炼教学实践背后隐藏的日用而不知的教育理论,导致其研究成果停留在一般的经验描述阶段,且多数教师缺乏对课堂教学过程的反思意识和能力,教师单纯地成为"教书匠""知识的传授者"。在同大学研究者共同合作开展的行动研究过程中,大学研究者帮助中小学教师直面其教学实际,针对其教学实践中存在的各种问题,在合作研究过程中找到解决问题的新途径、新思路和新方法。同时,合作研究有助于教师积极开展教学反思,促进其自我反思能力和研究能力的提升。中小学教师与大学理论者在平等、和谐、民主的合作氛围中相互交流、讨论,促进双方对各自已有的理论知识进行新的建构及对教育实践工作进行反思,在反思中达成对各自理论知识的完善整合、实践智慧的丰富升华。于两类学校而言,大学的研究以中小学作为实践基地,便于了解中小学的实际情况及其对教师教育的真实需求,从而能更有针对性、更有效地进行科学研究,进一步体现大学的社会价值,实现其服务社会的功能;同时一些师范院校把教育硕士安排在中小学进行教学实践,使其在实践中掌握丰富的教学技能,积累实践经验,为其日后走上工作岗位打下坚实基础。

二、大学与中小学英语教师合作的对策

(一) 角色定位和价值追求的明晰

近年来,随着基础教育课程改革的不断深入,我国各地关于开展大学与中小学合作研究、构建大学与中小学合作伙伴关系的实践尝试可说是不计其数。在合作中,首先要明确定位合作各方的角色,合作应是在公平民主、融洽和谐的氛围中基于平等互助、互惠互利的层面,为实现共同的合作目标进行坦诚交流、共同研究以促进双方的共同发展。中小学教师不再是"被指导者""被试者"的角色,而是合作研究中的主要行动者;大学理论者也不应再是"专家""指导者""局外人"的身份,而是"倾听者""促进者""提供批评的朋友";中小学校作为双方合作的协调者和保障者,除了合理协调、组织双方的合作工作外,还为双方合作的有效开展提供必要的物质和精神支持。其次要校正合作各方的价值追求偏差,中小学教师要正视学生的生命成长及其自身的专业成长,意识到自身专业化发展对促进课堂教学质量及学生成绩提高有着重要意义;而大学研究者应本着对学术的真挚追求而非以"利字当头"进入中小学做研究,真正促进教师专业成长并带动学校教育教学的发展;中小学校长也应转变功利主义的价值追求,外在的荣誉和名声依靠的是学校真正的教育实力而非专家带

来的几个优质的课题。

1. 中小学教师为主要行动者

中小学教师作为合作研究中的主体,作为教育实践活动的"当事人",首先应具备自我反思、自我发展的意识和独立自主做研究的能力。教师不安于现状,努力进取,是教师开展行动研究的根本动力(牛瑞雪,2006:73)。在教育行动研究中,中小学教师既是研究中的主要行动者,又是教育教学的实践者,身处教育教学实践之中,依托真实、鲜活的教育教学情境,通过直接的现场观察、现场式研究,对教学实践中的各种事件、问题如实记录、分析和研究,在自我反思、自我研究的过程中,教师的教学经验、教学方法得到充实,反思能力、科研能力得到提升,反过来可以推进行动研究的进一步开展,形成研究—反思—研究三向循环的过程。中小学教师拥有特定的知识体系,具有大学研究者不具备的丰富的教学实践经验,易于取得教育教学的第一手资料,并能直接将科研成果运用于教育教学实践之中,其本身完全能胜任合作研究中这一研究主体的角色。在合作研究中,中小学教师需具备自我反思、自我研究的意识,一是行动研究只有通过教师主动行动和自我反思才能不断推进,二是教师自主性思考和自主研究的能力也是与大学研究者进行有效合作交流的必要条件。在交流过程中,教师自我反思,积极思考教育教学中的各种问题,准确表达自己的思想见解,有效筛选大学研究者及其他教师的合理建议,有助于教师获取更多有效信息,促进其自身专业化成长。

其次,中小学教师要寓反思、研究于工作之中,以自身的实践活动为基础,以改进教学工作、解决实际教学问题为主要目标。在合作研究中,教师要依托真实的教育教学情境,立足自身的教学实践活动,寓反思于工作之中,做到一边工作,一边反思,一边学习,使实践活动与不断学习相结合。中小学教师做研究应与工作相契合,把解决教学中的实际问题作为一切科研活动的根本出发点和归宿,遵循"从实际中来,到实际中去"的原则并依据自身的真实体验和感悟来选择研究题目,而非采用大学研究者的研究课题或专家所给定的空泛但流行的题目,例如当下所提倡的素质教育是时下流行的题目,但于中小学教师而言,如何在教学工作中具体贯彻实施,需要从自己的教学工作中提炼相关研究题目,再如在教学中注意照顾学生的个性发展和兴趣需求,但有时可能事与愿违,妨碍了学生的集体发展或削弱课堂规范性、一致性要求,这种两难情境教师几乎每天都会遇到,且形式各异,缺乏完善的成功模式进行借鉴,教师可以其作为研究对象,探寻转化其不利因素并进而解决问题的有效对策。

再次,中小学教师在研究中要端正研究态度,坚持写反思日记,注意积累实践性知识和必要的研究方法。态度决定高度,端正的研究态度是思考教学问题、反思教学工作的首要前提,教师无论在工作中还是在研究中都应首先端正自身态度,虚心向老教师、研究者学习,努力转变为反思型研究型教师。坚持写反思日记,可记录自己对日常教学工作或教学理念中存在问题的深入分析,或记录一天中所发生事件的概括性描述等。反思日记具有较强的情境性,有助于其自身实践性知识的积累,同时教师可把自己的反思内容和看法与同事或研究者交流、探讨,在反思交流中激发教师思维的火花。在合作研究中,教师还需注意学习并掌握科学的研究方法,掌握一定的研究方法是从事研究的人必须具备的条件。大学研究者拥有较为丰富且科学的研究方法,在合作研究中,中小学教师应注意向他们学习常用的研究方法,了解使用方法需具备的条件、各种方法的优点及其局限性等。此外,中小学教师作为合作研究的主体,应端正自己的价值取向、校正自己的认识偏差,合作研究的成果可能要较长时间才能显现出来,学生的成绩固然重要,但学生的生命成长才是教育的最终目标,教师自身要适应21世纪知识经济时代所带来的各种变化,就必然要努力向着研究型教师方向发展。

2. 大学理论研究者为引导者和促进者

大学理论研究者拥有丰富且先进的教育理论知识及专业科学的研究方法，可以为缺乏研究经验的中小学教师提供一定的研究指导，某种程度上促进教师的自我反思，推进教师专业化成长。首先，中小学教师做研究需要一定的研究指导，而大学研究者作为合作研究的引导者，可以为中小学教师提供专业的理论指导，引导其共同探索教育实践。而大学研究者在合作中应首先全面深入了解中小学和教师自身发展的目标，使其行动研究的目标与之保持一致，合作双方基于共同的合作目标，即促进教师自身专业发展并进而推进中小学的全面发展，针对学校具体真实的教育现状和教学问题，从实际需求出发，给予专业性、针对性的意见和指导。大学研究者与中小学教师之间的合作是基于平等互助、互惠互利的层面开展的，研究者并非以"专家""局外人"的身份进入研究，而是与教师进行平等的对话、交流，实现教育理论与教育实践融合，先进科学的理念与教学实际经验取长补短、共同引领。

其次，大学研究者作为合作研究的促进者，能为中小学教师提供切实可行的帮助和指导，促进教师进行自我反思并提高其研究能力。大学研究者在合作中要切实发挥其促进者的作用，帮助教师做好教学研究工作，创造各种条件培养教师的主体意识，促进教师对自身工作中存在的问题进行批判性反思，以不断推进研究的进程。研究人员要善于调动教师研究的热情和积极性，引导教师把自己的兴趣、爱好和实际教学经验等聚集于研究中并加以提炼，使教师感悟到自身经验可以上升为理性认识（赵娟，2010：28）。此外，研究者应与学校合作，共同构建促进教师进行研究的研究机制和交流形式，方便研究者全面分析教师的研究状况，并为之制定全面且有针对性的促进策略。例如可在中小学内部组织建立合作研究共同体,吸纳全体教师融入共同体之中,中小学教师在研究者的帮助下选择研究课题,合作小组内部定期举行讨论,定期评估交流研究的结果,促进大学研究者和中小学教师共同反思、共同进步、共同发展。需要注意的是,大学研究者在深入中小学教学实践做研究时,应本着对学术的真挚热情和追求,发挥其服务中小学校的功能,切实为帮助中小学教师专业化成长而努力。

3. 中小学校为组织者和保障者

中小学教师做研究是教师专业化成长的重要途径,有助于改进学校教学工作,带动学校整体发展。中小学校作为合作研究中的组织者和保障者,有义务协助研究者做好研究的组织工作,为开展合作研究提供充实的物质条件和开阔的合作环境,保障合作研究的顺利进行,争取合作的最大成效。

首先,学校领导要高度重视合作研究的开展,组织教科研小组引导并督促教师开展研究。近年来,"科研兴校""校兴科研"的口号逐渐在各个中小学校响起,学校从自身立场出发,追随科研浪潮大兴"科研之风",结果往往是"雷声大雨点小",一番轰轰烈烈的科研过后,教师的教学行为依旧是我行我素,学校的改革和发展依然面临种种问题。在合作研究中,中小学校承担着合作的组织者和保障者的角色,学校领导尤其是校长必须意识到合作能为学校发展带来的有益之处,转变其功利主义的价值观,重视合作研究的开展,在学校组织教科研小组为合作研究提供必要的信息资料,对研究过程进行指导、检查和监督。

其次,中小学校应给予教师研究的时间和空间,为教师研究提供相应设备资源及资金支持。一线教师日常工作任务繁重,对于学校开展的教科研活动根本应接不暇,学校管理者应适当减轻教师的工作压力,努力为教师自主发展、自主研究提供固定的时间和空间,让教师有充足的时间和精力进行自我反思学习、与同事和研究者交流研讨。学校可减少不必要的会议活动,针对学校的教育教学问题定期举行学术研讨会,为中小学教师之间或教师与大学研究者之间提供平等交流、探讨教育教学问题的平台,亦可邀请专家来校做报告,力求使教师了解新课程改革的最新动向、掌握新颖的教学理论和教学方法。此外,学校应创设良好的研究氛围,并为教师的研究提供相应的物质条件和资金支持,保障教师研究顺利有序地进行。

最后,中小学校应为教师研究建立积极的激励机制,全面调动教师做研究的热情和积极性。良好的外部条件和研究氛围固然是保障中小学教师和大学研究者的合作研究有效开展的重要条件,建立必要的激励机制并制定相应的研究机制也是必不可少的。学校要改变传统上只注重教学结果的单一的评价方式,努力转为发展性评价,即不仅要关注教学效果,更要关注教师的教学过程,关注教师在教学中应对教学事件的能力和在合作研究中的发展与进步。同时学校应制定相应的研究机制,赋予研究者在学校做研究的自由和参与学校教育改革的权利,与研究者之间建立良好的信任关系,保障合作研究工作的有效开展。

(二)合作研究机制的建立

当前,我国不少地方的大学与中小学进行了构建伙伴关系开展互助研究的有益尝试,但总的来说,仍然存在把合作当成任务来完成,以大学专家为主导,合作时间短成效低等现象,一定程度上影响了合作研究深入有效的开展。要改变这种局面,建立切实有效的合作研究机制,构建从组织层面、评价层面到保障层面的全面合作机制,作为保障合作研究顺利开展并取得实效不可或缺的重要条件,在当前是十分必要的。

1. 组织机制

首先，大学与中小学开展合作研究作为推动我国教师专业发展及实现教师教育新突破的重要途径，政府应给予高度重视和大力支持，鼓励并组织开展相关的理论和实践研究，制定并颁布相应的政策和制度，推进大学与中小学的合作研究向着制度化、规范化的层面迈进。如地方教育部门可根据中小学校实际发展状况，在尊重双方意愿的情况下，选择条件匹配、需求相符的大学与之结合，帮助其签订合作协议。

其次，学校要保障中小学教师与研究者之间沟通渠道的畅通，充分构建中小学教师之间及教师与大学研究者之间的沟通平台，定期组织教师、研究者进行研究交流，并将合作研究成果运用于学校教学实践。中小学校需要定期组织中小学教师之间、教师与大学学者之间的交流研讨会，以中小学校真实的教学课堂为案例，共同分析课堂教学问题并探讨针对性的解决方法。另外，中小学校可赋予大学学者一定的行政职务，聘用大学学者担任学校某个年级的教学副班主任，或者某门课程的副教研组长，促进研究者真正变"局外人"为"局内人"，在与中小学教师面对面进行交流探讨教学问题过程中，达成真正的沟通与理解。在条件较好的学校还可构建网络交流平台，充分利用现代信息技术，通过电子邮件、微信群、视频会议等方式让中小学教师与教师、教师与大学学者之间保持紧密联系，降低合作在时间和空间上的局限性，从而更加及时、有效地解决问题。

第三，学校应组织大学学者与中小学教师多种方式的对话交流，促进双方形成一种相互尊重基础上的对话式合作伙伴关系，从而促进两种不同文化的融合。大学研究者与中小学教师之间应是平等互助的合作伙伴关系，双方开展的对话交流是以平等民主为前提，在互助互惠的层面以追求合作双方共同发展为目标而开展的，大学学者不应以命令、指导性的话语方式对待中小学教师，中小学教师也不应畏惧"专家的权威"或忽视专家理论的科学性和实用性。中小学校可组织开展定期的正式座谈会或专题研讨会，或非正式的聚会增强合作双方的信任度和归属感，营造和谐的合作关系。

2. 评价激励机制

有效的评价制度作为合作研究中促进教师专业化发展的保障和动力是必不可少的。在大学与中小学的合作研究中，需要构建科学合理的评价机制，采用不同的评价方式，激发参与者的热情和积极性，以求最大限度提高研究的成效。而要改善目前大学与中小学合作研究中存在的诸多问题，真正促进教师专业化发展，推动学校教育教学改革，急需改变传统的以学生成绩作为衡量教师专业绩效的评价方式，而大学内部教师绩效考核更要增加源自一线教学、操作性强的科研成果的考核份额，鼓励和引导大学学者深入中小学教学实践，与中小学教师携手努力解决课堂中的教育教学问题。首先，教育行政部门应调整评估大学和大学教师的标准，大学应发挥其服务社会的功能，将科研与教学、实践相结合，而大学教师应经常深入中小学校教育一线，与学校教师开展合作研究，共同促进教师专业化发展和学校教育教学发展。还需要变革中小学教师的评价体制，建立发展性的评价机制，支持和鼓励中小学教师做研究。教师评价从目的上可分为两种类型：奖惩性评价和发展性评价。奖惩性评价以奖励和惩处为最终目的，将教师过去的工作表现作为教师晋升、解聘、加薪等决定的依据，这种评价方式严重影响教师参与研究的态度和积极性。而发展性评价以促进教师专业发展为最终目的，依据教师未来发展和内在潜力在相互信任、和谐的基础上开展评价，它能随时把各种信息及时反馈给教师，使教师对自己的专业发展情况有所了解并随时做出相应调整，从而推动教师专业化发展。因此，学校要把教师从事合作研究、课题研究及日常教育教学工作一起列为教师的评价内容，对教师进行全方位的评价。其次，完善合作研究的激励机制。切实完善的激励机制能提高教师工作的效率和质量，促进教师专业发展。激励措施一般分为物质激励和精神激励两种。对学校部分优秀的教师给予一定的物质奖励之外还可采取间接激励方式，如提供教师培训进修的机会、科研基金等（安富海、吴芳，2011：79）。

3. 保障机制

大学-中小学合作保障机制，是指大学专家、中小学教师以及当地教育部门的工作人员等要素相互联系、相互制约，从而保障合作活动顺利开展的保障体系和具有弹性的机制（王常泰，2008：20）。首先，合作研究需要时间上的保障。中小学一线教师日常教学工作任务繁重，对学校开展的科研工作无暇顾及，故而学校应尽量减少参与合作者的日常工作事务，给予一定的时间和空间，保证合作者全身心投入研究之中，如定期组织教师和研究者举行研讨会，每周召开课题座谈会、学术沙龙等。其次，合作研究还需要一定的资金保障，政府可设置大学与中小学共同发展专项基金，确保大学与中小学共同发展有充足的经费。大学和中小学校要加大科研经费的投入，并通过多方渠道筹集资金，把合作研究所需经费列入学校经费的使用计划并予以落实。另外，学校需要为教师配备相应的信息资源，如增加学校图书馆的相关书籍供教师课余阅读，为教师配备计算机，让教师及时了解最新鲜的教育资讯，通过网上检索相关材料获取有用的信息，为教师校本研究提供信息保障。

（三）合作研究的基本原则

当前国内大学与中小学合作研究的尝试屡见不鲜，而实现合作研究纵深发展并以科研真正带动中小学教育教学发展的却是凤毛麟角。合作研究如何开展才更具生命力,怎样开展才更具持久性和成效性?下面将从合作模式、合作动力、合作过程和合作方式这四方面分析阐释大学与中小学进行合作研究需要具备的几项基本原则。

1. 理论与实践相融合

大学与中小学的合作研究,一般是指师范院校或综合性大学的教育学院的教育理论工作者深入中小学一线进行教育教学研究活动。合作研究有两种主要的模式:"自上而下"与"自下而上",国内大多数合作研究走的是"自上而下"的合作路径,在这种合作研究模式中,大学理论研究者带着自己的优质课题、科研项目进入中小学校寻求合作以服务于自己的课题研究,研究选题并非源自中小学校的实际教育教学需要,中小学校看重的更多是研究课题所带来的荣耀而非学校真正的教育发展,研究者一旦离开学校,学校的教育教学工作又回到老路子上去,合作研究时间短、成效低,一般都是"轰轰烈烈"开始,草草了事收场。"自下而上"的合作模式中,研究选题是源自中小学一线教师的教育教学实践,大学研究者本着理论与实践结合的思想及其服务社会的教育理念,进入中小学实践教学中与其开展合作研究,合作研究时间相对较长,大学研究者与中小学教师面对面直接沟通、交流学校中具体的教学问题,基于具体实践、具体的个人发展状况、具体教学问题的分析开展合作,将教育理论渗透教育教学实践的同时又提炼出新的实践智慧,形成新的教育理论。此种"自下而上"合作模式较"自上而下"的合作模式更具成效,也更具有生命力。

大学与中小学开展合作研究应追求"自下而上"和"以校为本"的合作研究模式,本着促进合作双方共同发展的合作理念,将中小学教育教学实践需要作为研究选题,由中小学教师立项,大学研究者给予理论帮助和指导,中小学教师作为合作研究的主体而非被试对象;研究并非依靠学校的高压政策强制推行,而是基于教师自身发展的需要和教学需求,这样教师做研究的热情和积极性更容易被调动起来。在合作中,大学研究者本着服务社会、服务中小学校的理念,致力于依靠自身科学的教育理论和专业研究方法为中小学解决其实际教学问题,并通过与中小学教师的合作交流促进教师进行教学反思、推动其专业化成长。中小学校也应本着真正通过合作研究来促进学校教育教学发展的价值追求,真正做到"科研兴校",而非以研究者优质课题所带来的荣誉决定合作是否开展。中小学校的校长作为合作研究是否异化的关键人物,需摆正价值观,努力成长为研究型校长,致力于为学校谋取真正的发展而非只做"表面工程",研究型的校长必然带动、激励全校教师从事教学研究,为教师树立很好的榜样和带头作用。

2. 学术性与实践性相渗透

中小学校进行校本研究活动需采用学术性与实践性相结合的标准,即校本研究既要按照专业的学术研究标准要求教师的教研活动,又要基于学校的教育教学实践和改革发展的需要,以解决学校教育教学面临的实际问题及提升教师的专业发展水平为最终目的,以求中小学教师的研究活动既有学术意味又具实效性。中小学教师不是专业的理论研究者,所从事的研究也并非纯粹的学术活动,尤其不是专业的学术研究活动,他们一般不具有专业学术研究的素质与经历,如果一味引导、要求他们按照专业学者的学术规范去做学术研究,这样的合作研究不会持续多久就会受到一线教师的反对与拒斥。中小学教师需要的是具有实效性、有实用价值的教育研究,能针对性地帮助他们解决教育教学实际中的问题进而改进教学实践。校本研究作为教育研究的一个重要组成部分,同属于学术活动,故其理应符合学术活动的基本要求,无论是研究选题、研究方法抑或研究过程均应具有学术意味和学术价值。

中小学校校本研究的最终目的是促进学校教育教学实践的改进

和教师专业发展,在确保研究具有学术价值的同时,更要坚持实践性的价值取向,基于学校发展、教师专业发展和学生发展的实际需要,以学校的实践为标准,注重研究的可操作性和实效性。研究选题应以学校教学为主,源自中小学教师真实的课堂和教学案例,在研究的过程中注重让教师对自身的教育教学经验进行总结、反思,提炼出新的理论智慧以改进教育、教学实践,而以"实用"为旨趣的研究也更利于调动教师参与教研的积极性,教师基于自身的教育教学需要而非学校行政指令去做研究,在内在需求的驱动下更能保障校本研究的成效性。

总的来说,合作研究的过程中要坚持学术性和实践性的评判标准,既要使中小学教师的研究具有一定的学术价值,又要使合作研究具有实效性,能切实改进中小学教育教学实践,提升教师的专业素养。

3. 行政与学术相结合

中小学教师作为大学与中小学合作研究的主体,其对待研究的态度直接影响着研究的成效,要保障合作研究能持久有效地开展,首要问题即是如何充分调动和激发教师进行教学研究的积极性。对于一线教师而言,日常的教学工作和学校事务繁重,根本无法投入一定的时间和空间去做教育研究,而目前多数学校进行科研活动基本上依靠的是强制的行政命令,教师并非出于自身的内在需要,这样做出来的研究其效果必定缺乏真实性和实效性,合作也不会取得成功。正如富兰(2004:78)所言,一项成功的教育变革,自上而下与自下而上的策略都是必要的,变革是在"三明治"之中发展兴旺起来的。只有将自上而下行政指令的牵引与自下而上内在动力的激发相结合,即学校的行政推动作为外在推动力与理论研究者的学术牵引作为内在动力激发,结合起来作为教师进行教学研究的动力,合作研究才能持久有效地开展下去。而学校的行政指令显而易见是学校以行政手段,配之以相应的政策和制度要求或约束教师进行教育教学研究活动。在合作之初,教育理论研究者初次介入中小学教师的教学实践,彼此之间的信任度和认同感相对较低,需要学校以行政指令推动研究的开展,结果可能会使教师对研究者和合作研究"违心"地接受和配合,而在合作研究初显成效后,行政指令需配合相应的学术引导方能取得良好的效果。学术牵引,指以教育理论自身所拥有的学术价值及其用以指导实践工作、改进实践教学的目的性价值来引导中小学教师参与教育研究活动。需要注意的是,这里的教育理论须是一线教师需要且能为实践提供最大帮助的实践性理论,这种实践性理论最大的功能在于指导实践。一线教师心中并不缺乏基本的、广泛的教育理论,他们希望得到具有针对性、可行性、操作性和真实性的"好的教育理论"。而在合作研究过程中,需要教育理论研究者本着"实事求是""身体力行"的态度扎根于真实的教育实践之中,针对中小学教师具体的教育教学实践进行解剖分析并解答教师关于教学问题的心中所惑,以自身的学术价值吸引教师参与到学术研究中来。

此外,关于大学与中小学合作研究的推动力问题,校长的支持也是其中一个重要因素。校长作为大学与中小学合作研究中的一个关键人物,其对学术不懈的价值追求往往会引领全体学校教师共同致力于校本研究,以研究来促进学校整体发展和教师的专业化成长。相反,过于追求外在荣誉和名声只会造成合作研究"雷声大雨点小"的现象,轰轰烈烈开始、悄无声息结束。而在推动合作研究顺利开展时,一定的制度、经费等的保障也需校长的全力支持。

4. 以实践为导向

之前提到大学与中小学合作研究的方式主要有"务实"和"务虚"两种,务虚的研究是目前国内大学与中小学合作研究中广泛采用的合作形式,合作研究的学者们间隔一个月或更长时间到合作的中小学做一次报告或讲座,对于实践采取不介入或参与而不干预的方式,合作间隔时间长,合作是否有成效值得怀疑。而务实的合作方式是大学理论研究者"浸入式"深度介入实践,长期跟踪或蹲点于实践之中,深入实践、走进课堂、走进学校,以学校真实的课堂为研究对象,研究切合学校教学实际并能切实为教师解决教育教学问题。合作研究中,理论研究者与教师是分属于两种不同场域的主体,彼此之间的认同感和信任度要在双方的持续相处、不断交流沟通中增强,偶尔一次或间隔时间较长的交流指导,一方面理论研究者无法真正了解学校的教育实践,发现常态教学中存在的真实问题;另一方面研究者与教师之间无法达成真正互助合作的和谐友好关系。故而要保障合作研究持久有效的开展,理论研究者必须采取深度介入实践的方式,本着谦虚、尊重和开放的心态深入学校课堂听课,课后与教师共同探讨、交流解决教学问题的方法,在长期的相处交流中,教师们才可能真正把研究者视为"自己人"及帮助解决问题的朋友,从而达成合作双方主体间真正的沟通和理解,进而促进双方的共同发展。

同时要坚持大学研究者与中小学教师两类主体之间面对面沟通交流,交流和对话不仅能够改善关系,建立信任感,消除中小学教师的畏惧心理,还有助于中小学教师从日常教学转向反思性教学(宋敏,2005:31)。大学研究者与中小学教师沟通交流的方式可以多种多样,除定期开展正式的座谈会、专题研讨会外,也可增加非正式的聚会交流,增强合作主体之间的彼此认同感,促成合作双方形成和谐友好的人际关系。在沟通中研究者还要注意考虑中小学教师的思维方式和接受能力,了解教师真实的教学情况和工作状况,从教师已有的认知水平和实践经验出发,对教育理论做必要的转化,使之成为中小学教师能够理解且便于接受的实践性理论,要注意与教师交流时转变话语体系方式,使用教师日常所熟知的实践性语言而非专业的学术话语,与教师展开开诚布公的对话和交流。

第十章

大学与中小学英语教师合作的价值与展望

一、大学与中小学英语教师合作的展望

(一) 大学与中小学英语教师合作双赢的发生机制

1. 教师教育对合作的需求

大学承担教师教育的主要任务,但这并不否认中小学在教师教育中的重要作用。恰恰相反,教师教育大学化必须走大学与中小学合作之路,因为教师专业性的生成机制注定教师教育不能只在大学的"象牙塔"中进行。教师专业是一个实践性较强的专业,需要具备相应的实践智慧才能胜任教学,而这种智慧必须在中小学教学实践中才能得到发展。然而,长期以来,大学坚持"纯"理论的学术研究取向,其重研究轻教学的机制使得大学教师深入中小学的活动得不到应有的支持与尊重,降低了大学教师接触和研究中小学的热情,影响教师教育质量,结果导致大学培养的师范生相对非师范生而言,其教师胜任力没有明显的优势,随着教师教育大学化呼声的日渐高涨,反对者的声音亦逐渐变得更加强烈。因此,要保证教师教育大学化不至于流产,必须走大学与中小学合作之路,打破大学和中小学之间各

自为阵的隔绝状态,实现教育理论与教学情景相结合,从而培养"适销对路"的中小学教师。因此,教师教育大学化需要大学与中小学合作(张翔,2012:31)。

2. 职前职后一体化培养教师的需求

教师教育一体化天然地要求破除教师职前教育、在职教育和职后教育各自为政、相互割裂的局面,这为大学与中小学合作提供了可能,也提出新的要求。教师教育一体化包括观念一体化、组织一体化和课程一体化。首先,观念一体化要求将教师专业发展视为终身学习过程,这无疑需要大学与中小学合作。其次,组织机构的一体化,要求打破大学与中小学的壁垒,由大学和中小学合作培养教师。再次,教师教育一体化还需要通过一体化课程加以落实。所以,建构与中小学教育实践紧密结合的一体化教师教育课程体系成了教师教育一体化的重要措施。然而,要构建与中小学教学一线相联系的教师教育课程体系,必须以中小学教育实践和教学研究为主线,充分关照中小学教育实际需求,增设案例化、专题化、小型化以及即时性的课程内容,保证信息的强度、浓度和时效性。此外,为了确保一体化教师教育课程的落实,大学需要将中小学教育改革的实践成果引入教师教育课程中去,还需要邀请一些中小学特级教师、名师走进大学校园,担任本科生的指导教师。当然,也可以聘请部分中小学教师为本科生讲授教材教法、学科教学论、案例教学、新课程改革、中小学教育教学发展动态等课程,以此方式培养"适销对路"的中小学教师。

3. 交往理性范式的需求

交往理性的教师教育范式是在对话知识观指导下具有交往理性特征的教师教育(何菊玲,2009:113)。这种教师教育范式坚信一切真知来源于交往与对话,强调知识的生成性,主张中小学教师不再是实现教育目标的沉默工具,而是具有自主性、能动性和富有个性的人,他们在教学实践中不是被动地执行教育专家的课程,而是根据自己对课程知识的理解自主地进行教学活动,并不断创生新的课程知识。基于这样的知识观和教师观,教师教育共同体发生改变,它不再是由专家组成的专家共同体,而是由所有参与教师教育的人共同构成的交往共同体。这一交往共同体看待教师教育基本问题的视角发生了根本的转变,他们不仅注重教师教育的科学性,同时更加彰显教师教育的人文性和实践性。在具体操作层面,交往理性的教师教育范式强调大学专家与中小学教师一起创生教育理论知识,主张不论是大学教育专家还是中小学教师,都必须深入中小学教学一线,方有发言权。并且,教师教育不再是被动地利用专家设计好的教学技能去传递预先由专家设置好的课程,而是大学专家、师范生以及中小学教师交往互动与知识分享的过程。在此过程中,师范生或在职教师不断地在行动中分享,在分享中反思,在反思中学习,在学习中提高。然而,这一系列过程既不能只在大学的教室中发生,也不能仅在中小学的课堂中出现,因为大学课堂脱离中小学实践而中小学课堂又脱离了有关教学的知识基础。因此,只有大学与中小学合作,才能有效地将教育理论与教育实践联系起来,弥补上述缺陷。这就注定交往理性的教师教育范式必然替代工具理性的教师教育范式,而交往理性的教师教育范式天然地需要大学与中小学共生性合作。

(二)中小学学校变革对大学与中小学合作的诉求

1. 中小学组织更新需要大学支持

中小学组织更新是在一定的制度约束和能力约束条件下进行的。因此,中小学组织更新首先要努力改善自己的办学条件。而改善办学条件一方面可以请求政府给予支持,同时也可以采取其他渠道,其中,与大学合作就是扩充资源的一个有效手段。此外,很多中小学希望大学向他们开放部分实验室。组建实验室需要大量的费用，所以很多中小学没有建立实验室，以至于很多具有创新能力的中小学生失去发展其创新能力的机会。中小学的组织更新是一个办学条件不断完善和组织更新能力不断提升的过程。但无论是办学条件的完善，还是组织更新能力的提升，中小学都需要不断寻求外力支持，特别是大学的物质和智力支持。大学与中小学合作可谓是当前中小学实现质性飞跃的突破口。

2. 中小学教师改变需要大学支持

教师改变始于教师觉悟到自己需要改变。并且改变过程中，只有教师改变朝正向发展时，改革行为才被强化，下一轮改变才会出现。反观我们当前的教师改变现状，不难发现，随着我国基础教育课程改革的不断深入，各种关于教师改变的建议纷纷亮相，或强调"教师改变，观念先行"，或主张教师"自我反思，自我成长"。这种非要在教师改变中挑选出观念或行为孰先孰后的做法，其背后隐藏着一个基本假设：教师的观念和行为是分离的。这种争论如同"先有鸡还是先有蛋"的争论一样毫无意义，因为教师的观念和行为往往是相互交融，相互影响的。教师改变既非"观念先行"，也非"行动先走"，而是始于教师意识到自身必须改变。然而，如同其他行业的正常个体或群体一样，教师也并不是"天然地"欢迎变革，其专业生活中存在着一个所谓的舒适区。这是教师自己熟悉的范围和习惯的经验，教师在这个范围内活动就会觉得安全、舒适、稳妥，而一旦逾越则可能遇上困难、麻烦和挑战，所以如果没有外力的刺激，他们往往留恋自我"舒适区"而忽视改变的需要。因此，教师改变需要外力激发。大学具有智力优势，可以帮助中小学教师走出舒适区，使其明白需要改变才能发展，为中小学教师突破常规进行实践变革提供了可能的空间。此外，教师改变意味着教师"忍痛割爱"，与自己以往熟悉的行为模式分手;并且,变革需要教师投入更多精力和时间去熟悉新事物探求新方法。因此,如果教师改变不能换来正向成就的话,其改变的信心就受到影响,改变就可能会停滞,这就对大学的介入提出新的诉求。大学教师进入学校场域,可以根据自己所发现的问题与学校成员进行对话,并根据中小学教师的发展要求帮助其研究实践背后的理论;与中小学一起,进行"单元式"合作备课、听课、评课;研究改进教法、学法,实现课例的专业引领,分享优秀的课堂教学经验等,从而避免中小学教师在自身变革中的盲目性,降低变革的失误,提高教师变革的信心。中小学教师改变需要大学支持。

3. 中小学学生成绩提升需要大学与中小学合作

尽管当前基础教育课程改革如火如荼,素质教育的观念也深入人心,但关注考试仍然是我国基础教育不可回避的现实。随着高校自主招生考试和联考的出现,学生的特长开始被诸多高校纳入考试范围,原先通过"题海战术"在高考中取胜的做法开始受到质疑,众多中学纷纷寻求它路,这为大学与中小学合作提供了一次最佳的契机。大学具有实验设备优势和智力优势,能为中小学生特长发展提供物质支持和智力支持,并能为中小学的发展提供专业帮助,因此,众多中小学谋求与大学合作,希望大学能为其学生学业成绩提升提供帮助。

(三) 大学与中小学共生性合作的形成机理分析

1. 大学与中小学英语教师共同利益所需

大学的教师教育发展需要中小学支持,而中小学的学校改进同样需要大学提供帮助,大学与中小学之间存在共同的利益交集。然而,由于社会分工,大学和中小学各自承担不同的角色,大学专注于创生、传播高深知识以及培养专业人才;而中小学则是侧重基本知识的传授和基本技能的培养,为人的可持续发展奠定基础。这些认识如"故事"一般被日复一日地重复和强化,并逐渐在大学与中小学双方的意识中固化。于是,人们理所当然地认为大学与中小学是相互独立、互不影响的个体,加上两者隶属于不同的教育行政部门,双方潜在的利益交集被人为掩盖。随着社会的发展,人们对优质教育的需求越来越大,优质的教育需要优秀的教师,所以教师专业发展成了教育理论和实践关注的重要领域。大学作为培养教师的"母机",如何培养高质量的教师成了其教育改革的根本命题。为此,各国纷纷进行教师教育改革,力图实现教师教育大学化和一体化,并以此为基础实现教师教育范式从工具理性范式向交往理性范式转变。而这些转变的落实需要中小学的支持,需要中小学为大学的教师教育提供实践指导,从而提升师范生或在职教师的专业智慧。

2. 大学与中小学合作进行英语教师教育的优势

如果说大学与中小学的利益交集为双方合作提供必要性的话,那么,它们在教师教育上的各自优势则为其合作提供可能。教师教育是培养教师专业素养、促使教师专业发展的教育。因此,要分析大学和中小学在教师教育中各自的优势,首先得弄清教师教育要培养师范生或教师的什么素养,在此基础上才能进一步分析大学与中小学在培育教师过程中的各自优势。教师教育作为一个系统工程,不仅需要培养师范生或在职教师的专业知识与专业技能,还需培养其专业智慧。在此过程中,大学和中小学各有优势,这为大学与中小学合作提供了可能。

大学与中小学作为不同的利益主体,其共生性合作必须基于双方的共同利益。由于大学的教师教育发展需要中小学支持,而中小学的学校改进也需要大学提供帮助,它们之间拥有利益交集,双方都需要对方支持才能获得更好的发展,这为双方合作提供了必要性。

与此同时,大学能够提供中小学发展所需要的物质和智力支持,而中小学也能为大学提供教师教育所需要的情景资源,这为双方合作提供可能。于是,教师教育大学与中小学共生性合作不可避免地产生了。

二、大学与中小学英语教师合作的价值

在新时代如何围绕"立德树人"根本任务,坚持扎根中国大地办教育的精神,把服务中华民族伟大复兴作为教育的重要使命,探索教育事业发展中伙伴合作的"中国方案"是时代赋予我们的重大使命(吕晓娟,2022:87)。

(一)大学与中小学英语教师合作的生态模式

我国是一个民族众多、文化多元、地域广阔的国家,不同地区的教育观念、生活习惯对教育有着不同的需求,要求教育工作者能冲破思维定式,立足前沿创新。大学与中小学的伙伴合作也应当顺应时代的发展不断革新,探索适宜本土化的合作模式与发展机制。因此,大学与中小学的关系应当突破基于大学、中学、小学等不同层次"学源"关系的群体社会,突破基于教学实践与理论研究的专业"地源"关系的群体社会,形成基于相互合作、相互激发与探索,以"立德树人"为核心的思想(或精神)的共同体社会,并"创生"合作生态模式。在"创生"合作生态模式中,大学与中小学既是学习者、研究者、创造者,也是行动者和促进者,合作的生命力就在于彼此交互创生、共同发展。基于大学与中小学伙伴合作的范式,可以从一定程度上改变传统研究、开发、推广模式的知识生产与传播弊端,形成一种促进教育学知识创生与实践转化的新机制(杨朝晖,2012)。"创生"合作模式下,二者合作的研究方法也应当从"改进式行动研究",走向面向未

来、不断创新的"预见式行动研究",伙伴合作共同体通过"对话未来法",能更多地吸纳利益相关者参与,能更好地吸取过去的经验教训,激发潜藏于教师实践性知识中的观念,更长远地预见并建构未来,实现有质量的公平教育。

(二)大学与中小学英语教师合作的发展取向

大学与中小学的伙伴合作是以彼此需要与自身利益为前提的,是一种更关注一线教师的主体性、能动性与积极性的合作文化,也是双方秉持民主、平等、对话、交往的精神与原则生成的合作文化。但要想突破现存困境,使大学与中小学的合作得以深度的、可持续的推进,实现两种文化的有机融合,"合作双方必须养成研究的态度,建设'研究'文化;建设理论与实践本然统一的理论与实践文化;进行真诚的质疑与讨论,建设争鸣与齐放文化"(蔡春、张景斌,2010:45),最终走出一条能够高效率推动双方合作、高质量促进双方发展的道路。

当然,这并不意味着文化冲突的消失。合作中双方不可避免地会因原有的差异而产生分歧、摩擦甚至抱怨和对立。但这正是两种文化相融的重要逻辑前提,是创生和而不同、和合而生的伙伴合作文化的根基,是形成具有内在相通、互补、互生意义上的复合主体的重要实践力量(叶澜,2009:1)。因此,正视分歧、摩擦对立,把冲突或矛盾看作问题解决的抓手,真实面对并付诸行动去解决,才能丰富合作的内在价值和过程价值,才能使大学与中小学在这种不断被唤醒的文化自觉和不断深化的智慧交融中真正走向文化融合。

(三)大学与中小学英语教师合作的行动路径

跨界合作是当前各行各业关注的热点,也是探寻创新道路的一种研究和发展趋势。大学与中小学教师虽同服务于教育行业,但大学和中小学是两个不同的教育领域，在专业素养上各有侧重，大学教师更像纯粹的知识分子，中小学教师则更像所谓的转化性知识分子。要使大学与中小学在伙伴合作中形成共同的话语体系，构建共同的教育视野，解决好理论与实践的关系，二者必须具备理论与实践的双重素养。因此，实践工作者与理论工作者都要做出改变。大学教师深入中小学，中小学教师进入大学，进行专业领域的跨界，这既是大学与中小学的跨界，又是理论与实践的跨界，还是不同劳动方式的跨界（王鉴，2019）。

大学与中小学的跨界，有两种主要的途径：一是大学教师与中小学教师在现实生活中的跨界。大学教师深入中小学，承担教学、教研指导与合作工作，或者担任管理角色，在与基础教育领域的制度与资源相互作用的过程中，建构自己的研究与实践的双重素养；中小学教师再返大学攻读教育硕士、教育博士学位，在已有教学实践的基础上，通过研究建构自己的理论素养，二者在工作场域的相互"跨界"实现了理论与实践的相向而行。二是在虚拟的网络世界中的跨界。随着大数据、云计算、人工智能等互联网技术的飞速发展和全面应用，以互联网为载体的在线跨界新形态已经生成。大学教师和中小学教师将自己在现实生活中所积累的材料与经验形成典型案例投放于网络，便成为丰富的促进教师专业发展的网络资源。也可以通过"在线人种志"的方式，生产大学与中小学合作的网络学习共同体空间。这种方式打破了时空限制，达到资源的共享、事件的共商、理念的互建，形成优势互补的大学与中小学发展合力。

（四）大学与中小学英语教师合作的时代价值

学校改进总是寻求关注学习结果和变革两种类型的目标，而最终目的是提高学习效果。然而，目前大学与中小学合作致力于学校改进，其目标多以促进教师专业化为目的，存在为改革而改革的倾向。大学与中小学的伙伴合作要取得实际效果，二者必须达成共同的愿景，超越学校本位或工具理性的取向，在"为党育人、为国育人"的共同价值指引下，围绕立德树人根本任务，形成时代价值诉求，回应为谁培养人、培养什么样的人以及怎样培养人的问题。学校的办学理念、课程设计、课堂教学绝不是冷冰冰的目标、规划、内容，而是蕴含着对学生学习的观察和设计，是学生真实的生活和成长。具体而言，学校的发展最终是通过学生的学习行为而发生的。学生的发展是学校发展中最核心的任务，也是最艰难的任务。"教育变革的成功最终要让教师的成功有效地转化为学生的成功。"因此，大学与中小学合作的首要任务应当是深入观察和分析学生的行为，对学生的发展给予明确、具体的期待，同时建立起相应检测评估的工具，在此基础上，建构起以学生发展为核心，以课程体系建设、课堂教学变革、教师专业发展为引领的同心圆结构，以满足学生学习的动态需求，充分激发学生的学习本性与潜能，培养合格的社会主义事业建设者和接班人。

参考文献

[1] ANDERSON B. Imagined communities: reflections on the origin and spread of nationalism[M]. London & New York: Verso, 1983.

[2] BECKETT L. Professional learning in community: teachers and academic partners focused on disadvantaged students in schooling and higher education[J]. Australian Educational Researcher, 2011(1): 109-124.

[3] BROWN J S, COLLINS A, DUGUID P. Situated cognition and the culture of learning[J]. Educational Researcher, 1989(1): 32-42.

[4] CLARK R W. Effective PDSs[M]. San Francisco: Jossey Bass Publishers, 1998.

[5] DE LIMA J A. Forgetting about friendship: using conflict in teacher communities as a catalyst for school change[J]. Journal of Educational Change, 2001(2): 97-122.

[6] DOONER A D, MANDZUK R C. Stages of collaboration and the realities of professional learning communities[J]. Teacher and Teaching Education, 2008(3): 564-574.

[7] ENGESTRÖM Y. Enriching the theory of expansive learning: lessons from journeys toward configuration[J]. Mind, Culture, and Activity, 2007(1-2): 23-39.

[8] FENWICK T. Organizational learning in the "knots":

discursive capacities emerging in a school-university collaboration[J]. Journal of Educational Administration, 2007(45): 138-153.

[9] FULLAN et al. The learning consortium: a school-university partnership program[J]. School Effectiveness and School Improvement, 1995(3): 187-191.

[10] GOODLAD J I. Educational renewal[M]. San Francisco: Jossey Bass Publishers, 1994.

[11] HARGREAVES A. Changing teachers, changing times: teachers' work and culture in the postmodern age[M]. Toronto: Oise Press, 1994.

[12] HARGREAVES A. Sustainable professional learning communities[C]// STOLL L, SEASHORE L K. (eds.). Professional learning communities: divergence, depth and dilemmas. Berkshire: Open University Press, 2007.

[13] LAVE J, WENGER E. Situated learning: legitimate peripheral participation[M]. Cambridge: Cambridge University Press, 1991.

[14] LAVE J & WENGER E. Situated learning: legitimate peripheral participation[J]. Performance Improvement, 2010(10): 41-56.

[15] LEVINE T H. Tools for the study and design of collaborative teacher learning: the affordances of different conceptions of teacher community and activity theory[J]. Teacher Education Quarterly, 2010(1): 109-130.

[16] LEVINE M, TRACHTMAN R. Making professional development schools work: politics, practice and police[M]. New York:Teachers College Press, 1997.

[17] LIEBERMAN A. Teacher development: commitment and

challenge[C]// GRIMMETT P, NEUFELT J. (eds.). Teacher development and the struggle for authenticity: professional growth and restructuring in the content of change. New York and London: Teachers College Press, 1994.

[18] LITTLE J W. Locating learning in teachers' communities of practice: opening up problems of analysis in records of everyday work[J]. Teaching and Teacher Education, 2001(8): 917-946.

[19] MURRAY G R, LOPPIN B W. Community organization: theory, principles, and practice[M]. New York: Harper & Row, 1967.

[20] OPFER V D, PEDDER D. Conceptualizing teacher professional learning[J]. Review of Educational Research, 2011(1): 376-401.

[21] PEMBERTON J S, STALKER B. Scratching beneath the surface of communities of practice[J]. Learning Organization, 2007(1): 62-73.

[22] RESNICK L B & MEGAN W H. Learning organizations for sustainable education reform[J]. Daedalus, 1998(4): 89-118.

[23] SERGIOVANNI T J. Leadership and excellence in schooling[J]. Educational Leadership, 1984(2): 4-13.

[24] STALLINGS J A. Allocated academic learning revisited, or time on task[J]. Education Research, 1980(11): 11-16.

[25] STAR S L. This is not a boundary object: reflections on the origin of a concept[J]. Science, Technology & Human Values, 2010(5): 601-617.

[26] STOLL L & SEASHORE L K. Professional learning communities: divergence, depth and dilemmas[M]. Berkshire: Open University Press, 2007.

[27] TSUI A B M, DORIS Y K L. Learning as boundary-crossing in school-university partnership[J]. Teaching and Teacher Education, 2007(8): 1289-1301.

[28] WALKER D, NOCON H. Boundary-crossing competence: theoretical considerations and educational design[J]. Mind, Culture, and Activity, 2007(3): 178-195.

[29] WALLACE M J. Training foreign language teachers: a reflective approach[M]. Cambridge:Cambridge University Press, 1991.

[30] WENGER E. Communities of practice: Learning, meaning, and identity[M]. Cambridge: Cambridge University Press, 1998.

[31] WENGER E, MCDERMOTT R, SNYDER W M. Cultivating communities of practice[M]. Boston, MA: Harvard Business School Press, 2002.

[32] WILSON E. Using activity theory as a lens to analyze interaction in a university-school initial teacher education and training partnership[J]. Educational Action Research, 2006(4): 587-612.

[33] WONG J L N. What makes a professional learning community possible? A case study of a Mathematics department in a junior secondary school of China[J]. Asia Pacific Education Review, 2010(2): 131-139.

[34] VESCIO V D R, ADAMS A. A review of research on the impact of professional learning communities on teaching practice and student learning[J]. Teaching and Teacher Education, 2008(1): 80-91.

[35] 阿尔布劳.全球时代超越现代性之外的国家与社会[M].高湘泽,冯玲,等译.北京:商务印书馆,2001.

[36] 安富海,吴芳.大学与中小学合作:政策引导是关键[J],基

础教育,2011(6):75-79,92.

[37] 鲍曼.共同体[M].欧阳景根,等译.南京:江苏人民出版社,2003.

[38] 别敦荣,赵映川,闫建璋.专业学位概念释义及其定位[J].高等教育研究,2009(6):52-59.

[39] 蔡春,张景斌.论 U-S 教师教育共同体[J].教育科学研究,2010(12):45-48.

[40] 蔡群青.大学-中小学教师学习共同体的建构研究[D].西南大学,2017.

[41] 操太圣,卢乃桂.伙伴协作与教师赋权:教师专业发展新视角[M].北京:教育科学出版社,2007.

[42] 陈桂生.到中小学去研究教育[M].上海:华东师范大学出版社,2003.

[43] 陈倩娜,周钧.伙伴合作促进教师专业发展的不同取向[J].教师教育研究,2016(3):24-29.

[44] 陈紫天,林杰.大学与中小学合作促进教师专业发展的生成机制:基于组织间关系理论的解析[J].沈阳师范大学学报(社会科学版),2014(6):102-105.

[45] 达夫特.组织理论与设计[M].王凤彬,张秀萍,译.北京:清华大学出版社,2008.

[46] 达林-哈蒙.美国教师专业发展学校[M].王晓华,译.北京:中国轻工业出版社,2006.

[47] 邓涛,鲍传友.教师文化的重新理解与建构:哈格里夫斯的教师文化观述评[J].外国教育研究,2005(8):6-10.

[48] 邓涛.大学与中小学合作:英美两国教师培养模式比较研究[D].东北师范大学,2003.

[49] 迪马久,鲍威尔.铁的牢笼新探讨:组织领域的制度趋同性

和集体理性[G]//张永宏.组织社会学的新制度主义学派.上海:上海人民出版社,2007:28-33.

[50] 丁邦平.论美国教师教育的改革与创新:教师专业发展学校及其对我们的启示[J].首都师范大学学报(社会科学版),2001(2):93-99.

[51] 杜威.民主主义与教育[M].王承旭,译.北京:人民教育出版社,2001.

[52] 冯生尧,李子健.教师文化的表现、成因及意义[J].教育导刊,2002(4):32-34.

[53] 冯宇红.关于构建教师教育合作共同体的探索[J].商丘师范学院学报,2016(7):91-94.

[54] 傅树京.教师发展学校:理念与特点[J].首都师范大学学报,2003a(5):115-119.

[55] 傅树京.大学与中小学合作发展:理念及实践[J].辽宁教育研究,2003b(5):64-66.

[56] 富兰.变革的力量:透视教育改革[M].中央教育科学研究所,加拿大国际学院,译.北京:教育科学出版社,2004.

[57] 高文.维果茨基心理发展理论与社会建构主义[J].全球教育展望,1999(4):10-14.

[58] 顾小清.教师专业发展:在线学习共同体的作用[J].开放教育研究,2003(2):39-43.

[59] 哈肯.协同学讲座[M].宁存政,李应刚,译.西安:陕西科学技术出版社,1987.

[60] 海德格尔.存在与时间[M].陈嘉映,等译.上海:三联书店,1987.

[61] 何菊玲.教师教育范式研究[M].北京:教育科学出版社,2009.

[62] 吉登斯.现代性的后果[M].田禾,译.南京:译林出版社,2000.

[63] 教育部.2015年全国研究生招生计划的通知[EB/OL].中国研究生招生信息站:http://yz.chsi.com.cn/kyzx/kydt/201504/20150428/1455175745.html,2015-03-06.

[64] 教育部.关于开展研究生专业学位教育综合改革试点工作的通知[EB/OL].中国学位与研究生教育信息网:http://www.cdgdc.edu.cn/xwyyjsjyxx/gjjl/zcwj/268311.shtml,2010-04-26.

[65] 教育部.关于设置和试办教育硕士专业学位的报告[EB/OL].http://old.moe.gov.cn/publicfiles/business/htmlfiles/moe/moe_823/200408/346.html,1996-04-40.

[66] 教育部.关于深化研究生教育改革的意见[EB/OL].教育部网站:http://old.moe.gov.cn//publicfiles/business/htmlfiles/moe/A22_zcwj/201307/154118.html,2013—03-29.

[67] 教育部.国家中长期教育改革和发展规划纲要(2010—2020)[Z].教育部科技司,2010.

[68] 教育部.教育部办公厅关于统筹全日制和非全日制研究生管理工作的通知[EB/OL].教育部网站:http://www.moe.edu.cn/srcsite/A22/moe_826/201609/t20160914_281117.html,2016-09-14.

[69] 教育部.教育部关于做好全日制硕士专业学位研究生培养工作的若干意见[EB/OL].中国学位与研究生教育信息网:http://www.cdgdc.edu.cn/xwyyjsjyxx/gjjl/zcwj/267236.shtml,2009-03-19.

[70] 教育部.教育信息化十年发展规划[Z].教育部科技司,2012.

[71] 教育部师范司.教师专业化理论与实践[M].北京:人民教育出版社,2001.

[72] 经柏龙.教师专业素质的形成与发展研究[D].东北师范大

学,2008.

[73] 莱夫,等.情境学习:合法的边缘性参与[M].王文静,译.上海:华东师范大学出版社,2004.

[74] 李焕荣,马存先.组织间关系的进化过程及其策略研究[J].科技进步与对策,2007(1):10-13.

[75] 李琳.科学发展观:人的全面发展理论的新发展[D].电子科技大学,2008.

[76] 李艳,杨晓文.创办教师发展学校,打造教学研共同体[J].青岛职业技术学院学报,2007(2):27-32.

[77] 林海亮,陈理宣.战略合作伙伴学校联盟:大中小学合作模式的创新[J].教育发展研究,2013(20):64-67.

[78] 刘新成,等.教师专业发展 大学的责任:创设合作共同体,构建实践取向的教师教育模式[M].北京:首都师范大学出版社,2008.

[79] 吕晓娟,王海霞,李越.大学与中小学伙伴合作的百年历程与时代审视[J].当代教育与文化,2022(1):87-93.

[80] 麻彦坤.认知建构主义与社会建构主义教育观的互补[J].全球教育展望,2004(11):77-80.

[81] 马宝娟,卢倩倩.高师教师教育与基础教育改革的对接[J].辽宁师范大学学报(社会科学版),2011(6):68-71.

[82] 马克思恩格斯全集:3卷[M].北京:人民出版社,2002.

[83] 马克思恩格斯选集:1卷[M].北京:人民出版社,1972.

[84] 马伊里.有组织的无序:合作困境的复杂生成机理[J].社会科学,2007(11):77-84.

[85] 马永斌.组织间关系构建理论综述及发展趋势展望[J].科学学与科学技术管理,2010(6):49-52.

[86] 马玉宾,熊梅.教师文化的变革与教师合作文化的重建[J].东北师大学报(哲学社会科学版),2007(4):148-154.

[87] 宁虹,刘秀江.重新理解教育:建设教师发展学校的思考[J].教育研究,2001(11):49-52.

[88] 宁虹,刘秀江.浅论教师发展学校[J].教育研究,2004(5):59-61.

[89] 牛瑞雪.行动研究为什么搁浅了:大学与中小学合作研究的困境与出路[J].课程·教材·教法,2006(2):69-75.

[90] 帕尔默.教学勇气:漫步教师心灵[M].吴国珍,余巍,等译.上海:华东师范大学出版社,2005.

[91] 潘懋元.教育基本规律及其在高等教育研究与实践中的运用[J].上海高教研究,1997(2):1-7.

[92] 潘懋元.潘懋元论高等教育[M].福州:福建教育出版社,2000.

[93] 庞丽娟,洪秀敏.破解教师教育难题:政府、大学与中小学合作[J].沈阳师范大学学报(社会科学版),2011(2):1-3.

[94] 彭虹斌.U-S合作的困境、原因与对策[J].教育科学研究,2012(2):70-74.

[95] 彭未名,赵敏,杜建华,等.大学的边界[M].广州:华南理工大学出版社,2013.

[96] 商利民.教师专业学习共同体研究[D].华南师范大学,2005.

[97] 邵兵家.组织间关系形成的动因分析[J].中国科技论坛,2005(2):110-114.

[98] 圣吉.第五项修炼[M].郭进隆,译.上海:上海三联书店,1998.

[99] 施瓦尔贝.IT项目管理[M].王金玉,等译.北京:机械工业出版社,2001.

[100] 石磊,邬志辉."学习型组织"视阈下高校教师发展新路径

探析[J].东北师大学报(哲学社会科学版),2015(4):230-233.

[101] 斯威德伯格.经济学与社会学[M].何蓉,译.北京:商务印书馆,2003.

[102] 宋敏.大学与中小学合作研究现状、问题及思考[D].首都师范大学,2005.

[103] 苏尚锋.大学与中小学合作共同体的特质及其构成[J].教育发展研究,2014(20):6-10.

[104] 苏智欣.美国教师教育改革中的思想争论[C]//国际教育纵横:中国比较教育文选.北京:人民教育出版社,1994.

[105] 孙配贞,林泉,余祖伟.基于协同创新的教育硕士专业学位研究生培养模式研究[J].广州广播电视大学学报,2019(2):37-40.

[106] 孙士婷."三方"合作保障制度问题研究[D].东北师范大学,2012.

[107] 滕明兰.从"松散合作"走向"规范运作":对大学与中小学合作培养教师模式的制度探讨[J].黑龙江高教研究,2008(8):92-94.

[108] 滕尼斯.共同体与社会[M].林荣远,译.北京:商务印书馆,1999.

[109] 涂成林.现象学:从胡塞尔、海德格尔到萨特[M].广州:广东人民出版社,1998.

[110] 涂尔干.社会分工论[M].渠东,等译.北京:生活·读书·新知三联书店,2000.

[111] 王常泰.关于大学-中小学伙伴合作机制的研究[D].南京师范大学,2008.

[112] 王丹.英美大学与中小学合作的教师培养模式比较研究[D].西南大学,2009.

[113] 王建军,黄显华.课程发展与教师专业发展伙伴协作[D].香港中文大学,2003.

[114] 王鉴.跨界的能动者:教师教育者专业成长路径探析[J].中国教育学刊,2019(7):84-90.

[115] 王鉴,王明娣.高效课堂的建构及其策略[J].教育研究,2015(3):112-118.

[116] 王进.毕摩场域论:布迪厄理论在毕摩研究中的运用[J].学术论坛,2008(10):181-184.

[117] 王蔷.从课堂教学看新课程理念的落实:第七届全国中学(初中)英语教学观摩研讨会评析[J].中小学外语教学(中学版),2008(3):1-6.

[118] 王蔷.改革开放三十年中国基础外语教育的回顾与前景展望[J].中小学外语教育(中学版),2009(2):1-5.

[119] 王蔷,李亮.高校与中小学教师合作促进英语教师发展的研究述评[J].英语学习,2017(4):5-9.

[120] 王文静.社会建构主义研究[J].全球教育展望,2001(10):15-19.

[121] 王晓芳.从共同体到伙伴关系:教师学习情境和方式的扩展与变革[J].华东师范大学学报(教育科学版),2015(3):43-52.

[122] 王雁,王学兰.合作平等共生:谈教师专业发展学校的实践体会[J].教师教育,2005(6):39-40.

[123] 韦伯.社会学的基本概念[M].胡景北,译.上海:上海人民出版社,2020.

[124] 温小军.教育硕士专业学位论文选题的真实之维及其实现[J].研究生教育研究,2018(5):48-52.

[125] 文素俭.U-S教师专业学习共同体个案研究[D].哈尔滨师范大学,2012.

[126] 吴康宁.从利益联合到文化融合:走向大学与中小学的深度合作[J].南京师大学报(社会科学版),2010(5):5-9.

[127] 吴一安.中国高校英语教师教育与发展研究[M].北京:外语教学与研究出版社,2007.

[128] 伍红林."U-S"协作背景下的中小学校际共同体:动力、内涵与运作策略[J].教育发展研究,2009(18):29-31.

[129] 伍红林.大学与中小学合作教育研究中的理论者与实践者[M].北京:中国社会科学出版社,2013.

[130] 武云斐.合作 共生:大学与中小学合作变革的内生逻辑研究[D].华东师范大学,2012.

[131] 夏永庚,周险峰.高校与中小学合作培养教师的现实困境与对策[J].当代教育理论与实践,2018(4):57-62.

[132] 辛涛,申继亮,林崇德.教师自我效能感与学校因素的研究[J].教育研究,1994.

[133] 许超.大学与中小学合作发展中的权力冲突与调适策略研究[D].哈尔滨师范大学,2012.

[134] 阎雅萍.高校与中小学合作的实践共同体及主体性:基于北京市高校支持中小学发展项目的实践反思[J].英语学习(教师版),2017(4):17-22.

[135] 杨朝晖."U-S"伙伴合作关系问题研究述评[J].首都师范大学学报(社会科学版),2009(3):78-82.

[136] 杨朝晖."UDS合作实践共同体":教育学知识创生与实践转化的新机制[J].南京社会科学,2012(4):133-137.

[137] 杨镜.信息化环境下大学与中小学合作促进教师专业化发展的模式与策略研究[D].浙江师范大学,2014.

[138] 杨启亮.偏失与合适:教育硕士专业学位的论文选题[J].学位与研究生教育,2005(8):5-8.

[139] 杨小微.大学与中小学的文化互动及共生[J].教育发展研究,2011(20):15-22.

[140] 叶澜.大学专业人员在协作开展学校研究中的作用[J].中国教育学刊,2009(9):1-7.

[141] 尹小敏.大学与中小学合作:教师专业发展学校的质量保证[J].教育科学,2011(4):26-29.

[142] 于学友.教师发展学校建设中的大学与中小学合作[D].首都师范大学,2005.

[143] 余谋昌.生态哲学[M].西安:陕西人民教育出版社,2003.

[144] 俞吾金.问题域外的问题:现代西方哲学方法论探要[M].上海:上海人民出版社,1987.

[145] 袁丽,石中英,朱旭东.U-S合作伙伴关系"三级协同多维度"体系的构建与反思:以北京师范大学教育学部为例[J].大学(研究版),2015(12):37-52.

[146] 张斌贤,吴刚,周险峰."服务国家特殊需求人才培养项目"教育硕士专业学位研究生试点工作的进展与趋势[J].学位与研究生教育,2014(8):6-9.

[147] 张景斌.大学与中小学的伙伴协作:动因、经验与反思[J].教育研究,2008(3):84-89.

[148] 张景斌,蔡春.教师教育中的合作共同体建设[J].教育科学研究,2012(1):24-27.

[149] 张景斌,朱洪翠.U-S教师教育共同体运行机制的四维构建:基于复杂性理论的视角[J].教师教育研究,2015(3):43-44.

[150] 张翔.教师教育U-S共生性合作问题研究[D].西南大学,2012.

[151] 张翔清,张倩.PBL教学法在大学英语教学中的应用[J].教育探索,2014(2):39-40.

[152] 张晓伟.江西高校"服务国家特殊需求人才培养项目"实施现状研究[D].南昌大学,2012.

[153] 赵健.基于知识创新的学校组织发展:兼论学习共同体与学习型组织的异同[J].全球教育展望,2007(2):72-78.

[154] 赵健.学习共同体的建构[M].上海:上海教育出版社,2008.

[155] 赵娟.大学与中小学合作研究促进教师专业化发展的理论与实践探索[D].淮北师范大学,2010.

[156] 赵立芹.美国专业发展学校中的"合作问题"[J].比较教育研究,2004(10):17-20.

[157] 赵玉丹.大学与中小学伙伴合作:国外研究现状及评述[J].内蒙古师范大学学报(教育科学版),2007(3):31-34.

[158] 郑抗生.社会学概论新编[M].北京:中国人民大学出版社,1987.

[159] 郑鑫,尹弘飚,王晓芳.跨越教师学习的边界[J].教育发展研究,2015(10):59-65.

[160] 中共中央国务院关于全面深化新时代教师队伍建设改革的意见[EB/OL].[2018-03-30].http://www.gov.cn/xinwen/2018—01/31/con-tent_5262659.htm.

[161] 中国政府.国家中长期教育改革和发展规划纲要(2010—2020年)[EB/OL].http://www.gov.cn/jrzg/2010-07/29/content_1667143.htm,2010-07-29.

[162] 钟瑞添,耿涓涓,罗星凯.大学与中小学教师教育合作伙伴关系建设:理念与行动[J].广西师范大学学报(哲学社会科学版),2007(15):64-68.

[163] 周丹.校本教研中的教师共同体建构[D].南京师范大学,2008.

[164] 周嫚嫚.教育技术学硕士研究生网络学习共同体构建研究[D].徐州师范大学,2011.

[165] 周雪光.组织社会学十讲[M].北京:社会科学文献出版社,2003.

[166] 周耀威.试论"基于对话"的研究共同体[J].教育理论与实践,2006(7):21-23.

[167] 周耀威,王伯康.基于"研究共同体"的教师成长[J].教育发展研究,2005(21):69-72.

[168] 朱旭东.论"国培计划"的价值[J].教师教育研究,2010(6):3-8,25.

[169] 朱元春.教师发展学校:营造高校与中小学教师教育共同体[J].教师教育研究,2008(6):24-28.

图书在版编目(CIP)数据

大学-中小学英语教师专业学习共同体研究:"国家特需人才培养"视角 / 郭晓英著. —南京:南京大学出版社,2022.5
ISBN 978-7-305-25629-5

Ⅰ.①大… Ⅱ.①郭… Ⅲ.①高等学校－英语－教师－师资培养－研究②中小学－英语－师资培养－研究 Ⅳ.①G645.1②G633.412

中国版本图书馆 CIP 数据核字(2022)第 061590 号

出版发行	南京大学出版社
社　　址	南京市汉口路 22 号　　邮　编　210093
出 版 人	金鑫荣

书　　名	**大学-中小学英语教师专业学习共同体研究:"国家特需人才培养"视角**
著　　者	郭晓英
责任编辑	张淑文　　　　　　　编辑热线　(025)83592401
照　　排	南京开卷文化传媒有限公司
印　　刷	苏州市古得堡数码印刷有限公司
开　　本	718 mm×960 mm　1/16 开　印张 18.25　字数 238 千
版　　次	2022 年 5 月第 1 版　2022 年 5 月第 1 次印刷

ISBN 978-7-305-25629-5

定　　价　85.00 元

网　　址:http://www.njupco.com
官方微博:http://weibo.com/njupco
微信服务号:njuyuexue
销售咨询热线:(025)83594756

＊ 版权所有,侵权必究
＊ 凡购买南大版图书,如有印装质量问题,请与所购图书销售部门联系调换